Kurt Hiehle-Festschrift

HEIDELBERGER GEOGRAPHISCHE ARBEITEN

Herausgeber: Dietrich Barsch und Werner Fricke

Schriftleitung: Ulrike Sailer und Heinz Musall

Heft 75

1982

Im Selbstverlag des Geographischen Institutes der Universität Heidelberg

Kurt Hiehle-Festschrift

Herausgegeben von
Fritz Fezer und Werner Fricke

mit Beiträgen von
U. Gerdes, K. Goppold, E. Gormsen, U. Henrich, W. Lehmann, K. Lüll, R. Möhn,
C. Niemeitz, D. Schmidt-Vogt, M. Schumacher und H.-J. Weiland

ISBN 3-88570-075-1

1982

Im Selbstverlag des Geographischen Institutes der Universität Heidelberg

ANSCHRIFTEN DER AUTOREN

Ursula Gerdes, Schloß-Wolfsbrunnenweg 5a, 6900 Heidelberg

Klaus Goppold, Am Kronenburger Hof 11, 6901 Dossenheim

Prof. Dr. Erdmann Gormsen, Geogr. Inst. d. Univ., Saarstr. 21, 6500 Mainz

Ute Henrich, Naßerde 11, 6751 Weitersbach

Werner Lehmann, Fliederweg 1, 7504 Weingarten

Karl Lüll, Lutherstr. 1, 6908 Wiesloch

Rüdiger Möhn, Ziegelhütte 10, 7520 Bruchsal 7

Cornelia Niemeitz, Geogr. Inst. d. Univ., Im Neuenheimer Feld 348, 6900 Heidelberg

Dietrich Schmidt-Vogt, Schlossweg 27a, 7802 Merzhausen

Manfred Schumacher, Am Forst 15, 6902 Sandhausen

Dr. Hans-J. Weiland, Niederkreuzstr. 8, 6737 Böhl-Iggelheim

ISBN 3-88570-075-1

Druck: Erich Goltze GmbH & Co. KG, Göttingen

VORWORT

Wissenschaftliche Hausarbeiten im Rahmen der ersten Staatsprüfung für das Lehramt an Gymnasien werden auch heute noch von den Studenten der Geographie mit großem Enthusiasmus und hoher Einsatzbereitschaft angefertigt. Auch der Anteil der durch eigene Erhebungen im Gelände bestimmten Arbeiten ist weiterhin sehr hoch geblieben. Nicht selten sind es Themen der näheren Heimat, die von den Studenten in ihrer Arbeit aufgegriffen wurden, nachdem sie durch Seminare, Exkursionen und Geländepraktika in die prinzipiellen Fragestellungen eingeführt worden waren. Der von Hans Graul (Heft 38 in dieser Reihe im Jahre 1973) befürchtete Rückgang an solchen selbständigen studentischen Forschungsbeiträgen als Folge der damals eingeführten Studienzeitbegrenzung ist erfreulicherweise nicht eingetreten. Es werden also immer noch zahlreiche Untersuchungen durchgeführt, deren Ergebnisse es Wert sind, durch ihre Veröffentlichung festgehalten zu werden. Ein Teil der Resultate dieser Arbeiten werden in zusammenfassenden wissenschaftlichen Darstellungen der die Arbeiten betreuenden Dozenten eingebracht, daneben aber ist es bereits Tradition geworden, Sammelbände zu einem Themenbereich herauszugeben: Nach dem eingangs zitierten Heft 38 der Heidelberger Geographischen Arbeiten (1973) von H. Graul und H. Eichler zu quartärmorphologischen Problemen, folgten die Hefte 47 mit klimatologischen Beiträgen (von F. Fezer und R. Seitz 1978), 49 mit neuen quartärmorphologischen Forschungsergebnissen (von H. Graul und M. Löscher 1979) und 46 mit sozial- und stadtgeographischen Studien zu Heidelberg und dem Rhein-Neckar-Raum (von W. Fricke und E. Gormsen 1981); weitere Zusammenstellungen dieser Art sind in Vorbereitung.

Alle diese Veröffentlichungen, wie auch die in den Heidelberger Geographischen Arbeiten erschienenen Dissertationen, wären in dieser Form nicht möglich gewesen, wenn nicht alljährlich für die Geographie-Studenten am Heidelberger Institut die Erträge aus der hochherzigen Stiftung von Kurt Hiehle aus dem Jahre 1960 zur Verfügung gestanden hätten. Zahlreiche weitere Studenten erhalten für nicht veröffentlichte Staatsexamens- und Magisterarbeiten ebenfalls kleinere finanzielle Zuwendungen als Anerkennung ihres Einsatzes bei der Geländeforschung.

Im Schnitt konnten etwa 20 junge Geographen pro Jahr aus der Kurt Hiehle-Stiftung bedacht werden. Nicht wenige von ihnen lehren inzwischen an den verschiedensten Universitäten des In- und Auslandes. Zeitweise war es schwer, einen ausgeglichenen Maßstab der Förderung zu treffen, da die Zahl der Kandidaten - entsprechend der insbesondere seit 1970 angestiegenen Studentenzahl - stark zugenommen hatte (s. Diagramm Umschlag Rückseite). Den Höhepunkt in der Anzahl der Studienanfänger brachte das Jahr 1974 mit 185 Studenten (161 Hauptfach), so daß die Gesamtzahl 783 betrug. Im Jahre 1974 gingen etwa 60 Studenten in das Examen, davon

10 im Nebenfach; 1978 waren es bereits 108, ebenfalls 10 im Nebenfach. Die Zahl der Staatsexamensarbeiten betrug etwa 60, Förderung durch die Stiftung erhielten 17.

Zum Verständnis des Diagramms sei darauf hingewiesen, daß seit dem Jahre 1975 eine Lenkung des Zuganges durch die Zentrale Zulassungsstelle erfolgte, wobei anfangs 36 Geographie-Studenten im 1. Hauptfach und etwa die gleiche Anzahl im 2. Studienfach dem Heidelberger Institut zugewiesen wurden. Inzwischen ist diese Anzahl weiter gesenkt worden. Wenn trotzdem die Zahl der Studienanfänger seit 1979 weiter anstieg, so ist dies auf den Magister-und den - seit Jahren beantragten - hoffentlich bald genehmigten Diplom-Studiengang zurückzuführen.

In jedem Fall stellte die Unterstützung der Doktoranden, Magister- und Staatsexamens-Kandidaten auch eine wichtige Hilfe für die Forschung am Geographischen Institut dar.

Was lag näher, als des einhundertsten Geburtstages von Kurt Hiehle zu gedenken, als mit Hilfe der nach ihm benannten Stiftung einen Gedächtnisband mit von ihr geförderten Arbeiten zu veröffentlichen? Konnten doch hier auch neuere Ergebnisse studentischer Forschungsarbeit, die nicht unter einem einheitlichen Titel zusammenzufassen waren, berücksichtigt werden. Gleichzeitig ist es möglich, das breite Spektrum des fachlichen Interesses außerhalb der Themenschwerpunkte zu belegen.

Den früheren Studenten des Institutes sei dafür gedankt, daß sie bereit waren, für den Druck noch einmal Hand an ihre Arbeiten zu legen, weil nur gekürzte Fassungen zur Veröffentlichung kommen konnten. Dank gilt auch den Kollegen des Lehrkörpers, die sie hierzu ermunterten und dabei berieten. Ganz besonders gefreut hat uns, daß unser früherer Kollege, Herr Prof. Dr. Erdmann Gormsen, Geographisches Institut der Universität Mainz, eine Würdigung Kurt Hiehles, der ihm aus seiner Heidelberger Zeit persönlich bekannt war, beigetragen hat. Wie er sind wir der Hoffnung, daß dieses Heft der Heidelberger Geographischen Arbeiten dazu beiträgt, das dankbare Gedenken an Kurt Hiehle wachzuhalten und ein Ansporn für weitere engagierte studentische Forschungsbeiträge zu sein.

Fritz Fezer und Werner Fricke   Heidelberg, den 22. August 1982

INHALTSVERZEICHNIS

Seite

F. Fezer und W. Fricke:	Vorwort	
E. Gormsen:	Kurt Hiehle 1882-1960. Eine Würdigung zu seinem hundertsten Geburtstag	1
U. Gerdes:	Der Geographische Wahrnehmungsansatz	7
C. Niemeitz:	Der Zeit-Relativ-Raum als Grundlage der Verkehrsmittelwahl im Berufsverkehr	39
U. Henrich:	Konzepte für ein Modell der Wanderungsentscheidungen	61
K. Goppold:	Vom Steinbrecherdorf zur Wohngemeinde. Untersuchungen über den Wandel der Bevölkerungs- und Siedlungsflächenstruktur von Dossenheim im 20. Jahrhundert	85
R. Möhn:	Der Landschaftsverbrauch im Rhein-Neckar-Raum	112
M. Schumacher:	Determinanten des Innovationsprozesses am Beispiel von Winzergenossenschaften in Südwestdeutschland	128
H.-J. Weiland:	Raumrelevanz der Wochenendhauserholung im westlichen Rhein-Neckar-Raum	144
K. Lüll:	Schuttproduktion und Schutttransport in der Mädelegabel-Gruppe (Allgäuer Alpen)	192
W. Lehmann:	Der Formenschatz der Lößerosion im Weschnitzbecken (Kristalliner Odenwald)	206
D. Schmidt-Vogt:	Potential und Inwertsetzung der Keewatin-Festlandregion: Kontroversen der Erschließung eines arktischen Wirtschaftsraumes	238

KURT HIEHLE   1882 - 1960

Eine Würdigung zu seinem hundertsten Geburtstag

Von E. GORMSEN, Mainz

Er fehlte fast nie bei den Vorträgen des Heidelberger "Vereins der Studenten und Förderer der Geographie", und als einer der wenigen Nicht-Geographen kam er regelmäßig zu den Nachsitzungen in die "Backmulde", wo er aus seinen reichen Lebenserfahrungen immer etwas zu den mehr oder weniger fachlichen Gesprächen beizutragen wußte. Wer erinnert sich nicht an sein stets freundliches Gesicht, das weiße glattgescheitelte Haar und den Spitzbart, vor allem aber an seine verschmitzt lächelnden Augen hinter der Brille? Er trat sehr bescheiden auf und wurde von jedermann geachtet, wie sich dies eben gegenüber einem interessierten älteren Herrn gebührt, doch hat gewiß niemand vermutet, in welchem Maße er dem Namen des Vereins als "Förderer der Geographie" gerecht werden würde, als er in seinem Testament die Universität Heidelberg als Alleinerbin einsetzte mit der Verpflichtung, "die Zinsen und Erträgnisse des ihr zugefallenen Vermögens zur Förderung begabter Geographiestudenten zu verwenden".[1]

Ich selbst hatte seit 1955/56 eine nähere Beziehung zu Kurt HIEHLE, denn er suchte damals einen Studenten, der ihm alle zwei bis vier Wochen Bücher aus der Universitätsbibliothek besorgte. Außerdem brauchte er einen kritischen Diskussionspartner, dem er seine Gedankengänge vortragen und mit dem er seinen wissenschaftlichen Briefwechsel und seine in Arbeit befindlichen Veröffentlichungen besprechen konnte. Es handelte sich also um eine Art Assistenz, die hie und da mit einem Zehn- oder gar Zwanzigmarkschein entgolten wurde. Albrecht KESSLER hat mich abgelöst, als ich 1959 nach Venezuela fuhr.

Es waren immer anregende Tee-Nachmittage in dem bescheidenen aber gepflegten Eckzimmer in der Mansarde des Hauses zum Felseck, Neuenheimer Landstraße 38, wo er als Untermieter wohnte. Von hier oben bot sich das klassische Heidelberg-Panorama mit dem Blick über den Neckar und die Altstadt auf das Schloß und den Königstuhl. Das Zimmer und der kleine Vorplatz waren vollgestellt mit Büchern aus allen Wissensgebieten, insbesondere aus Geographie und Geschichte. Sie wurden später in die Bibliothek des Geographischen Instituts integriert.

Kurt HIEHLE setzte sich vor allem mit Fragen der Klimatologie, der Wasserwirtschaft und der Bewässerung auseinander, worüber er eine Reihe von Aufsätzen publizierte[2].

In seinen letzten Jahren beschäftigte ihn aber besonders die Nutzbarmachung des nächtlichen Taufalls. Auf diesem Gebiet hat er sich mit über siebzig Jahren noch zu einem Privatgelehrten entwickelt, der eine rege internationale Korrespondenz mit Geo- und Biowissenschaftlern, Klimatologen und

Meteorologen führte[3]. Es entstanden mehrere Manuskripte über Teilaspekte dieses Phänomens, wobei Definitionsfragen immer wieder überarbeitet wurden. Hier zeigte sich so recht seine kritisch-exakte Arbeitsweise, und es ist umso bedauerlicher, daß die Ergebnisse nicht mehr veröffentlicht werden konnten.

Doch entsprechend seinen vielseitigen Interessen beschränkten sich die Gespräche mit ihm nicht auf geographische Fragen. Sie schlossen vielmehr eine große Zahl anderer Themenkreise ein, darunter die deutsche Rechtschreibreform, über die er ebenfalls mehrere Beiträge publiziert hat[2]. Er war ein Verfechter der Kleinschreibung und wurde 1956 als Mitglied der "Arbeitsgemeinschaft neue rechtschreibung" durch den Bundesminister des Inneren und die Ständige Konferenz der Kultusminister in den "Arbeitskreis für Rechtschreibregelung" berufen, der 1958 die sogenannten "Wiesbadener Empfehlungen zur Rechtschreibregelung" vorlegte[4], die neuerdings wieder diskutiert werden.

Wer aber war Kurt HIEHLE?[5]

Er wurde am 15. August 1882 als Sohn eines deutschen Ingenieurs in Riga/Lettland geboren und beendete die höhere Schule in Moskau. Die Kenntnis der russischen Sprache kam ihm später mehrfach zugute. Zum Ingenieurstudium ging er wiederum an das Polytechnikum in Riga, doch mußte er 1905, vor Abschluß seiner Diplom-Arbeit, die Hochschule verlassen, da er sich an einer studentischen revolutionären Bewegung beteiligt hatte. So beendete er sein Studium an der Technischen Hochschule Charlottenburg (heute T.U. Berlin) und blieb als Diplom-Ingenieur für Maschinenbau in Deutschland.

Er arbeitete seit 1907 an der technischen Entwicklung von Schiffsdieselmotoren, Flugmotoren, Druckmaschinen, Werkzeugmaschinen, Motorpflügen und anderen landwirtschaftlichen Maschinen bei bedeutenden Firmen, zunächst als Konstrukteur bei M.A.N., seit 1917 als Direktor oder technischer Berater in verschiedenen Werken des Kahn-Konzerns und seit 1933 als Direktor der Versuchsabteilung für Flugmotoren bei B.M.W. in München und später in Eisenach. 1937 (also mit 55 Jahren) verließ er diesen Posten, um sich "der Ausarbeitung verschiedener wissenschaftlicher Ideen zu widmen, die sich bei mir im Laufe meines Lebens angesammelt hatten"[6]. So legte er nach Kriegsende der sowjetischen Akademie der Wissenschaften einen Plan zur Bewässerung des Kaspischen Tieflandes vor. Im übrigen war er von 1929 bis 1951 im Aufsichtsrat der Heidelberger Druckmaschinen AG (früher Schnellpressenfabrik AG Heidelberg). Dieser Firma blieb er bis zu seinem Lebensende als Technischer Berater verbunden. Abgesehen von technischen Neuerungen beriet er sie erfolgreich bei patentrechtlichen Fragen. 1950 veranlaßte ihn der damalige Generaldirektor, Herr. Dr. Hubert H.A. Sternberg, zum Umzug nach Heidelberg, nachdem er in Eisenach zeitweise als Dolmetscher für Russisch bei der Stadtverwaltung gearbeitet hatte.

Von großer Bedeutung für seine wissenschaftlich-geographischen Interessen wurden aber seine ausgedehnten Reisen in den 20er und 30er Jahren als Direktor der Firma Stock (Kahn-Konzern), die vor allem Motorpflüge herstellte. Sie führten mehrfach in die Sowjetunion, wo Raupenschlepper im großflächigen Einsatz getestet wurden, sowie 1926 bis 1928, in 18 Monaten durch Nordafrika, Indien, Indonesien und Japan, um die Arbeitsbedingungen und Absatzverhältnisse entsprechender Maschinen zu prüfen und ihren Verkauf zu organisieren. Auf diesen Reisen und längeren Aufenthalten, von denen er immer wieder begeistert erzählte, gewann er nicht nur ein fundiertes Verständnis für den länderkundlichen Charakter der einzelnen Regionen, sondern vor allem für die Probleme der Landwirtschaft in Trockengebieten. Und dieses Thema hat ihn bis zum Lebensende nicht mehr losgelassen.

Kurt HIEHLE war ein Mensch, bei dem sich Realitätssinn und geduldiges exaktes Arbeiten mit idealistischen Vorstellungen und großer Menschlichkeit zu einem Charakter verbanden, auf den, wie wohl selten, die Maxime "mehr sein als scheinen" zutraf. Und gerade darin liegen ja die Wurzeln seiner Stiftung; denn das beachtliche Kapital wurde einerseits durch zuverlässige Arbeit erworben, und es wurde andererseits durch eine äußerst bescheidene Lebensführung erhalten und vermehrt.

Die Trauergemeinde, die ihn nach seinem plötzlichen Tod am 28. Juli 1960 zur letzten Ruhe auf den Heidelberger Bergfriedhof geleitete, war klein. Sie wird an Zahl längst übertroffen durch die aus seiner Stiftung geförderten "begabten Geographiestudenten", von denen die meisten wohl kaum eine Vorstellung von Kurt HIEHLE hatten. So ist zu hoffen, daß der vorliegende Band das dankbare Gedenken an ihn unter Heidelberger Geographen wachhält und daß seine großzügige Stiftung auch in Zukunft ein Ansporn für besondere Leistungen sein wird.

Anmerkungen

[1] Schreiben von Notar Dr. Will an den Direktor des Geographischen Instituts der Universität Heidelberg vom 16.9.1960

[2] Vgl. das Verzeichnis der Veröffentlichungen von Kurt HIEHLE

[3] Darunter die Herren Duvdevany, Haifa; Eckardt, Montpellier; Gelbke, Rostock; Hofmann, München; Kollmannsperger, Saarbrücken; Masson, Dakar; Stocker, Darmstadt.

[4] Vgl. "Das Reformprogramm des Arbeitskreises für Rechtschreibregelung". In: Das Parlament, 14.1.1959. Für freundliche Hinweise danke ich den Herren Dr. DROSDOWSKI, Duden-Redaktion Mannheim, Dr. MENTRUP, Institut für deutsche Sprache Mannheim und MÜLLER Gesellschaft für deutsche Sprache Wiesbaden.

[5] Die Angaben zum Lebenslauf entstammen, abgesehen von direkten Mitteilungen Kurt HIEHLES, einem Schreiben vom 13.9.1945 an den sowjetischen Militärkommandanten in Eisenach sowie Informationen von Herrn Dr. H. STERNBERG, Generaldirektor i.R. der Heidelberger Druckmaschinen A.G. Für Hilfe bei der Materialbeschaffung danke ich ferner den Herren Prof. F. FEZER, Heidelberg, und Prof. A. KESSLER, Freiburg.

[6] Aus dem Schreiben vom 13.9.1945 an den sowjetischen Militärkommandanten in Eisenach.

Verzeichnis der Veröffentlichungen von Kurt Hiehle

(1906): Kraftgewinnung auf Kosten der potentiellen Energie des Sonnensystems. - In: Prometheus. 18, S. 887

(1907): Hebel des Archimedes. - In: Prometheus. 19, S. 897

(1907): Möglichkeiten der Gasturbine. - In: Zeitschrift für das gesamte Turbinenwesen. 4, S. 48

(1924): Kraftpflüge mit Gaserzeugern. - In: Zeitschrift des Vereins Deutscher Ingenieure. 68 B, S. 1207

(1947): On the coming age of controlled climate. - Heidelberg

(1947): Vom kommenden Zeitalter der künstlichen Klimagestaltung. - Heidelberg

(1947): Warum wollen wir Vater mit f schreiben? - In: Das Buchgewerbe. 2, S. 189

(1947): Zur Reform der Rechtschreibung. - In: Der graphische Markt. 2, No. 19

(1948): Die erzieherischen Auswirkungen der Mängel unserer Rechtschreibung. - In: Deutschunterricht. 2, S. 27-33

(1948): Ist Atlanteuropa nur eine Utopie. - In: Blick in die Wissenschaft. 1, S. 236-238

(1948): Die Knifflichkeiten unserer Rechtschreibung. - In: Das Buchgewerbe. 3, S. 176

(1948): Schrift und Sprache. - In: Der graphische Markt. 3, S. 164

(1948): Warum eine Reform der Rechtschreibung. - In: Aufbau. 4, S. 157

(1949): Grundsätzliches zur Methodik des Rechtschreibunterrichts. - In: Deutschunterricht. 2, S. 27-33

(1949): Jakob Grimm als Wegbereiter einer lautrichtigen Rechtschreibung. - In: Phonetik. 3, S. 303-316

(1949): Die Mängel des deutschen Alphabets. - In: Zeitschrift für Phonetik und allgemeine Sprachwissenschaft. 3, S. 156-162

(1949): Mängel unserer Rechtschreibung. - In: Welt der Schule. 2, S. 154-158

(1950): Lebensraum für Millionen, auch in der Neuen Welt. - In: Umschau in Wissenschaft und Technik. 50, S. 305-306

(1950): Neuer Lebensraum für 100 Millionen Menschen: die Klimatisierung des Kaspischen Raumes. - In: Umschau in Wissenschaft und Technik. 50, S. 105-108

(1950): Die Rechtschreibung von Fremdwörtern. - In: Das Buchgewerbe. 5, S. 140

(1950): Sprache und Schrift. - In: Schola. 5, S. 737-743

(1950): Verbesserung der Wasserwirtschaft in China. - In: Umschau in Wissenschaft und Technik. 50, S. 494-495

(1950): Verschönern die Großbuchstaben das Schriftbild unserer Sprache? - In: Das Buchgewerbe. 5, S. 73-75

(1951): Der Wiederaufbau Palästinas. - In: Umschau in Wissenschaft und Technik. 51, S. 321-324

(1951): Das zentralkalifornische CVP Bewässerungsprojekt. - In: Umschau in Wissenschaft und Technik. 51, S. 673-674

(1952): Die Bewässerung der Sahara. - In: Umschau in Wissenschaft und Technik. 52, S. 517-520

(1953): Die Bewässerung des Sudans: Betrachtungen über die Gewinnung neuen Lebensraumes in Afrika. - In: Petermanns geographische Mitteilungen. - 97, S. 268-273

(1954): Der Stand der großen russischen Wasserbauprojekte. - In: Umschau in Wissenschaft und Technik. 54, S. 129-131

(1954): Die wirtschaftlichen Entwicklungsmöglichkeiten des Schwarzen Erdteils: Revision überholter Vorstellungen. - In: VDI-Nachrichten. 8, S. 4-5

(1955): L'irrigation du Sahara. - In: Industries et travaux d'Outre-Mer. 3, S. 415-420

(1955): Zur angeblichen Ablehnung der eingeleiteten Rechtschreibreform durch Thomas Mann. - In: Papier und Druck, Abt. Sprachpflege. 4, S. 49

(1956): Thomas Mann und die Rechtschreibreform. - In: Form und Technik. 7, S. 298

(1956): War Thomas Mann wirklich gegen die "Stuttgarter Empfehlungen"? - In: Der rechtschreibreformer. 2, S. 12

(1956): Die Wasserkräfte von Äquatorialafrika werden erschlossen. - In: Umschau in Wissenschaft und Technik. 56, S. 33-36

(1957): Grands projets d'aménagements hydrauliques en U.R.S.S. - In: Navires, ports et chantiers. S. 1-4. Paris

(1958): Bewässerung und Wasserkraftgewinnung in Australien. - In: Umschau in Wissenschaft und Technik. 58, S. 494-497

(1958): Wasserkraftgewinnung in Armenien: fortschreitende Ausbeutung des Ssewan-Sees. - In: Umschau in Wissenschaft und Technik. 58, S. 439

(1959): Der St. Lorenz-Seeweg. - In: Umschau in Wissenschaft und Technik. 59, S. 389-391

DER GEOGRAPHISCHE WAHRNEHMUNGSANSATZ[1]
Anspruch und Forschungspraxis

Von Ursula GERDES (Heidelberg)

Mit 1 Figur

1.	Einleitung: Die Thematisierung von Umwelt
2.	Die Umweltproblematik in der Geographie
2.1	Die Problematisierung der Mensch-Umweltbeziehung im historischen Kontext der geographischen Wissenschaftsentwicklung
2.1.1	Vergleichende Geographie
2.1.2	Determinismus
2.1.3	Possibilismus und morphogenetische Phase
2.1.4	Probabilistische Phase
2.1.5	Verhaltensorientierte Phase
2.2.	Die Integration verhaltensorientierter Ansätze in die deutsche Sozialgeographie
3.	Der geographische Wahrnehmungsansatz
3.1	Charakterisierung des Ansatzes
3.2	Anspruchsebenen des geographischen Wahrnehmungsansatzes
3.3	Forschungspraxis des geographischen Wahrnehmungsansatzes
3.3.1	Konkurrierende Theorien und Modelle (Situationismus - Interaktionismus - Phänomenologie - Forschungsmethoden)
3.3.2	Die Schlüsselbegriffe: Umwelt, Wahrnehmung, Individuum (Umwelt/Raum - Wahrnehmung - Individuum)
3.3.3	Zur Kritik der wahrnehmungsgeographischen Forschungspraxis (Problematik des Raumverständnisses - Offene Fragen)
4.	Ausblick: Gesellschaftlicher Problemdruck und Paradigmenwandel in den Wissenschaften

---

[1] Dieser Aufsatz entstand aus einer wissenschaftlichen Zulassungsarbeit, welche unter der Betreuung von Prof. Dr. W. FRICKE am Geographischen Institut der Universität Heidelberg verfaßt und am 10. Juli 1981 dort eingereicht wurde.

1. Einleitung: Die Thematisierung von Umwelt

Die neuerlich verstärkte Thematisierung der Umwelt scheint eine Phase der Relativierung anthropozentrischen Denkens ("Macht Euch die Erde untertan!") einzuleiten. Als eine breit angelegte Wachstumsdiskussion in Gesellschaft, Medien und Wissenschaft artikuliert sie Widerstände gegen die herrschende rationalistisch-funktionalistische Weltdeutung, zeigt die Grenzen naturwissenschaftlich-positivistischer Zweckrationalität auf und versucht, das in zunehmenden Aktionen "von unten"[1] sich ausdrückende gesellschaftliche "Unbehagen" an einer "kranken Gesellschaft" (CORDEY, 1978, S. 87) zu thematisieren.

Anthropozentrisches Denken ist auf die Rationalisierung von handelnder Beherrschung der Umwelt ausgerichtet; diese Zielorientierung kann auch als Funktionalisierung der existierenden "Objektwelt" begriffen werden und ist als Denken auf der Basis kognitiver "Vernichtung" (LUHMANN) von Umweltkomplexität ausgewiesen. Der hiermit verbundene allgemeine Glaube an Fortschritt, Planbarkeit, Unerschöpflichkeit der Ressourcen etc. scheint nun wachsendem Verantwortungsbewußtsein gegenüber und Interesse an den komplexen Wirkungszusammenhängen zwischen Natur und Gesellschaft/Mensch zu weichen.

Dem Ausmaß der heutigen anthropogenen Eingriffe in die Umwelt wie insgesamt dem Ausmaß der bewußten Gestaltung sowohl von Umwelt als auch von Gesellschaft korrespondiert eine "Rache des Objektes" in Form nicht einkalkulierter Neben- und Folgewirkungen, die nicht mehr zu übersehen sind.[2]

Diese Neben- und Folgewirkungen werden heute unter den Stichworten: Ökologische Krise (wenn es sich um "Nebenfolgen" im Bereich der materiellen Umwelt handelt) und "Sinnkrise", "Identitätskrise", "Unregierbarkeit" etc. (bei unvorhergesehenen Reaktionen im Bereich der gesellschaftlichen Umwelt, die in nicht geringerem Umfange als die materielle Umwelt zum Objekt planender Eingriffe durch Politik, Wirtschaft, Planung, Architektur etc. geworden ist), abgehandelt. Hierbei versucht die Ökologie[3] als "neue Leitwissenschaft" (AMERY, 1978, S. 39), Wege aus der Krise aufzuzeigen und die seit den 70er Jahren zu beobachtende Absetzbewegung aus funktionalen "Sachzwängen" in einen Zusammenhang mit dem "Unbehagen" an

---

[1] Z.B. Bürgerinitiativen, Proteste, Widerstand gegen Kernkraftwerke oder regionale Disparitäten, "Aussteigertum", alternative oder grüne Gruppierungen.

[2] Ein Laborversuch zeigt z.B., daß DDT Insekten tötet. In der Natur entwickeln sich DDT-resistente Populationen. Oder: Funktional geplante "Märkische Viertel" erweisen sich als dysfunktional, d.h. krankmachend.

[3] Diese höchst "konkrete und nüchterne Wissenschaft" (AMERY, 1978, S. 41) wurde als funktional quantifizierende Methode in der Biologie entwickelt; sie schärfte den Blick für die Grenzen funktionalistischen Denkens, überschritt so selbst die Grenzen zu den Humanwissenschaften und befindet sich heute "mitten in der Kontroverse" (AMERY, 1978, S. 43) über die normativen Prämissen jeder Wissenschaft.

der Industriekultur insgesamt zu bringen. In Natur- und Humanwissenschaften wird die Umweltbezogenheit menschlichen Verhaltens als Problem aufgegriffen, die "ökologische Lücke" (KLEIN, 1976, S. 307) bisheriger Theoriebildung entdeckt.
Wenn in diesen Bereichen also "Umwelt" zum Problem wurde, dann deutet dies auf die Einsicht in die Grenzen einseitig zweckorientierter Eingriffe auf der Basis wenig komplexen Denkens hin.
Im Bereich der Planung[1] findet eine besonders lebhafte Umweltdiskussion in der Stadt- und Regionalplanung statt; die bisherige Praxis war geprägt durch rational-metrische Schulungskategorien und generelle Wachstumsorientiertheit mit einseitiger Ausrichtung auf die funktionellen Kategorien von Wirtschaft, Transport und Verkehr. Die so festgeschriebenen Nutzungsmuster und räumlichen Differenzierungen können unter den gegebenen Umständen anscheinend nicht verändert werden (vgl. WENZEL, 1977, S.182ff); die negativen Folgen einer solchen Planung bringt BURCKHARDT (1974, S. 479) auf die Formel: "Die Verschlechterung unserer Umwelt ist nichts anderes als die Summe dessen, was bei der Planung als unwesentlich unter den Tisch fiel."[2] Um die Bedingungen von Zustimmung und Ablehnung effektiver kontrollieren zu können, wandte sich die Planung den Umweltwissenschaften zu; die Wissenschaften ihrerseits scheinen sich fast nach einer Teilnahme am Planungsprozeß zu drängen. Dabei ist allerdings zu bedenken, daß ein gemeinsames Forschungsobjekt - die Umwelt und deren "Benutzer" - verschiedener "Disziplinen" noch nie die Gewähr auch für deren Verständigung auf der Basis gleichgelagerter Erkenntnisinteressen war.
Die Bemühungen der verschiedenen Wissenschaften, zu einem verbesserten Verständnis der Umwelt zu gelangen, erscheinen zunächst also als Versuch, diese Umwelt - zunächst kognitiv, dann handelnd - "in den Griff" zu bekommen; die "Chance" solcher Versuche ist darin zu sehen, daß die ökologische Blindheit zweckrationalen Handelns einem Umwelt-adäquaten Handeln mit "bescheideneren" Ansprüchen und dadurch reduzierten Nebenwirkungen weichen könnte. Unter diesem Aspekt ist auch der geographische Wahrneh-

---

[1] Die Berechtigung, diesen Bereich in eine wissenschaftliche Arbeit einzubeziehen, sieht die Verfasserin darin, daß Planung eines der in den Wissenschaften am heißesten diskutierten Gebiete ist; der Glaube, der Planungsprozeß könne zu einer Wissenschaft werden, ist jedoch illusorisch, da er immer von den politischen Vorgaben des Planers abhängt (vgl. BURCKHARDT, 1974, S. 485).

[2] Und was auch bei positivistisch-kausalen Analysen unter den Tisch fällt: abweichendes Verhalten, Randgruppen, Individualisten etc. mit ihren dem statistischen "Durchschnittsdenken" unbequemen Vorstellungen. - Zu bedenken ist auch die erstaunliche Zufriedenheit der von Planung "Betroffenen", wenn sie sich in Fragebögen äußern.
(Vgl. dazu Kap. 3.3.2)

mungsansatz einzuordnen.[1]

Im folgenden Kapitel wird untersucht, wie, mit welchem Stellenwert und unter welchem Bezug, die Problematik der Mensch-Umwelt-Beziehungen von der Geographie aufgegriffen wurde, um anschließend die "Integration" des Wahrnehmungsansatzes in die Sozialgeographie darzustellen. Im 3. Kapitel werden Anspruch und Forschungspraxis des Ansatzes dargestellt; dessen Abschluß bildet ein kritischer Hinweis auf (noch ungelöste) Probleme innerhalb des geographischen Wahrnehmungsansatzes.

2. Die Umweltproblematik in der Geographie

2.1 Die Problematisierung der Mensch-Umweltbeziehung im historischen Kontext der geographischen Wissenschaftsentwicklung

Seit jeher ist "Umwelt" das zentrale Forschungsobjekt einer geographischen Wissenschaft vom Raum - ihre Analyse seit jeher der Zweck geographischer Forschung; d.h.: Umwelt und Raum können als "disziplinäres Kontinuum" angesehen werden. Weniger Kontinuität jedoch weisen die unterschiedlichen geographischen Vorstellungen der Mensch-Umwelt-Beziehungen auf. STIENS (1980) referiert in diesem Zusammenhang eine sehr weitgehende Gleichsetzung von deren historischer Abfolge mit dem Modell der Kondratieffschen Wellen, wonach sich parallel zu den "langen ökonomischen Wellen" jeweils auch die Größenordnungen gesellschaftlicher und räumlicher Interaktionen und damit auch die dominanten Erklärungsmodelle menschlichen Verhaltens im Raum wandeln. Kleinmaßstäbige Beschäftigung mit "Ganzheiten", was STIENS "regionalistisches Denken" nennt, scheint sich immer in Perioden wirtschaftlichen Abschwungs zu finden. Der Problematik einer solchen Parallelisierung soll hier nicht nachgegangen werden; es interessieren im Zusammenhang mit dem geistig-historischen Kontext die dominanten geographischen Erklärungsmuster.

2.1.1 "Vergleichende Geographie"[2]

Mit C. RITTER weicht die bis dahin in der Geographie übliche rationale staatenkundliche Zustandsbeschreibung einer Auffassung, welche in den Ländern "natürliche organische Glieder" (STIENS, 1980, S. 317) der Erde sieht; charakteristisch für diese Auffassung sind der idealistisch-philosophische Hintergrund[3] und der metaphysisch aufgefaßte (Erd-)Raum.

---

[1] Welcher wiederum Methoden und theoretische Konzepte und Modelle aus verschiedenen wissenschaftlichen Disziplinen zusammenträgt. Somit ist die Fragestellung ein interdisziplinäres Problem.

[2] Um 1810 wurde in Europa das Zeitalter der Aufklärung und der "klassischen" Ökonomie abgelöst vom Romantizismus mit der Betonung historischer und individueller Besonderheiten.

[3] Die Vertreter des deutschen Idealismus wandten sich gegen das rational-mechanistische Weltbild des 17./18. Jh. und gegen den auf DESCARTES begründeten Dualismus von Materie und Geist, von Natur und Mensch.

RITTER sieht in der Geschichte als "räumlichem Prinzip" den Schlüssel zur Erklärung von geographischer Verteilung im Raum und bezieht erstmals "den" Menschen in geographische Überlegungen ein; die Beziehungen zwischen Mensch und Umwelt definiert er als sich über "bedingende Medien" (soziales und natürliches Milieu) vollziehende Einflüsse.

2.1.2 Determinismus

In der um 1860 anbrechenden deterministischen Phase der Geographie wird "Umwelt" als ein Faktor angesehen, an den der Mensch sich anpassen muß. Die Umwelt bestimmt also die menschlichen Aktivitäten und Lebensformen; das menschliche Verhalten wird mit einem Ursache-Wirkungs-Modell auf der Basis ererbter Eigenschaften und bestimmter Charakteristika der Außenwelt erklärt. Charakteristisch ist der materialistisch-positivistische Hintergrund[1], der auch andere wissenschaftliche Disziplinen dominiert.[2]

2.1.3 Possibilismus und morphogenetische Phase

Um 1900 entwickelte Vidal de la BLACHE in Frankreich ein possiblistisches Konzept der Mensch-Umwelt-Beziehungen; in Deutschland entstand - geprägt von SCHLÜTER - eine ideographisch-morphogenetische Kulturlandschaftskunde.

---

[1] Es werden positivistische Gedanken von MONTESQIEU, SPENCER, HERDER u. a. aufgegriffen. Besonders nachhaltig wirkte HERDERs Vorstellung von der Erde als Erziehungshaus des Menschen.

[2] In den USA wird nach SCHÖLLER (1977, S. 35) die beziehungs-deterministische Konzeption im "environmentalism" differenziert; als "human ecology" betont dieses Konzept auch heute noch die menschliche Anpassung an die Naturbedingungen. - Das Ökologiekonzept entwickelte sich in den USA der 20er Jahre zu einer Disziplin mit Universalitätsanspruch (vgl. WEICHHART, 1975, S. 72). Methodisch ist die Ökologie auf die Analyse kleinstmöglicher Einheiten überschaubarer Biotope angelegt; alle Organismen gelten als offene Systeme, die in ständiger Interaktion mit ihrer Umwelt stehen. Diese stofflich-energetischen Wechselbeziehungen ergeben komplexe Ökosysteme. - In der Psychologie wurde die Grundlage für die Entwicklung der Konzepte: Behaviorismus, Gestalttheorie, Psychoanalyse gelegt; unter dem Einfluß der sich stürmisch entwickelnden Naturwissenschaften etablierte sich ein experimentell-empirischer Zweig; die deutschen Phänomenologen (v. a. M. WERTHEIMER) entwickelten gestalttheoretische Vorstellungen und die deutsche Psychiatrie beschäftigte sich mit der Genese psychischer Krankheiten. - Der französische Soziologe le PLAY betreibt positivistisch-empirische Sozialforschung auf der Basis einer Dreiheit von Raum, Wirtschaft und Gesellschaft und der Konzeption der "modes du travail". DURKHEIM stellt sich die soziale Realität als Zweiheit von innerem (Handeln) und äußerem (Substrat des Kollektivseins) Milieu vor. Das Substrat wird in seiner räumlichen Verteilung untersucht.

Possiblismus: Aufbauend auf den "modes du travail" von le PLAY, konzipiert la BLACHE den Begriff der "genres de vie" als aktive Anpassung (adaptation) der menschlichen Gruppen an das natürliche Milieu. Der Mensch gilt als relativ autonomes Wesen, untersucht werden die Resultate seines Handelns in der Welt. Der zentrale Bezugsraum ist die "région".
Morphogenetische Phase: Unter dem Einfluß von la BLACHE knüpft SCHLÜTER an DURKHEIM s "morphologie sociale" an, überbetont aber die Formelemente: Seine "Morphologie der Kulturlandschaft" vernachlässigt die raumwirksamen Kräftefelder. Die Umwelt gilt als vom Menschen geformte, sinnlich wahrnehmbare Kulturlandschaft, deren räumliche Muster kartographisch erfaßt werden. Der "soziale Komplex" wird ausgeklammert.[1]

2.1.4 Probabilistische Phase

Seit etwa 1950 ist die (Sozial-)Geographie durch einen positivistischen Ansatz geprägt, der aus dem angloamerikanischen Wissenschaftsverständnis übernommen wurde. Es sind zwei einander ablösende Phasen zu unterscheiden:
Funktionalismus: Unter dem Aspekt von Standortverteilungen werden funktionale Erklärungen für menschliches Verhalten gesucht; die Motive der "Akteure" selbst rückten erst in das Zentrum des Interesses, als man bemerkte, daß diese Standortverteilungen nicht zuletzt als Resultat von Entscheidungen der "Akteure" anzusehen sind, womit der Übergang zur Strukturell-prozessualen Phase[2] markiert ist: (Verhaltens-)Muster im Raum werden zu integralen Forschungsobjekten. Dieses Verhalten wird auf die Aktivitäten menschlicher Gruppen als Träger der "Daseinsgrundfunktionen" bezogen. Prämissen sind die Vorstellung einer optimalen Anpassung der Umwelt an die menschlichen Bedürfnisse und das Konzept des "homo oeconomicus".

2.1.5 Verhaltensorientierte Phase

Im Rückgriff auf phänomenologische[3] und interaktionistische Gedanken beschäftigt sich die (Sozial-)Geographie mit der "Alltagswelt", wobei der Schwerpunkt auf den räumlichen Aspekten der individuellen Existenz liegt. Charakteristisch ist eine "humanitäre" Orientierung und eine individualisierende, "Ganzheiten" erfassende Arbeits- und Betrachtungsweise.

---

[1] Aus diesem Ansatz entwickelte sich die Länderkunde, welche ihre Vorrangstellung erst durch die "quantitative Revolution" einbüßte.

[2] Unter Struktur versteht man die Momentaufnahme räumlicher Muster; mit Prozeß bezeichnet man deren Entstehung und Wandel.

[3] Womit nicht zuletzt an die deutsche Schule der Gestalttheorie der Zwischenkriegszeit angeknüpft wird, welche in bewußter Antithese zum amerikanischen Behaviorismus entwickelt wurde. Das gestalttheoretische Basistheorem lautet: Das Ganze ist mehr als die Summe seiner Teile. In der Geographie wurden bisher v.a. das Lebensraumkonzept von LEWIN, BARKER's ökologische Psychologie, das Linsenmodell der Wahrnehmung von BRUNSWIK und TOLMAN s Konzept der kognitiven Karte aufgegriffen.

Diese Entwicklung bezieht sich auf die deutsche Anthropo- bzw. Sozialgeographie. Trotz der geographischen Auseinanderentwicklung in zwei eigenständige Teildisziplinen sind jedoch beide mit "Umwelt" konfrontiert; in der Physischen Geographie entwickelte sich hierdurch die Ökogeographie (Synonyme: Umweltforschung, Geo-Ökologie) und in der Sozialgeographie ein humanökologischer Wahrnehmungsansatz. Im folgenden wird die Integration verhaltensorientierter und humanökologischer Vorstellungen in die strukturell-prozessual orientierte Sozialgeographie dargestellt.

2.2 Die Integration verhaltensorientierter Ansätze in die deutsche Sozialgeographie

Die deutsche Sozialgeographie besteht als spezifisch ausdifferenzierte "Sonderentwicklung" (MAIER u.a., 1978, S. 274) seit etwa 30 Jahren; nach einer produktiven Begründungsperiode wird sie heute durch "Ansätze zu einer übergreifenden geographischen Verhaltensforschung" (THOMALE, 1978, S. 81) konzeptuell überholt.

Das Neue am Ansatz der Sozialgeographie wird von RHODE-JÜCHTERN (1975, S. 98) als der Versuch beschrieben, das Verhältnis von Natur/Raum/Landschaft und Mensch/Gesellschaft neu zu bestimmen und mit Bezug auf die Sozialwissenschaften die konkreten "Träger" vorher abstrakt konzeptualisierter "Prozesse" und "Funktionen" empirisch und theoretisch in den Vordergrund zu rücken.[1]

In der strukturell-prozessualen Phase wird die Beschäftigung mit den "Daseinsgrundfunktionen" zum ersten Stadium einer geographischen Verhaltensforschung (vgl. THOMALE, 1974, S. 11), wobei "Verhalten" und "Aktivität" allerdings noch gleichgesetzt wurden; man interessierte sich (unter Bezug auf die Grundannahme einer stets wiederkehrenden Reaktionskette im menschlichen Verhalten) für die "vorgeschalteten Mechanismen"[2] der räumlichen Aktivitäten. Träger eines Verhaltens in "Reaktionsketten" ist der rationale "homo oeconomicus". Demgegenüber stieß man in den Forschungsarbeiten auf erhebliche Diskrepanzen zwischen Optimierungs- und Befriedigungsverhalten, d.h. auf das Faktum eines zumeist sub-optimalen menschlichen Verhaltens.

Um dies zu erklären, hat sich in jüngster Zeit die geographische Verhaltensforschung von den frühen interaktionistischen Migrationsstudien hin zur differenzierten Analyse räumlicher Entscheidungsprozesse entwickelt; Forschungsobjekte sind die "räumlichen Konsequenzen menschlicher Verhaltensweisen, Lebensansprüche und Lebenserwartungen" (THOMALE, 1974, S. 9), das "Wahrnehmungs-, Bewertungs-, Entscheidungs- und das

---

[1] Hiermit wird die anthropogeographische Entwicklung am Ende der deterministischen Phase - der Mensch erhält gegenüber der Natur einen eigenen Stellenwert - weitergeführt.

[2] Z.B. Motivationen, Entscheidungen, Werte, Informationen und Bezugsgruppen.

Suchverhalten von Individuen und Gruppen im Raum" (WIESSNER, 1978, S. 419), die Erfassung des "Mentalkomplexes" von räumlichem Verhalten und die subjektive Seite der menschlichen Existenz, so daß man mit THOMALE (1974, S. 9) von einer "methodischen Innovation", wenn nicht sogar von einem Paradigmenwandel sprechen kann.

Als Neuansatz der verhaltensorientierten Geographie ist das Interesse am "spatial behavior"[1] zu sehen; ihm steht das sozialgeographische Interesse an abstrakten Modellen des "behavior in space"[2] entgegen. Für WIESSNER (1978, S. 421) sind diese beiden Modelle aber ein Kontaktpunkt der verhaltensorientierten Geographie zur Sozialgeographie, deren "Schwachstelle", das immer wieder vom rationalen Modell abweichende Verhalten, von der verhaltensorientierten Geographie analysiert werden müsse. Die grundsätzliche Nähe zur strukturell-prozessualen Sozialgeographie ergibt sich nach SCHRETTENBRUNNER (1974, S. 64) aus der Betrachtung der Landschaft als Prozeßfeld.

Nach GOLLEDGE u.a. (1972, S. 76) ist die Prozeß- und Akteurorientierung die Basis der verhaltensorientierten Geographie - und diese basiert auf der Annahme, daß spezifische Raumstrukturen und spezifische Verhaltensformen das Ergebnis einer Interaktion[3] zwischen Umwelt und menschlicher Wahrnehmung seien.

Die Übernahme der angloamerikanischen "behavioral geography" entspricht nach JÜNGST u.a. (1977) einem neuen sozialwissenschaftlichen Trend: "Das Verlassen des (kulturgeographisch orientierten) 'Effizienzbereiches' und des (sozialgeographisch ausgelegten) 'Prozeßbereiches' ist sicher ein Problem des forschungspolitischen Etiketts 'geographisch'; es ist aber u.E. vor allem ein Problem der erkenntnistheoretischen Reichweite einer sozialwissenschaftlich ernstzunehmenden und am denkmöglichen Fortschritt teilhabenden Geographie" (JÜNGST u.a., 1977, S. 159).

Das soziale Verhalten im Raum gilt als interdisziplinäres Problemfeld, zu dessen Klärung auch "außerdisziplinäre" Hilfen herangezogen werden müssen; eine "Abwehr" verhaltensorientierter Ansätze (z.B. des Wahrnehmungsansatzes mit seiner Übernahme v.a. psychologischer Konzepte) hält LEIMGRUBER (1979, S. 190) allerdings für "unnötig", da es ja nicht um eine "Psychologisierung" der Geographie gehe, sondern um Gewinnung neuer Erkenntnismethoden mit Hilfe psychologischer Arbeitsmittel.

---

[1] Nach WIESSNER (1978, S. 421) das zunächst aktivitätsneutrale Verhalten gegenüber dem Raum als "mentales oder kognitives Abbild räumlicher Erlebnisse und der Raumwahrnehmung".

[2] Nach WIESSNER (1978, S. 421) das objektive, beobachtbare Verhalten im Raum, welcher als eine "Bezugsfläche verhaltensgesteuerter Aktivitäten" aufgefaßt wird.

[3] Interaktion wird von GOLLEDGE u.a. (1972, S. 76) definiert als "Prozeß, der umgrenzt ist durch die Funktion bestimmter Plätze (Räume), deren relativer Position in einer bestimmten räumlichen Struktur und den Verhaltensprozessen, die in diesem System ablaufen.

Im folgenden wird der geographische Wahrnehmungsansatz - welcher einen Aspekt der verhaltensorientierten Geographie darstellt - untersucht.

3. Der geographische Wahrnehmungsansatz

3.1 Charakterisierung des Ansatzes

Thesenartig zusammengefaßt, lassen sich folgende Charakteristika des geographischen Wahrnehmungsansatzes benennen:

1. Beim geographischen Wahrnehmungsansatz handelt es sich um ein sehr "junges" Forschungsgebiet, das in den USA in den 60er Jahren, in der Bundesrepublik in den 70er Jahren in der Geographie auftaucht. Es gibt noch sehr wenige Einzeluntersuchungen und deren zusammenfassende Darstellung steht nach wie vor aus.
2. Er ist in der Bundesrepublik durch starke Einflüsse angloamerikanischer Forschung gekennzeichnet. Darin spiegelt sich zum einen die grundsätzliche Tendenz, daß sich die bundesrepublikanische Forschung der Nachkriegszeit sehr stark an der Forschung der USA (was die "Phasenverschiebung" neuer Ansätze im Vergleich zum angloamerikanischen Raum erklärt) orientierte; zum anderen bewirkte diese Orientierung aber, daß damit über Umwege an ganzheitlich-interaktionistische Forschungsansätze im Deutschland der Weimarer Zeit (als Gegenkonzept zum amerikanischen Behaviorismus) angeknüpft wird: Diese Forschungsrichtung war in der Bundesrepublik gründlich in Vergessenheit geraten[1], und gelangt nun, als "Innovation", wieder von jenseits des Atlantiks nach Deutschland.[2]
3. Der geographische Wahrnehmungsansatz ist vom Anspruch her ein interdisziplinäres Arbeitsfeld - die interdisziplinäre Arbeit wird jedoch durch Kommunikationsschwierigkeiten erschwert (z.T. auch gar nicht erst in Angriff genommen), welche auf "Sprachbarrieren" durch disziplinäre Abgrenzung und Eigenentwicklung zurückzuführen sind. Während nach RHODE-JÜCHTERN (1975, S. 205) die Sozialgeographie außer- und überdisziplinäre Ergebnisse nur "lustlos" übernimmt, zeichnen sich die Wahrnehmungsgeographen zumindest durch eine "interdisziplinäre Suchhaltung" aus, die zu einer Erweiterung der Fragestellungen auf verhaltenstheoretische und sozialpsychologische Zusammenhänge und auf gesellschaftliche Normen geführt habe.

---

[1] Teils, weil die Wissenschaftler unter dem Druck des NS-Regimes emigrieren mußten, teils, weil nach dem Kriege viele der verbliebenen deutschen Wissenschaftler in die USA abwanderten.

[2] Interessant in diesem Zusammenhang ist auch das vielbeklagte "Hinterherhinken" der von der Geographie übernommenen psychologischen Konzepte, die - direkt oder indirekt auf dem Wege über die USA - an die wahrnehmungspsychologischen Konzepte der deutschen Zwischenkriegszeit anknüpfen.

4. Durch die in den Wahrnehmungsansatz aufgenommenen Theorien, Konzepte und Modelle unterschiedlichster Disziplinen sind seine Aussagen und Ergebnisse vielfältig und häufig noch inkonsistent; die Vergleichbarkeit der (nach streng empirischen Forschungskriterien gewonnenen) Ergebnisse leidet darunter und erschwert eine eigenständige Theoriebildung.
5. Innerhalb der Sozialgeographie trägt der wahrnehmungsgeographische Ansatz z.T. alle Merkmale eines neu entstehenden Paradigmas (vgl. RHODE-JÜCHTERN, 1975, S. 207), z.T. werden jedoch auch nur neue Fragestellungen mit herkömmlichen Methoden untersucht.
6. Aufgrund der konzeptuellen Vielfalt ergibt sich jedoch für die Einzeluntersuchungen ein großer (theoretischer und methodologischer) Spielraum. RHODE-JÜCHTERN (1975, S. 207) konstatiert auch im Gegensatz zu anderen geographischen Ansätzen in der Wahrnehmungsgeographie den "Mut", Fragen explizit offen zu lassen.
7. Ein hervorstechendes Merkmal des Ansatzes ist die Praxisorientierung, d.h., daß in der Wahrnehmungsgeographie der Versuch gemacht wird, Aussagen über das menschliche Verhalten in der konkreten Alltagswelt - und nicht in Laborsituationen - zu machen.

Auf dem Hintergrund dieses einführenden Überblicks sollen nun Anspruch und Ziele des geographischen Wahrnehmungsansatzes im Einzelnen beleuchtet werden.

3.2 Anspruchsebenen des geographischen Wahrnehmungsansatzes

Für mit herkömmlichen Mitteln als unlösbar erscheinende Probleme durch neue Fragestellungen (auch metatheoretischer Art) mit neuen Forschungsmethoden neue Antworten zu suchen, gilt allgemein als Charakteristikum eines Paradigmenwechsels in den Wissenschaften. Von einigen Autoren (z.B. RHODE-JÜCHTERN, 1975, S. 30ff) wird der Wahrnehmungsansatz als neues Paradigma eingestuft. Es dürften sich jedoch kaum alle Forscher im Bereich des geographischen Wahrnehmungsansatzes als Vertreter eines neuen Paradigmas verstehen. Zu fragen ist also nach den unterschiedlichen Anspruchsebenen wahrnehmungsgeographischer Arbeiten.

Den umfassendsten Anspruch erhebt MEYER-ABICH. Er kritisiert insgesamt das objektivistische cartesianische[1] Wissenschaftsverständnis und definiert auf dieser Basis Umweltprobleme als Wahrnehmungsprobleme: In unserer technisch-industriellen Kultur begreifen wir "Umwelt" nur noch in Kategorien technischer Rationalität, d.h., wir haben für die "natürlichen" Beschränkungen unserer Handlungs- und Gestaltungsmöglichkeiten sowohl in

---

[1] DESCARTES unterteilte die menschliche Existenz in eine "res extensa" (Körper als ausgedehntes, nicht denkendes Sein) und eine "res cogitans" (Seele als denkendes, nicht ausgedehntes Sein). Die "Welt" unterteilte er in einen "Raum der ausgedehnten Dinge" (objektiver Raum der Naturwissenschaften) und in eine "unräumliche Dimension des Denkens" (nach GÖLZ, 1970, S. 2f).

der Gesellschaft als auch in der Natur keinen Begriff mehr. Unsere "Merkwelt" (i.S. von UEXKÜLL, als organisch-natürliche Sinnesausstattung) ist heute von unserer "Wirkwelt" (als gesellschaftliches Handeln) geprägt, wobei ihre "Verankerung" in der Natur als "Ganzheit" verlorenging, " ... der geschlossene Zusammenhang [Funktionskreis] von Sinneswahrnehmungen und Handlungen (Merkwelt und Wirkwelt) zerfällt oder ist zumindest nicht mehr geschlossen ..." (MEYER-ABICH, 1977, S. 22). Deswegen haben wir keine "Antennen" mehr für die Reaktionen der Natur auf unsere gesellschaftlichen Eingriffe, und in gleicher Weise unterdrücken wir unsere eigenen "natürlichen" Reaktionen auf unsere gesellschaftliche Wirkwelt. MEYER-ABICH sieht also die "innere" (d.h. menschliche) ebenso wie die "äußere" Natur durch technische Rationalität vergewaltigt und fordert eine neue Balance zwischen Wirkwelt und Merkwelt insofern, als unsere Merkwelt stärker auf "natürliche" Reaktionen Rücksicht nehmen sollte.

RHODE-JÜCHTERN (1975) ist bescheidener, obwohl er in den Fragestellungen des geographischen Wahrnehmungsansatzes schon eine neue, paradigmatische Qualität erkennt. Auch er kritisiert die DESCARTES'sche Trennung von Raum und Gesellschaft (in deren Aufhebung er eine entscheidende Erweiterung des theoretischen Fragehorizontes der Sozialgeographie sehen würde) und die daraus resultierenden euklidisch-metrischen Raumkonstrukte der Geographie. Er fordert als zentrales Forschungsprogramm des Ansatzes eine integrierte Analyse von "subjektiven" und "objektiven" Bezügen zwischen dem Raum (als "Konkretisierungsebene" gesellschaftlichen Handelns) und der Gesellschaft, in welcher unterschiedliche, raumbezogene "Wahrnehmungsgruppen" und "Handlungseinheiten" unterschieden werden sollen.

RHODE-JÜCHTERN (1975, S. 222f) sieht die menschliche Wahrnehmungsfähigkeit in Abhängigkeit von gesamtgesellschaftlichen Bedingungen und deren ontogenetischer Vermittlung ins individuelle Bewußtsein.[1] Daher sollen " ... Aktionsparameter der Politik und antizipierende Entscheidungen aller potentiellen Handlungsträger in die geographische Analyse (und Prognose) ..." einbezogen werden.

Ähnlich argumentieren JÜNGST u.a. (1977). Sie sehen in der Gestalt(-ung) unserer räumlichen Umwelt das Ergebnis tradierter Wahrnehmungs- und Bewertungsschemata, für welche es zu sensibilisieren gelte; den "subjektiven Sinn" von Raum und Gesellschaft sehen sie in Abhängigkeit von Gesellschaft.

Sie heben die Wichtigkeit und Leistungsfähigkeit des Wahrnehmungsansatzes als "methodisches Prinzip" für eine bewußte Umweltgestaltung (JÜNGST

---

[1] Zumindest vorläufig geht er dabei jedoch ebenfalls von einem "cartesianisch"-rationalistischen Gesellschaftsbild aus: Gesellschaft ist für ihn durch eindeutige (historische) Entwicklungsgesetze bestimmt, die auf wenige Dimensionen zurückzuführen sind; Verhalten gilt als weitgehend sozialisationsbedingt. Ob die theoretische Dominanz dieses Konstrukts die "Wahrnehmungsfähigkeit" entsprechender Untersuchungen erhöht, erscheint noch fraglich.

u.a., 1976, S. 467) hervor und sehen in der Erfassung der Finalität des menschlichen Handelns neue Forschungsziele, um dessen Tiefenstrukturen erklären zu können. Es gelte außerdem, das Verhältnis Mensch-Umwelt zu erhellen und soziale Subsysteme sowie Prozeßdeterminanten der Umweltgestaltung zu analysieren.

STURM (in STURM, 1977) definiert als neues Problem des geographischen Wahrnehmungsansatzes den historischen Prozeß der "Vergesellschaftung" unserer Wahrnehmungs- und Handlungsmuster, welche die Umweltwahrnehmung als "sinnliche Erfahrung" im Umgang mit der Welt als Interaktion von Sinnen, Bewußtsein und Handeln, prägen und sowohl historischem als auch sozialem Wandel unterliegen.

LOB/WEHLING (1977, S. 8f) wollen die Probleme von Entwicklung und Belastung der Lebensräume im räumlichen Kontext lösen; hierfür fordern sie Datenerfassung, Analyse des komplexen Wirkgefüges und die Schaffung eines "öffentlichen" Umweltbewußtseins.

Im Gegensatz zur Annahme der Sozialgeographie, daß Verhalten ein Ergebnis "objektiver" Strukturen und Prozesse im Raum ist, wird bei den genannten Autoren die kulturell geprägte Umweltwahrnehmung als primär angenommen: die Wahrnehmung wird nicht als abhängige Variable von "Struktur", sondern umgekehrt "Struktur" als abhängige Variable von Wahrnehmung definiert. Die Wahrnehmung wird also als ein Teil von "Kultur" gesehen und damit auf mögliche Diskrepanzen zwischen (wissenschaftlichen) Strukturbegriffen und kulturellen Deutungsmustern (Wahrnehmung) verwiesen.

Die Mehrzahl geographischer Wahrnehmungsforscher thematisiert Umweltfragen jedoch ohne weitreichende Reflexion wissenschaftstheoretischer Probleme. Insgesamt ist zwar eine Relativierung statischer Modelle und eine Betonung prozeßanalytischer Vorgehensweisen zu beobachten, das (neo-)positivistische Objektivitäts- und Kausalitätsverständnis wird jedoch überwiegend beibehalten. Man greift neue Fragestellungen auf und versucht, sie in die traditionelle Sozialgeographie zu integrieren:

THOMALE bezeichnet als neue Fragestellungen: Die (individuelle/gruppenspezifische) Raumbewertung und deren Entstehung als Ursache für unterschiedliche Motivationen und damit auch unterschiedliches Verhalten, wobei im Gegensatz zur Sozialgeographie der Schwerpunkt nun auf "soziales Verhalten" (nicht mehr auf "soziales Sein")gelegt werden solle. Die geographische "Realität" erhält damit neben ihrer "objektiven" eine ergänzende "subjektive" Dimension, die von der Sozialgeographie zu berücksichtigen sei (THOMALE, 1972, S. 234).

HARD (1973) sieht im Menschen ein "kybernetisches System", welches aufgrund von Informationen über seine Handlungsstrategien entscheidet. Im Bereich der Wahrnehmung unterscheidet er zwischen "Realmilieu" und individuellem "Psychomilieu" (als entscheidendem Neuansatz der Wahrnehmungsgeographie) der Handlungsträger; durch die zusätzliche Untersuchung des

Psychomilieus meint er, eine Erklärung für menschliche Entscheidungen und menschliches Verhalten finden zu können. Die Analyse von subjektiven Handlungsstrategien soll, nach deren Vergleich mit "rationalen Maximierungsstrategien", zu einer "präskriptiven normativen Entscheidungstheorie" (HARD, 1973, S. 216) führen.

WIESSNER (1978) postuliert als neues Forschungsobjekt die "Phänomene im Mentalbereich"; mögliche Forschungsziele des geographischen Wahrnehmungsansatzes sind für ihn die Erfassung subjektiver Raumschemata als Ersatz der bisher dominierenden euklidisch-metrischen Raummaße und die Operationalisierung des Begriffes "Attraktivität" durch eine Untersuchung der Prozesse, durch die sich Werte und Präferenzen ausbilden.

HOELLHUBER (1976) sieht die Basis der sozialgeographischen Forschungsaktivitäten - die Erfassung von raumwirksamen Prozessen - im Wahrnehmungsansatz differenziert durch die Annahme von subjektiv wahrgenommenen Ausschnitten eines "objektiven" Realraumes; die Umwelt werde nicht mehr nur als "dinghafte Elemente" der Erdoberfläche verstanden, sondern als ein ("sinnhaft") konstruiertes Netz von Beziehungen zwischen Raumelementen sowie als Wahrnehmung prozessualer[1] Veränderungen der physischen Objekte und ihrer Beziehungen, und schließlich als Netz von Beziehungen zwischen den Menschen/Gruppen[2] als sozialen Wesen.[3] Er fordert Studien zur Entwicklung der räumlichen Wahrnehmung, um durch Wahrnehmungsgesetze Erklärungsschemata für das räumliche Verhalten aufstellen zu können.

LEIMGRUBER (1979, S. 189) hält es für eine neue Perspektive des Wahrnehmungsansatzes, daß der Mensch nun als "Akteur im und Aktivator des Raumes" gesehen wird; hierbei gelten Mensch und Umwelt als sich gegenseitig beeinflussende Einheiten, die aber auf unterschiedliche Art und Weise miteinander interagieren können.[4]

DOWNS/STEA (1976) sehen das zentrale Forschungsobjekt des Ansatzes in der Klärung der Frage, wie die physische in die psychische Umwelt "transformiert" wird.

---

[1] Vgl. FLIEDNER (1979, S. 39ff): obwohl Prozesse selten zu Ende geführt werden, haben sie stets einen Sinn; um Populationen zu verstehen, gelte es diesen "Sinn" (als "Vorher" eines Prozesses) zu verstehen und nicht nur aus dessen Resultat ("Nachher") zu erklären.

[2] Auch der Wahrnehmungsansatz arbeitet mit pragmatisch gebildeten homogenen Gruppen, die auf der Annahme schichtenspezifischer Wahrnehmung und gemeinsamer Symbolbildung innerhalb einer Gruppe beruhen.

[3] Vgl. die Definition von Sozialgeographie

[4] Nach LAMMERS (1978, S. 8) gibt es theoretisch drei Möglichkeiten: die Umwelt variiert das menschliche Verhalten / das Verhalten variiert die Umwelt/ die Umwelt ist eine Moderatorvariable von Verhalten.

KILCHENMANN (WS 1975/76) sieht den entscheidenden Neuansatz der Wahrnehmungsgeographie in der Gegenüberstellung von "human activity" und "perceived environment", wobei letzteres mit dem "real environment" zu vergleichen sei.

BRUNNSCHWEILER (1971, S. 7) fordert die Messung von verhaltenswirksamen Aspekten der Umwelt, die ermöglichen soll, Faktoren für menschliche Umweltentscheidungen zu ermitteln und so zur Lösung von Umweltproblemen beizutragen.

Zusammenfassend kann festgestellt werden, daß allen Vertretern des geographischen Wahrnehmungsansatzes das Bewußtsein gemeinsam ist, daß die theoretischen Strukturkonzepte und rationalistischen Verhaltenskonstrukte ("homo oeconomicus") bisheriger Forschung nicht mehr das Verhalten der "Forschungsobjekte" erklären können. Daraus wird aber nur bei wenigen auf die Notwendigkeit eines neuen Wissenschaftsverständnisses geschlossen. Die meisten beschränken sich auf die Forderung nach Steigerung der Komplexität ihrer Untersuchungsfelder, die sie kausalanalytisch zu erfassen versuchen.

3.3 Forschungspraxis des geographischen Wahrnehmungsansatzes

Der geographische Wahrnehmungsansatz ist nicht nur vom Anspruch her noch sehr heterogen. Auch in Einzeluntersuchungen und den ihnen zugrunde liegenden theoretischen Ansätzen findet man eine Vielzahl von konträren, nur teilweise sich ergänzenden Auffassungen über den "Umweltkomplex"; die Forschungspraxis ist allerdings inzwischen über die älteren behavioristischen und gestalttheoretischen Fragestellungen hinausgewachsen.

3.3.1 Konkurrierende Theorien und Modelle

Der geographische Wahrnehmungsansatz hat sich in der Bundesrepublik - ähnlich wie in den USA - in eine situationistische und in eine interaktionistische Richtung entwickelt, wenn auch letztere hier zu überwiegen scheint.[1]

3.3.1.1: Situationismus: In den USA dominierte lange Zeit ein "radikaler Behaviorismus"[2]; nach BOWERS (1973, S. 307f) wird die Strömung inzwischen "Situationismus" genannt. Er charakterisiert sie als grundsätzlich

---
[1] Dieser Auffassung wird von BECK (1981), der in der verhaltensorientierten Geographie eine rein behavioristische Grundstruktur sieht, widersprochen. WIRTH (1981) weist auf die positivistisch-quantitative Grundeinstellung der Wahrnehmungsgeographen hin.
[2] Dessen Objekte nach BERELSON/STEINER (1972, S. 390): die Wirkung physischer Bedingungen (Klima, Landschaft etc.) - unter Anwendung des Stimulus-Response-Modelles - auf die menschliche Psyche.

unsensibel " ... gegenüber der Wichtigkeit der Person in der Persönlichkeitsforschung"[1]. Kognitive Verhaltensdeterminanten halten Situationisten in einer funktionalen Analyse nicht für relevant, andererseits führen sie situationale Faktoren (als "Antwort" auf externe Vorgänge) auf Kognitionen zurück; d.h. Kognitionen gelten den Situationisten nur als Mittler zwischen außerhalb des Organismus liegenden, eindeutig kausal zuzuordnenden Variablen (vgl. BOWERS, 1973, S. 316).
BERELSON/STEINER (1972) sehen die auf dieser Basis erarbeiteten Theorien als "Steinbruch" für die Gewinnung weiterführender Hypothesen und deren empirischer Überprüfung an. Die Schwachstellen eines solchen kumulativen Verfahrens liegen darin, daß man glaubt, in nur wenig komplexen Untersuchungsarrangements gewonnene Ergebnisse mehr oder weniger additiv in komplexe Erklärungssysteme einbringen zu können.[2]

3.3.1.2 Interaktionismus: Interaktionisten betonen die zentrale Rolle der Kognition für die Wechselbeziehungen zwischen Mensch und Umwelt, denn sie erst mache es möglich, die sinnlich erfaßte "chaotische" Welt in kohärente innere Bilder umzuformen. Gegenüber dem situationistischen Konzept argumentieren sie, daß "die" Realität ein Konstrukt sei und aus einem kontinuierlich erneuerten Gleichgewicht zwischen Wahrnehmendem und Wahrgenommenem, zwischen Assimilation und Akkomodation, entstehe.
Gegenüber dem theoretisch fragwürdigen und methodisch rigorosen Purismus des Situationismus ergibt sich eine Erweiterung der Fragestellung, welche allerdings durch einen Verlust an methodologischer Exaktheit erkauft wird; der Ansatz scheint jedoch komplexere Aussagen zu ermöglichen, auch wenn er sich oft dem Vorwurf des Synkretismus ausgesetzt sieht.

3.3.1.3 Phänomenologie: Dem Interaktionismus verwandt sind auch phänomenologische Ansätze, die ebenso wie der Interaktionismus auf den deutschen Idealismus des 18./19. Jahrhunderts zurückgehen und wichtige Impulse für die Entwicklung der Gestalttheorie gaben.
Phänomenologische Ansätze[3] zeichnen sich aus durch " ... eine Methode, die die Lebenswelt des Menschen unmittelbar durch "ganzheitliche" Interpretation alltäglicher Situationen versteht. Der Phänomenologe ist demnach ein Wissenschaftler, der selbst an dieser Lebenswelt durch seine Alltagserfahrungen teilhat, und der diese Alltagserfahrungen für seine wissenschaftliche Arbeit auswertet" (SEIFFERT, 1977, Bd. 2, S. 26).

---
[1] Dies erklärt sich durch die im Situationismus zusammenfließenden Ansätze: Positivismus, SKINNER s (behavioristisches) Menschenbild und die Erfolge der (konditionierenden) Verhaltenstherapie.
[2] Die Grenzen einer solchen Vorgehensweise werden heute auch in den "harten" Naturwissenschaften (vgl. BÖHME, u.a., 1973) gesehen.
[3] Z.B. SCHWIND (1952), HELLPACH (1911).

Phänomenologische Interpretationsansätze finden sich auch in den bereits referierten Arbeiten und zwar v.a. dort, wo mit (teilnehmender) Beobachtung, nicht-standardisierten Interviews und anderen "weichen" empirischen Methoden gearbeitet wird.
Insgesamt hat die Kritik an der Unzulänglichkeit eines ausschließlich quantifizierenden Empirismus eine Renaissance "qualitativer" Forschungsansätze bewirkt. Neuere Arbeiten reklamieren für sich jedoch nur selten eine rein phänomenologische Vorgehensweise (und sind in der Regel durch Methoden-Pluralismus charakterisiert). Phänomenologische Einflüsse zeigen sich jedoch in der Neigung vieler auch mit phänomenologischen Methoden arbeitender Wahrnehmungsforscher zu theoretischer bzw. "philosophischer" Spekulation, die trotz geringerer wissenschaftlicher Verbindlichkeit oft kreativer und innovierender wirkt als die isolierten, teilweise "banalen" Aussagen methodologisch "harter" Ansätze.
Dennoch herrscht nicht nur bei Situationisten, sondern auch bei Interaktionisten/Phänomenologen zur Zeit die Tendenz vor, Problemstellungen mit empirisch-quantitativen Methoden zu untersuchen, die bei Interaktionisten/Phänomeonologen jedoch intensiver reflektiert werden.

3.3.1.4 Forschungsmethoden: Die beiden folgenden in der Forschungspraxis verwendeten Methoden sind den genannten analytischen Grundrichtungen nicht unmittelbar zuzuordnen, so daß sie hier gesondert aufgeführt werden:

Empirisch-analytische Untersuchungen[1] "operationalisieren" Fragestellungen unterschiedlichster Herkunft zu Hypothesen, die mit überwiegend quantifizierenden Methoden (auf der Basis eines positivistischen Wissenschaftsverständnisses) untersucht werden.
Theoretische Systematisierungsversuche[2] basieren überwiegend auf angloamerikanischen Untersuchungen und Theorien; die vorliegenden empirischen Untersuchungen der Bundesrepublik wurden bisher kaum aufgearbeitet. Der Grundtenor scheint zu sein, sich die Theorie aus der Empirie entwickeln zu lassen, statt zunächst an Theorien zu arbeiten, auf deren Basis erst Empirie sinnvoll zu betreiben ist. In ihren Resultaten sind

---

[1] Hier ist v.a. die Münchner Schule als "Innovationszentrum" zu nennen. In Karlsruhe scheint die pragmatisch-empirische "Steinbruchorientierung" zu überwiegen. In Marburg und Kassel wird mit differenzierteren Methoden versucht, das "Alltagsverhalten" zu untersuchen.

[2] Z.B. HARD (1973), THOMALE (1974), SCHRETTENBRUNNER (1974), SCHÖLLER (1977), WIESSNER (1978), STURM (1979), LOB/WEHLING (1977) etc.

diese Arbeiten nur schwer vergleichbar![1]

3.3.2 Die Schlüsselbegriffe: Umwelt, Wahrnehmung, Individuum

Die Vielfalt theoretischer Ausgangspunkte spiegelt sich auch in Konzeptualisierungen und Operationalisierungen der Schlüsselbegriffe des Wahrnehmungsansatzes wider.[2]

3.3.2.1 Umwelt/Raum: Diese Begriffe werden in der Geographie häufig als Synonyme verwendet, deswegen soll zunächst der Versuch einer Abgrenzung gemacht werden, bevor geographische Operationalisierungen in einem graphischen Schema dargestellt werden.

1. Der Raum ist real vorhanden (ebenso die subjektive Umwelt). Unabhängig von der metatheoretischen Definition des Raumes[3] bildet er ein "Ganzes", auf dessen Hintergrund sich alle denkbaren Umwelten bewegen.
2. Die Umwelt repräsentiert einen perspektivischen Ausschnitt des Raumes und es sind soviele Umwelten denkbar, wie es unterschiedliche Perspektiven gibt.
3. Insoweit ist der Raum eine Umwelt-transzendente Konstante; da er aber (ebensowenig wie die Umwelt) für den Menschen "an sich" und "objektiv" nicht greifbar ist, entwerfen die menschlichen "Zivilisationen" nach verschiedenen Maßstäben Raumkonstrukte, um verbindliche (d.h. "objektive")Aussagen über den Raum machen und Bezugspunkte in ihm fixieren zu können.
4. In unserer westlichen Welt gilt dieses "objektive" Raumkonstrukt als Realität, der subjektiv erlebte Raum jedoch als nur vorgestellt und weder meß- noch sichtbar (Dichotomie Mensch-Natur).

---

[1] Zumal je nach theoretischem Hintergrund wiederum andere Problembereiche als untersuchungswürdig angesehen werden. Außerdem steht jede dieser Arbeiten auf einem anderen erkenntnistheoretischen Abstraktionsniveau: Während sich RHODE-JÜCHTERN (1975) Gedanken über Wesen, Gegenstand und Methode der Geographie macht, arbeiten andere (z.B. WIESSNER, SCHRETTENBRUNNER) rein pragmatisch das Vorhandene in bestimmte "Kästchen" ein; wieder andere (z.B. HAGEL) versuchen, vom ökologischen Systemdenken her, methodologische Konzepte zu erarbeiten, während eine vierte Gruppe (z.B. SCHMIDT-BRÜMMER/SCHULZ) auf der Basis der Zeichentheorie die Alltagswelt ins theoretische Blickfeld zu rücken suchen. Daneben reflektieren Theoretiker (z.B. MEYER-ABICH) über die Zusammenhänge von Kultur und Struktur.

[2] Deren Darstellung würde den begrenzten Rahmen dieser Arbeit sprengen. Sie findet sich in GERDES (1981, S. 71ff, 103ff).

[3] Je nach Betrachtungsweise (naturwissenschaftlich oder ganzheitlich) wird er als ausgedehntes, homogenes, exaktes metrisches Kontinuum oder als zentriertes und umfassendes, perspektivisches, vage nach subjektiven Maßstäben verzerrtes, konkret erlebtes Kontinuum dargestellt, wobei ersteres als objektiver, letzteres als subjektiver Raum definiert wird.

5. In der Geographie wird die obige Dichotomie[1] noch kompliziert durch die zum Zwecke der Operationalisierung vorgenommene Aufgliederung von "Umwelt"[2] in unterschiedliche Räume.

Geographische Modelle, welche Umweltoperationalisierungen darstellen, sind zahlreich; an dieser Stelle wird nun versucht, auf der Basis der HARD schen Unterscheidung von "real" und "perceived environment" die unterschiedlichen Operationalisierungen von "Umwelt" in einem graphischen Schema zusammenzufassen. (Auf die grundsätzliche Problematik des geographischen Umweltverständnisses wird in Punkt 3.3.3 eingegangen.)

Fig. 1: Graphische Übersicht über Umwelt-Operationalisierungen

Reale Umwelt				Wahrgenommene Umwelt		
Physisch-materiell	Gebaut	Sozialkulturell	Individuell	Repräsentation (kognitiv, evaluativ, sprach., affektiv-emotional) kognitive Repräsentation (Schema, Image, mental map)		
				Wahrnehmungsraum	Präferenzraum	Handlungsraum
der gesamte Raum mit darin lebenden tierischen und pflanzlichen Systemen und die in ihm wirkenden Naturkräfte und -risiken	im weitesten Sinne; d.h. auch überformte Landschaft	Bezugsgruppen und ideologisch geprägte Kultur- und Wirtschaftsformen	kleine Umwelt, größte Selbstbestimmung; Haus, Wohnung, Familie	bewußt/unbewußt wahrgenommener Umweltausschnitt, v. räuml.-zeitlichem Standort abhängig	Teil d. Wahrnehmungsr.; gewertet und selektiert	organisiert für ziel- u. zweckgerichtetes Handeln; mental map, Image u. Schema als "Plan"

[1] Z.B. die theoretische Trennung in ein "Real-" und ein "Psychomilieu" (HARD, 1973), oder in "geographische" und "Verhaltensumwelt" (DOWNS/STEA, 1976), oder in einen "objektiv existierenden" und einen "subjektiv wahrgenommenen" Raum (RHODE-JÜCHTERN, 1975).
[2] Dabei ist "Umwelt" für Behavioristen und Situationisten die Summe aller äußeren Einflüsse auf den Organismus, für Interaktionisten und Phänomenologen ein "Milieu", die sinnliche Erfahrung von Welt (STURM, 1979), ein pragmatischer Zusammenhang von Wahrnehmung und Handeln (MEYER-ABICH, 1979); Systemtheoretiker sehen in ihr einen subjektiv relevanten Ausschnitt der Welt, welcher mit dem "System" Mensch interagiert.

3.3.2.2 Wahrnehmung: Die von den deutschen Gestaltpsychologen in der Zwischenkriegszeit erarbeiteten Grundgesetze der Wahrnehmung - Selektion, Organisation und Interpretation[1] - scheinen heute, ebenso wie psychophysische Gesetze, die gemeinsame Grundlage der auf divergierenden theoretischen Konzepten basierenden Aussagen über Vorgang und Funktion der menschlichen Wahrnehmung zu bilden. (Es ist jedoch zu bedenken, daß Behavioristen/Situationisten diese Begriffe mit anderen Inhalten verknüpfen). Behavioristisch-situationistische Vorstellungen sehen in der Wahrnehmung einen Vorgang, wodurch das Individuum die Sinnesreize selektiert, organisiert und interpretiert - wobei lediglich die Transformation der "rohen" Sinnesdaten und deren Integration zu "intelligiblen" (BERELSON/STEINER, 1974, Bd. I, S. 62) Bildern der Umwelt gemeint ist. Es wird zwischen unbewußter (sensorischer) und bewußter (als das, was zu den reinen Sinnesdaten addiert/subtrahiert werden muß) Wahrnehmung unterschieden und die Wahrnehmung von Reiz und Empfindung abgegrenzt.

Interaktionistisch-phänomenologische Überlegungen[2] heben die Abhängigkeit menschlicher Wahrnehmung von Sinnstrukturen hervor; Interaktionisten betonen, daß die Vorstellungen über die Objekte mehr sind als die Summe ihrer Teilelemente - d.h., aus der Addition dieser Teilelemente ist kein direkter Schluß auf die Gesamtwahrnehmung möglich. Die "Realität" wird definiert als die subjektive Interpretation von "Welt". Der allmähliche Aufbau einer subjektiven Welt geschieht durch die Entwicklung der Wahrnehmung, und zwar auch in Interaktion mit der sozialen Um- und Mitwelt. Durch diese Interaktion paßt sich die Wahrnehmung an tradierte Symbolsysteme an und übernimmt die Erfahrung sowohl früherer Generationen als auch der raum-zeitlichen Gesellschaft. Darüber hinaus organisiert Wahrnehmung das Wissen und die kognitive[3] Repräsentation der relevanten Welt. Wird subjektives Wissen mit dem der Mitmenschen in Beziehung gebracht, bekommt es eine intersubjektive, damit "objektive" Gültigkeit, auf deren Basis sich das Individuum in der Welt orientieren kann.

---

[1] Selektion: Man reagiert auf eine Umwelt, wie man sie sieht und bewertet. D.h., daß man nur sieht, was man schon kennt.
Organisation: Alles Wahrgenommene wird mit dem Ziel der "besten Gestalt" einem "Ganzen" zugeordnet. Die Wahrnehmung wird strukturiert, wobei Änderungen von Teilen immer auch Änderungen der Gesamtstruktur bewirken.
Interpretation: Aufgrund von Erfahrungen, Motiven, Bedürfnissen, Interpretationsalternativen wird die strukturierte "Gestalt" interpretiert. Dabei spielen sozial-kulturell vorgegebene Schemata, individuelle Vorstellungsbilder und das "Adaptationsniveau" (Zusammenwirken früherer mit momentanen Reizen) eine wichtige Rolle.

[2] Z.T. unter Einbeziehung phänomenologischer Vorstellungen wie Sinn, Intentionalität etc.

[3] Die Begriffe Perzeption und Kognition sind schwer trennbar, beide beinhalten sowohl einen Prozeß als ein Produkt. Kognition ist weiter gefaßt, da hierzu auch das Denken zählt.

Historisch-dialektische Ansätze definieren die Wahrnehmung als sinnliche Erkenntnis der Welt, sie gilt als historisch-gesellschaftlich vermittelt und als die "objektive" Realität über deren sprachliche Bedeutung erfassend. Ihre Funktion ist die individuelle Aneignung und Neuerarbeitung von Objektbedeutungen (i.S. der Erfahrung und Abbildung der Realität im Bewußtsein.) Die Wahrnehmung wird charakterisiert durch eine standortgebundene subjektive Perspektive, durch individuelle Aktivität und durch repräsentierendes Denken, das sich an den Symboldeutungen vollzieht.

In den Wahrnehmungsvorgang fließen demnach ein: der Gegenstandsaspekt, der Wahrheitsaspekt und der Handlungsaspekt[1].

Systemtheoretisch-kybernetische Überlegungen[2] definieren den Menschen als offenes System und seine Umwelt als all das, was mit diesem System eine Durchschnittsmenge zu bilden ermögliche. Die Wahrnehmung gilt als an Zeichen (i.S. von Modellen) gebundene intellektuelle Anstrengung zur Erkenntnisgewinnung.

Die Variante der Zeichentheorie definiert die Umwelt als ein System von Zeichenträgern, welches einen wesentlichen Teil der gesamtgesellschaftlichen Kommunikation über subjektiv wahrgenommene Informationen vermittelt. Die Wahrnehmung gilt als subjektive Ich-Projektion auf ein Objekt.

Die Variante Informationstheorie geht davon aus, daß der Mensch ein Kurzzeit- (KG) und ein Langzeitgedächtnis (LG) hat, wobei die im KG gespeicherten Informationen beeinflußbar sind, das LG spezifische Persönlichkeitsmerkmale enthält. Für die Repräsentation von Umwelt wird das LG angezapft. Die Wahrnehmung wird als kodierter Reiz zunächst im KG gespeichert und je nach Relevanz ins LG aufgenommen, von wo sie jederzeit abrufbar ist.

3.3.2.3 Individuum: Wie bereits erwähnt wurde, klammern behavioristisch-situationistische Untersuchungen die bei der Umweltwahrnehmung im Individuum ablaufenden Prozesse aus. Durch die Einbeziehung intra-personlicher Strukturen und geistiger (kognitiver) Vorgänge kann jedoch zur Aufklärung des ganzheitlichen "Totalgeschehens" Wesentliches beigetragen werden, zumal nicht nur die Umwelt das Individuum über die Wahrnehmung beeinflußt, sondern auch das Subjekt über hieraus resultierende Handlungen und Reaktionen auf diese Umwelt einwirkt, sie sogar u.U. so weit verän-

---

[1] Vgl. hierzu STADLER u.a. (1975). Hier findet sich ein kybernetische Vorstellungen miteinbeziehendes Wahrnehmungsmodell.

[2] Vgl. hierzu BRÖG (1979). Seit etwa 1960 versucht man, in der Wahrnehmungsforschung die Gegensätze von Situationismus und Interaktionismus mit kybernetischen Modellen zu überwinden. Die neuere Systemtheorie definiert Systeme als Identitäten und beschreibt Strukturen und Prozesse, die das Überleben von Systemen garantieren. Die mathematisch-kybernetischen Modelle machen komplizierte Vernetzungen in ihren Wechselwirkungen sichtbar und erfaßbar.

dert, daß diese wiederum "neue" Wahrnehmungsreize aussendet.
Diese im Individuum aublaufenden Prozesse beeinflussen einmal die Entwicklung von Persöndlichkeit und Identität, des weiteren Kognitionen und Repräsentationen und schließlich Handeln und Verhalten. Es sollen nun die in den geographischen Wahrnehmungsansatz übernommen Vorstellungen zu diesen Punkten dargestellt werden.[1]
Dynamik der Persönlichkeitsentwicklung: "Persönlichkeit" gilt als das individuelle Resultat von Vermittlung und Ausgleich zwischen ererbten Verhaltens- und Reaktionsmustern des Organismus und den durch kognitive und Wahrnehmungsprozesse erworbenen Handlungs- und Repräsentationsrepertoires. Sie unterliegt - je nach individuellen Analgen und Umweltbedingungen - Veränderungen. Konzepte der Veränderung im Organismus sind: Entwicklung[2], Lernen[3], Reifen und Wachsen. Entwicklungstheorien zielen auf qualitative Veränderungen der strukturellen Organisation (wobei der Wandel als einzige Konstante gilt), Lerntheorien auf quantitative Veränderungen bei Verarbeitung und Einbeziehung von spezifischen Informationen in die persönlichen Strukturen.
Identität: Zur Vermittlung zwischen der reinen Sinneswahrnehmung einerseits und den subjektiven Bewertungen der Umwelt andererseits und zum Zwecke der Orientierung wird die Umwelt symbolisiert. Dabei werden sowohl das gesellschaftliche Rollenspiel eines Individuums als auch seine Identität ausgebildet. In der Geographie interessiert man sich v.a. für die ortsbezogene Identität, deren Art und Ausmaß bisher jedoch noch kaum zufriedenstellend untersucht zu sein scheint.[4]
Kognitionen: Nach ITTELSON u.a. (1977, S. 133ff) wird Kognition als geistiges Arbeiten am "Rohmaterial" der Realität definiert, was - und zwar auch dann, wenn die Umwelt nicht "präsent" ist - zu einer "Geographie des Geistes" führe.
Vorstellungen über nicht direkt Wahrgenommenes, sowie Rekonstruktion und Antizipation wären dem Bereich des Denkens, Vergleich, Ergänzung und Änderung der gespeicherten Strukturen (und Schemata) anhand neuer Wahrnehmungen dem Lernen zuzuordnen.
Mittels kognitiver Vorgänge[5] und aufgrund schon erworbener Attitüden baut

---

[1] Vgl. GERDES (1981, Kap. 1.9.7), wo psychologische Erkenntnisse zu diesem Problemkreis aufgeführt werden.

[2] Vgl. hierzu HART/MOORE (1976, S. 251)

[3] Lernen als allgemeine quantitative Veränderung und als Wachstum von Wissen, als Wechselwirkung zwischen Organismus und Umwelt. Vgl. auch ITTELSON u.a.(1977, S. 250ff): "Umweltlernen".

[4] Vgl. das Konzept "place identity" von PROSHANSKY; es ist leider schwer operationalisierbar und somit noch nicht empirisch überprüft.

[5] Hierzu zählen "innere" Vorgänge als ein Bestandteil der Repräsentation, die durch bestimmte Attitüüden charakterisiert sind und die allem Wissen von der Welt und allen Reaktionen zugrundeliegen. D.h., Kognition ist die Fähigkeit, Wahrgenommenes im Gedächtnis zu speichern, zu strukturieren und zu interpretieren und sich dann daran zu orientieren.

sich das Individuum eine eigene "Welt" aus Präferenzen, Vorstellungen und Orientierungsschemata als Entscheidungsmaßstab für sein Handeln und Verhalten auf.

Repräsentation: Wenn das Verhalten als Funktion der "inneren Vermittlung" anzusehen ist, müssen Kognitionen notwendig repräsentativ sein. Repräsentation[1] ist allerdings nicht nur kognitiv, sie kann auch affektiv-emotional, evaluativ, sprachlich oder sensorisch sein.

Hervorzuheben sind im Bereich der Repräsentation: die unterschiedliche Selektion von Umweltausschnitten durch verschiedene Individuen und die divergierenden Informationen, welche ein Individuum aus unterschiedlichen Umwelten gewinnen kann.

Nach GRAUMANN (SS 80) werden z. Zt. in der Psychologie drei Konzepte für Umweltrepräsentation angewendet: Image, mentale (kognitive, subjektive) Karte und kognitives Schema[2]. In der Geographie wird nur mit den Konzepten image und mental map gearbeitet; man hat allerdings bisher diese beiden Begriffe noch nicht definitorisch voneinander abgegrenzt, sondern faßt sie "irgendwie" als (konkret greifbar) "Bild" oder "Karte" auf. Unter image versteht man zumeist die Summe aller Wahrnehmungen, Vorstellungen und Bewertungen, die durch subjektive Verzerrung charakterisiert sind. Seine Funktion sieht man als individuellen Bezugsrahmen für das Verhalten und die Orientierung, sowie als soziales Bezugssystem für Informationen über und Symbolisierung von Umwelt. Mit Hilfe von mental maps erforscht man individuelle Dispositionen und Präferenzen gegenüber der Umwelt; da sie jedoch de facto nachträglich vom Forscher (als Aggregat individueller mental maps) konstruiert werden, ist ihre Übereinstimmung mit der individuellen internen Raumrepräsentation anzuzweifeln. Die statistische Aggregation von mental maps läßt keine Rückschlüsse mehr auf individuelle mental maps zu.

Je nach Forschungsziel variieren die begrifflichen Vorstellungen über image und mental map. Man entleiht zwar psychologische Konzepte, die theoretischen Reflexionen scheinen jedoch die disziplinären Grenzen selten zu überschreiten.

Handeln und Verhalten: In den Augen von Behavioristen und Situationisten ist "Verhalten" die Antwort auf bestimmte Reizkonstellationen. Phänomenologen trennen zwischen "Verhalten" als Oberbegriff für alles Handeln in der Welt und "Handeln" als sinnvoller, zielgerichteter Intentionalität (i. S. von Plan und Resultat). Im Umfeld interaktionistischer Vorstellungen wird "Verhalten" zumeist als " ... Summe aller Reaktionen eines Individuums oder einer Gruppe" (WIESSNER, 1978, S. 420) definiert, welches aus den kognitiven Strukturen von Individuum/Gruppe resultiert.

---

[1] Repräsentation hat zwei Funktionen: sie ist ein Konzept für die und ein individuelles Bild von der Umwelt.

[2] Trotz einer gewissen begrifflichen "Unschärfe" sind die drei Konzepte scharf voneinander zu trennen, denn sie gehen auf verschiedene historische Vorstellungen zurück. Vgl. GERDES (1981, S. 41)

Im Gegensatz zu den älteren Vorstellungen eines "homo oeconomicus" wird "Verhalten" allgemein als sub-optimal und in Abhängigkeit von Persönlichkeitsfaktoren[1], wie z.B. Bedürfnisse, Emotionen und Lernen, angesehen.
HADERMANN u.a. (1975, Bd. 1, S. 156f) sehen drei theoretische Möglichkeiten, wie ein Individuum sein Verhalten an eine veränderte Umwelt "angleichen" kann: durch aktive Einwirkung und damit Veränderung der Umwelt, durch passives Ändern seiner Persönlichkeit oder durch partielle Angleichung seiner Bedürfnisse und Normen an die neue Konstellation.

3.3.3 Zur Kritik der wahrnehmungsgeographischen Forschungspraxis

Nach der referierenden Darstellung geographischer Ansätze und Konzepte zur Analyse von Umweltwahrnehmung soll nun in kritischer Absicht auf einige problematische Aussagen eingegangen werden, um so zu einer Gesamtbeurteilung dieses Forschungszweiges zu gelangen.

3.3.3.1 Die Problematik des geographischen Raum- und Umweltverständnisses: Die im cartesianischen Weltbild verankerte Mensch-Natur-Dichotomie unserer Zivilisation führte auch zu einer Raumauffassung, die zwischen einem objektiven Raum und dem subjektiven Raumerlebnis trennt; d.h., das Subjekt wird aus seiner "arteigenen Umwelt" (i.S. von UEXKÜLL) ausgegrenzt.
Nun kommt aber GÖLZ (1971) zu dem Schluß, daß der objektive Raum als eine Dimension des phänomenalen, erlebten Raumes denkbar sei. Deren Trennung sei nicht möglich, denn Objekt und Vorstellung "besitzen" sich nicht gegenseitig, noch ist die Vorstellung dem Gegenstand parallel, sondern Gegenständlichkeit wird erlebt bzw. vorgestellt.
Der objektive Raum wird zur Theorie des "realen" Raumes, wenn die erlebten phänomenalen Strukturen durch mathematische Konstruktionen überformt werden, die als unräumliche und zeitlose Idealisierungen der vergleichsweise unbestimmten Strukturen des phänomenalen Raumes begriffen werden müssen.
Die euklidische Geometrie deduziert streng logisch aus wenigen Axiomen,[2] die wie alle Maßstäbe zur Raummessung Konventionen sind. Dieser metrisch-abstrahierte Raum[3] bildet die Basis nicht nur für geographische Karten, sondern auch für wahrnehmungsgeographische Aussagen. Die subjektive Nähe und Ferne, Höhe und Tiefe von Dingen wird jedoch nicht in geometrischen Dimensionen empfunden, sondern aus Maßstäben abgeleitet, die sich an der Leistungsfähigkeit des menschlichen Körpers orientieren. Dieses Problem sollte in der Wahrnehmungsgeographie reflektiert werden, bevor man den "subjektiven Raum" (als Synonym für Umwelt) in Wahrneh-

---

[1] Denn nach HADERMANN u.a. (1975, I, S. 150) ist der Mensch ein Teil seiner Umwelt, und diese ist ein Bestandteil seiner Persönlichkeit.
[2] Welche selber logisch nicht zu begründen sind und "verschiedene anschauliche Erfüllungen zulassen" (GÖLZ, 1971, S. 81).
[3] Als gesellschaftliche Konvention anzusehen.

mungs-, Verhaltens- und Präferenzräume aufgliedert. In der Regel wird nämlich hier unterstellt, daß zumindest der Verhaltensraum nach metrischen Maßstäben strukturiert (also objektiv) sei, und dementsprechend werden auch images und mental maps isomorph zu topographischen/thematischen Karten "erfragt".[1]

Ein solches Vorgehen erscheint nach dem bisher Gesagten problematisch: Alle Vorstellungen über die Welt beziehen sich immer nur auf einen (un)mittelbar in seiner Gesamtheit erlebten Ausschnitt des Raumes. Eine metrische Beschreibung bildet diese Vorstellungen nur sehr unzulänglich ab.

3.3.3.2 Offene Fragen der geographischen Wahrnehmungsforschung: Die Schwächen des geographischen Wahrnehmungsansatzes werden jedoch v.a. in den Fragen deutlich, die bisher nur unvollständig reflektiert, der Einfachheit (d.h. Operationalisierbarkeit) halber vernachlässigt, wenn nicht sogar ignoriert werden:

1. Wie ist die menschliche Wahrnehmung überhaupt zu erfassen? - Da das menschliche Individuum sich in seiner Persönlichkeit und in seinem Verhalten an seine Umwelt anpassen muß, stellt sich die Frage, inwieweit seine (v.a. durch Fragebögen erfaßten) verbalen Mitteilungen überhaupt seine individuellen Vorstellungen widergeben, und damit als "authentisch" interpretiert werden können. Daraus folgt die Frage:
2. Was wird durch Untersuchungen über Umweltwahrnehmung eigentlich erfaßt? - Zunächst einmal primär die visuelle Wahrnehmung und deren sprachliche Umformung. Die übrigen Sinne werden vernachlässigt, obwohl sie für Umweltwahrnehmung eine nicht minder große Bedeutung haben.

Es ist außerdem bekannt, daß wir viele unserer Sinneswahrnehmungen einfach verdrängen oder ignorieren, obwohl wir physiologische Reaktionen zeigen (z.B. bei Smog); wie das möglich ist, und warum das geschieht, wurde bisher kaum geklärt.

In den gängigen empirischen Untersuchungen wird bei der Auswertung zumeist von "Mittelwerten" ausgegangen - dabei wird nicht reflektiert, daß das Individuum gerade in Befragungssituationen eine vorwiegend normengesteuerte kognitive Verarbeitung seiner Wahrnehmungen anbietet. Die Statistik reproduziert in Mittelwerten somit nur das Ausmaß durchschnittlicher Normverarbeitung. Da man in der geographischen Wahrnehmungsforschung zudem eher gruppen[2] - als problemorientiert vorgeht, ist fraglich, ob die Analyse, Interpretation und Prognose dieser aggregierten Verhaltenskonstrukte reales Verhalten erfassen kann.

3. Was sagt die Erfassung der menschlichen Wahrnehmung überhaupt aus, wenn man sie nicht auch im Hinblick auf gesellschaftliche Determinanten

---

[1] Wobei andere Inhalte der individuellen Repräsentation von vornherein "unter den Tisch fallen".

[2] Die vom Forscher pragmatisch im Hinblick auf den Untersuchungszweck konstruiert werden und ihre "Homogenität" nicht aus dem Selbstverständnis untersuchter Gruppen beziehen.

reflektiert? - Die analytische Frage nach der "Subjektivität" wird häufig nur auf deren Interpretation als verzerrendes "Prisma" beschränkt. Den meisten Forschern genügt die Feststellung, daß es subjektive Wahrnehmung gibt, schon als Erklärung für die Determinanten des individuellen Verhaltens - der psychisch-soziale Hintergrund (Wertemuster etc.) von räumlichen Verhalten wird nicht erfaßt. Dessen Determinanten sind nach RHODE-JÜCHTERN (1975, S. 220) da zu berücksichtigen, "[...] wo die Wahrnehmungsstrukturen selbst als psycho-soziale Phänomene erzeugt werden."

4. Ist das Ziel der "Erfassung authentischer menschlicher Bedürfnisse" nicht etwas zu hoch gesteckt? - In Befragungen wird immer wieder die "Wunschlosigkeit" bzw. "Zufriedenheit" der Befragten "nachgewiesen". Dies steht im Widerspruch zum Phänomen gesellschaftlicher Protestbewegungen, und zeigt so die Oberflächlichkeit einer Gleichsetzung erfragter und verhaltensrelevanter "Bedürfnisse".
Es stellt sich so die Frage, ob man den Umweltproblemen "auf den Grund" kommt, wenn man den statischen Begriff "menschliche Bedürfnisse"[1] als Vermittlungsinstanz zwischen Umwelt und Wahrnehmung interpretiert.

5. Wie kann man also neben dem "Wie" auch das "Warum" der Wahrnehmung erfassen? - Wichtigster Ansatzpunkt hierzu wäre wohl die Untersuchung erstens der Rolle von Sozialisation (vgl. oben, 3.) bei der Ausprägung bestimmter Wahrnehmungs- und Verhaltensmuster und zweitens der prozessualen Rückkopplung zwischen Umweltgestaltung (Produktion) und Wahrnehmung (Erkennen).

6. Unter welchen Voraussetzungen sind Ergebnisse der geographischen Wahrnehmungsforschung für die "Praxis" relevant? - Wahrnehmung, Bedürfnisse etc. der "Betroffenen" können als eine Perspektive[2] in Planung eingehen, müssen dort aber in "übergreifende" ökonomische, funktionale und ökologische Perspektiven integriert werden. Ein konkretes "Mitspracherecht" der Geographie könnte dabei mit dem gemeinsamen Objekt und der interdisziplinären Ausrichtung begründet werden, würde aber voraussetzen, daß die Geographie auf das planerische Bedürfnis nach verbesserten Diagnose- und Prognosemethoden eingeht (vgl. RHODE--JÜCHTERN, 1975, S. 37).
Zur Zeit gelten die Geographen in den Augen der Planer als reine Theoretiker mit Praxisdefizit, da sie immer noch nicht imstande sind, beispielsweise Grundbegriffe wie "Benutzer" und deren "Bedürfnisse" zu konzeptualisieren; ebensowenig habe die Wissenschaft insgesamt konkrete "Gestaltungskriterien" entwickelt (vgl. OERTEL, 1976, S. 154ff).

---

[1] Vgl. hierzu: TRÄNKLE (1974, S. 101ff), BORRIES u.a. (1978, S. 110ff)
[2] Und zwar im Hinblick darauf, daß rein funktionalistisch-ökonomisches Denken ja erst die "umweltzerstörenden" Folgeerscheinungen von Planung "produzierte".

Diese "Praxisrelevanz" sollte allerdings nicht die einzige Legitimation wahrnehmungsgeographischen Arbeitens sein - ebensowenig wie eine "wertneutrale" Arbeit im "Elfenbeinturm". Der geographische Wahrnehmungsansatz scheint für einen "kritischen Dialog" von wissenschaftlicher Reflexion und planerischer Praxis prädestiniert zu sein.

7. Erschließt der Wahrnehmungsansatz neue "Horizonte"? - Insgesamt weitet der Ansatz den Gegenstandsbereich der Sozialgeographie durch Fragen nach aktuellen gesellschaftlichen Norm- und Bedürfnisproblemen aus, denen bisher allerdings nur sehr zögernd "auf den Grund" gegangen wird. Der Wahrnehmungsgeograph sollte dabei v.a. nicht voreilig und kritiklos die sozialgeographische Konzeption der "Daseinsgrundfunktionen"[1] auf seine Operationalisierungen von "Umwelt" übertragen.[2] Damit würden subjektive Raumwahrnehmungen erneut unter den Primat funktional-struktureller Abstraktionen gestellt werden, die gerade bei der Erfassung handlungsrelevanter Raumvorstellungen versagt haben.

8. Die Problematik quantitativ-empirischer Erhebungsmethoden. - Diese Methoden sind "faszinierend" (da immer etwas dabei "herauskommt") und "gefährlich" (da selten theoretische Zusammenhänge zwischen Gesellschaft und subjektiven Schemata erarbeitet werden) zugleich (vgl. NOHL, 1976, S. 116). NOHL (1976, S. 121) meint, daß Empirie zwar ein "selbstverständliches Handwerkszeug" sei, aber keineswegs rechtfertige, "Theorie als Interpretationshilfe empirisch gewonnener Daten" auszuschließen.

Darüber hinaus besteht bei den gängigen Untersuchungsmethoden die Gefahr einer Ausblendung qualitativer, nur interpretierend zu erschliessender Momente zugunsten einer Beschränkung auf quantifizierbare Faktoren (Primat der Operationalisierbarkeit!). "Umweltwahrnehmung" wird dadurch zwar überschaubarer, aber nicht unbedingt in ihrer vollen verhaltenswirksamen Relevanz erfaßt.

9. Ist der geographische Wahrnehmungsansatz ein neues Paradigma? - Der Wahrnehmungsansatz arbeitet also, obwohl er "... weniger mit Stabilität und Universalität, als mit Prozeß, Wandel und der Entstehung des historisch Neuen" (SMITH, 1979, S. 361) beschäftigt ist, immer noch mit den Zielsetzungen und Methoden[3] des von SMITH (1979, S. 357) definierten "kategorialen Paradigmas"[4]. Eine "post-behavioristische" Fra-

---

[1] Sie spiegelt zwar die tatsächliche funktionale Trennung unserer Alltagswelt wider, geht aber den Auswirkungen auf das Individuum nicht nach.

[2] Z.B. Aktivitätsraum für "Arbeiten", Präferenzraum für "Freizeit", personaler Raum für "Wohnen", Handlungsraum für "Arbeiten"/"Wohnen".

[3] Vgl. WIRTH (1981, S. 163f, 169ff), der dem Ansatz Intellektualismus und Positivismus vorwirft.

[4] SMITH (1979, S. 357) definiert: "Im kategorialen Paradigma impliziert die Vorstellung einer Gesellschaftswissenschaft eine bestimmte Meinung darüber, was 'Daten' konstituiert, eine Betonung des Gebrauchs formaler Logik und eine Theorie der Erklärung (hypothetisch-deduktiv), was, zusammen genommen, in einer Konzentration auf strikt eingegrenzte Analyseeinheiten, auf Konzepte mit weitestgehender Anwendung in Zeit und Raum und auf die Hervorbringung von universalen Lehrsätzen, ("Idealen Gesetzen"), der Gesellschaft resultiert".

gestellung wird also mit behavioristischen Mitteln zu bearbeiten versucht (vgl. SMITH, 1979, S. 359). "Eine schöne ideale, 'objektive' wertfreie Geographie, modelliert nach dem Vorbild der Naturwissenschaften, ... [ist aber] ebenso wenig wünschbar wie ... realistisch ..." (SMITH, 1979, S. 360).
Soll der Ansatz zu einem neuen Paradigma werden, so muß er mit RHODE-JÜCHTERN (1975, S. 23ff) und WIRTH (1981, S. 179ff) die "objektive Realität" als Prozeß von historischer Entwicklung und sozialer Interaktion beleuchten, d.h., den kulturellen Kontext erkenntnistheoretisch reflektieren[1].

4. Ausblick: Gesellschaftlicher Problemdruck und Paradigmenwandel in den Wissenschaften

"Die Faszination durch das rein Mechanische und Nicht-Lebendige, in dem sich das alte Pathos des DESCARTES schen Naturbegriffs - der Mensch Herr und Meister der Natur mittels objektivierender Erkenntnis und technischer Instrumente - fortsetzt, ist nicht nur deshalb so bedrohlich, weil sie weit unter dem Anspruchsniveau irdischer Lebensverhältnisse angesiedelt ist; die eigentliche Gefahr geht von der Tatsache aus, daß dieser Herrschaftsanspruch unter gleichzeitiger Verdrängung seiner Voraussetzungen und Folgen als objektiv richtig und wertfrei auftritt. Der Anspruch der Technokraten, objektiv und wertfrei zu sein, versucht über die gefährliche Wertigkeit ihrer Lebenseinstellung und Lebensinteressen hinwegzutäuschen" (ALTNER, 1978, S. 42f).
Diesen "Anspruch der Technokraten" haben BÖHME u.a. inzwischen mit der These von der "Finalisierung"[2] der Wissenschaft selbst für die Naturwissenschaften relativiert: Auch hier werden fundamentale Theorieentwicklungen heute mehr und mehr in der Verfolgung extern definierter Zwecke vorangetrieben, wobei die darauf basierenden Eingriffe in die Natur aufgrund ihrer unkalkulierten Folgewirkungen zu einer permanenten Neudefinition der Forschungsprämissen zwingen, in die jeweils normative Überlegungen einfließen. Je komplexer der Objektbereich von Wissenschaft ist, desto stärker werden ihre Ergebnisse von normativen Einflüssen gefärbt; dies ist die These, die man mit BÖHME u.a. dem Objektivitätsanspruch "wertfreier" Forschung entgegenhalten kann.
Fest steht, daß "die normale Wissenschaft ... solange nicht nach theoretischen Neuheiten [sucht], wie sie erfolgreich ist" (RHODE-JÜCHTERN, 1975, S. 14); Krisen treten erst beim Einsetzen von "Anomalien" auf und

---

[1] WIRTH (1981, S. 190) hält die Phänomenologie (Ethnomethodologie) für geeignet, den kategorialen Gegensatz von individueller Handlungssituation und kulturellen Normen/Strukturen zu überbrücken.

[2] BÖHME u.a. (1973, S. 129): "Sie ist ein Prozeß, in dem externe Zwecksetzungen gegenüber der Wissenschaft zum Entwicklungsleitfaden der Theorie werden".

erhöhen dann die Chance, ein neues Paradigma durchzusetzen. Im Bereich des geographischen Wahrnehmungsansatzes sind hierfür bisher nur erste Ansätze zu erkennen. Ein System- und Organismusdenken auf der Basis phänomenologisch-ideographischer Ansätze kann sich mit schematisierenden, ahistorischen Funktionsmodellen nicht zufrieden geben. Gerade die Wahrnehmungsforschung muß einen Begriff für die "Ungleichzeitigkeit" (BLOCH) individueller und "gesellschaftlicher Konstruktion der Wirklichkeit" (BERGER/LUCKMANN, 1980) entwickeln, wenn sie zur Lösung von Umweltproblemen einen eigenständigen Beitrag leisten will.

In Natur- wie in Humanwissenschaften schwindet das Vertrauen in technologisch orientierte Eingriffe in Natur und Gesellschaft. Mit Hilfe "verstehender" Methoden wird versucht, die komplexen Hintergründe dieser Entwicklung zu erforschen. Das setzt voraus, daß einseitig funktional orientierte Abstraktionen durch komplexere, wahrnehmungsgerechte Aussagen ergänzt bzw. modifiziert werden.

"Verstehende" Ansätze erzwingen jedoch den Verzicht darauf, soziale Abläufe als kausale Prozesse vollständig erfassen zu wollen. Diese Prozesse werden vielmehr als "organische" oder komplexe Interaktionssysteme interpretiert. Damit hofft man, der von kausallogischen Modellen nicht bewältigten "Realität" näher zu kommen. Statt die Rationalität der Wissenschaften als Maßstab zu nehmen, gilt es hier, der Rationalität des real Handelnden auf die Spur zu kommen; diese Berücksichtigung subjektiver Realitäten ("subjektiver Sinn" i.S. von WEBER) bedeutet aber gleichzeitig die Ausweitung der Möglichkeiten wissenschaftlicher Erkenntnis.

Wie auch immer wissenschaftliche Erkenntnisse gewonnen sein mögen, welchen metatheoretischen Bezug der einzelne Forscher haben und welche Ziele der Erkenntnis und "Anwendung" er verfolgen mag - die wenigsten wahrnehmungsgeographischen Arbeiten beherzigen bisher SPINNER s Mahnung: "Theorien erst machen die Erfahrung [im Sinne von Empirie] zur kritischen Instanz für Theorien" (SPINNER, 1974, S. 89).

Literaturverzeichnis

AMERY, C. (1978): Natur als Politik. Die ökologische Chance des Menschen. Reinbek

ALTNER, G. (1978): Verdrängung der Werte. In: BRUN (1978)

BECK, G. (1981): Darstellung und Kritik des Verhaltens- und Entscheidungs-Theoretischen Ansatzes in der Geographie. In: Zürcher Geogr. Schriften, H. 1, Zürich, S. 119 - 139

BERELSON, B. & G.A. STEINER (1974): Menschliches Verhalten. Bd. I: Forschungsmethoden/Individuelle Aspekte. Weinheim/Basel

--- (1972): Menschliches Verhalten. Bd. II: Soziale Aspekte. Weinheim/Basel

BERGER, P.L. & T. LUCKMANN (1980): Die gesellschaftliche Konstruktion der Wirklichkeit. Eine Theorie der Wissenssoziologie. Frankfurt

BÖHME, G., van den DAELE, W. & W. KROHN (1973): Die Finalisierung der Wissenschaft. In: Zeitschr. f. Soziologie, Jg. 2, S. 128 - 144

BORRIES, V.v., CLAUSEN, L. & K. SIMON (1978): Siedlungssoziologie. Wohnung - Gemeinde - Umwelt. Kösel

BOWERS, K.S. (1973): Situationism in Psychology. An Analysis and a Critique. In: Psychol. Review, Vol. 80, No. 5, S. 307-336

BRÖG, H. (1979): Möglichkeiten einer semiotischen Ästhetik im Hinblick auf Wahrnehmung, Beurteilung, Handeln. In: STURM, H. (Hrsg.) (1979), S. 63 - 76

BRUN, R. (Red.) (1978): Die tägliche Revolution. Möglichkeiten des alternativen Lebens in unserem Alltag. Reihe fischer alternativ, Magazin Brennpunkte, Nr. 11, Frankfurt

BRUNNSCHWEILER, D. (1971): De utilitate et necessitate geographiae: Umweltforschung - mit oder ohne Geographie? In: Geogr. Helvetica, 26, S. 5 - 8

BURCKHARDT, L. (1974): Wer plant die Planung? In: PEHNT, W. (1974), S. 477 - 485

CORDEY, P. (1978): De l'espace produit à l'espace vécu. In: Geogr. Helvetica, Nr. 2, S. 87 - 92

DOWNS, R.M. & D. STEA (Hrsg.) (1976^2): Image and environment. Chicago

--- (1976): Cognitive maps and spatial Behavior: Process and Products. In: DOWNS, R. & D. STEA (Hrsg.) (1976^2), S. 8-26

FICHTINGER, R., GEIPEL, R. & H. SCHRETTENBRUNNER (1974): Studien zu einer Geographie der Wahrnehmung. Der Erdkundeunterricht, Bd. 19, Stuttgart

FLIEDNER, D. (1979): Geosystemforschung und menschliches Verhalten. In: Geogr. Zeitschr., Jg. 67, S. 29 - 42

GERDES, U. (1981): Umweltwahrnehmung - Die Wiederentdeckung menschlicher Dimensionen. Ein kommentierter Forschungsbericht. Wiss. Zulassungsarbeit (unveröff.), Heidelberg

GÖLZ, W. (1970): Dasein und Raum. Philosophische Untersuchungen zum Verhältnis von Raumerlebnis, Raumtheorie und gelebtem Dasein. Tübingen.

GOLLEDGE, R.G., BROWN, A. & F. WILLIAMSON (1972): Behavioural Approaches In Geography: An Overview. In: The Australian Geographer, XII, 1, S. 59 - 79

GRAUMANN, C.F. (SS 80): Forschungsseminar zur Repräsentation städtischer Umwelt. Psychol. Inst. Uni. Heidelberg

HAASE, J. & G. HAASE (1971): Die Mensch-Umwelt-Problematik. Gedanken zum Ausgangspunkt und zum Beitrag der geogr. Forschung. In: Geogr. Ber., Jg. 16, H. 4, S. 243 - 270

HADERMANN, J., KÄPPELI, J. & P. KOLLER (1975): Räumliche Mobilität. - Bd. I/II/III, St. Gallen (Diss.)

HAGEL, J. (1976): Umweltprobleme im Erdkundeunterricht. In: Der Erdkundeunterricht, H. 23, S. 5 - 13

HARD, G. (1973): Die Geographie. Eine wissenschaftstheoretische Einführung. Berlin - New York

HART, R.A. & G.T. MOORE (1976): The development of spatial Cognition: A Review. In: DOWNS, R. & D. STEA (Hrsg.) (1976), S. 246 - 288

HELLPACH, W. (1911): Die geopsychischen Erscheinungen. Leipzig

HÖLLHUBER, D. (1976): Wahrnehmungswissenschaftliche Konzepte in der Erforschung innerstädtischen Umzugsverhaltens. Karlsruher Man. z. Math. u. Theor. Wirtschafts- und Sozialgeographie, Heft 19. Karlsruhe

ITTELSON, W.H., PROSHANSKY, H.M., RIVLING, L.G. & G.H. WINKEL (1977): Einführung in die Umweltpsychologie. Stuttgart

JÜLICH, V., JÜNGST, P., KAMPMANN, K., RHODE-JÜCHTERN, T., SCHULZE-GÖBEL, H. & H.-J. WENZEL (1977): Wahrnehmung und Nutzung städtischer Umwelt. - URBS et REGIO, Kasseler Schriften z. Geogr. und Planung, Heft 6. Kassel

JÜNGST, P., SCHULZE-GÖBEL, H. & H.-J. WENZEL (1976): Der geographische Beitrag zum Lernfeld Sozialisation. In: Geogr. Rundschau, 11, S. 465 - 472

JÜNGST, P., RHODE-JÜCHTERN, T. & H. H.-J. SCHULZE-GÖBEL (1977): Wahrnehmung und Nutzung innerstädtischer Versorgungsbereiche am Beispiel Marburgs. - ... In: JÜLICH u.a. (1977), S. 132 - 174

KILCHENMANN, A. (WS 75/76): Manuskripte zur Einführungsvorlesung in die Kultur- und Sozialgeographie der Universität Karlsruhe.

KLEIN, H.-J. (1976): Gesellschaftliche Bestimmungsgründe räumlicher Bevölkerungsverteilungen, Vorstellungsbilder und Verhaltensmuster. In: LAMMERS, G & E. REICHENBACH (1976), S. 307-334

LAMMERS, G. & E. REICHENBACH (Hrsg.) (1979): Verhalten in der Stadt. Karlsruhe

LEIMGRUBER, W. (1979): Die Perzeption als Arbeitsgebiet in der Humangeographie. In: Geogr. Helvetica, Jg. 34, H. 4, S. 189-194

LOB, R.E. & H.-W- WEHLING (1977): Geographie und Umwelt. (Forschung. Planung. Bewußtseinsbildung.) Festschrift für Prof. Dr. P. Schneider, Essen. Kronberg

MAIER, J., PAESLER, R., RUPPERT, K. & F. SCHAFFER (1977): Sozialgeographie. Braunschweig

MEYER-ABICH, K.M. (1977): Was ist ein Umweltproblem? Zur Kritik des Cartesianismus in der Wahrnehmung der Natur. In: LOB, R. & H.-W. WEHLING (Hrsg.) (1977), S. 14-35

--- (1979): Umweltprobleme sind Wahrnehmungsprobleme. In: STURM, H. (1979), S. 15- 21

NOHL, W. (1976): Über die Integration umweltpsychologischer Theorien in Planungsvorgänge. In: LAMMERS, G. & E. REICHENBACH (1976):, S.93-122

OERTEL, D. (1976): Methoden der Stadtgestalt-Analyse: Möglichkeiten ihrer Anwendung in der Bauleitplanung. In: LAMMERS, G. & E. REICHENBACH (1976), S. 151-194

PEHNT, W. (1974): Die Stadt in der Bundesrepublik. Stuttgart

RHODE-JÜCHTERN, T. (1975): Geographie und Planung. Eine Analyse des sozial- und politikwissenschaftlichen Zusammenhangs. Marburger Geogr. Schriften, 65, Marburg

SCHMIDT-BRÜMMER, H. & A. SCHULZ (1976): Stadt und Zeichen. Lesarten der täglichen Umwelt. Köln

SCHÖLLER, P. (1977): Rückblick auf Ziele und Konzeptionen der Geographie. In: Geogr. Rundschau, Jg. 29, H. 2, S. 34 - 38

SCHRETTENBRUNNER, H. (1974): Methoden und Konzepte einer verhaltenswissenschaftlich orientierten Geographie. In: FICHTINGER, R. u.a. (1974): S. 64 - 86

SCHWIND, M. (1952): Das Verhältnis des Menschen zu seiner Umwelt als geogr. Problem. Ein Beitrag zur Wissenschaftsgeschichte. In: Veröff. d. Ges. f. Intern. Wiss.geschichte, Bd. 2, Bremen. S. 25 - 41

SEIFFERT, H. (1977[7]): Einführung in die Wissenschaftstheorie. Bd. 2, München.

SMITH, N. (1979): Geography, science and post-positive modes of explanation. In: Progress in human Geography, London 3, No. 2, S. 356 - 383

SPINNER, F. (1974): Pluralismus als Erkenntnismodell. Frankfurt

STADLER, M., SEEGER, F. & A. RAEITHEL (1975): Psychologie der Wahrnehmung. Juventa

STIENS, G. (1980): Zur Wiederkunft des Regionalismus in den Wissenschaften. In: Informationen zur Raumentwicklung, H. 5, S. 315 - 333

STURM, H. (Hrgs.) (1979): Ästhetik und Umwelt. Tübingen

--- (1979): Ästhetik und Umwelt - Anmerkungen zum Verhältnis von Wahrnehmung, ästhetischen Funktionen, -normen, -werten. In: STURM, H. (1979), S. 77 - 96

THOMALE, E. (1972): Sozialgeographie. Marburger Geogr. Schriften, H. 53, Marburg.

--- (1974): Geographische Verhaltensforschung. In: Marburger Geogr. Schriften, H. 61, S. 9 - 30

--- (1978): Entwicklung und Stagnation in der Sozialgeographie. In: Die Erde, Bd. 109, H. 1, S. 81 - 91

TRÄNKLE, M. (1974): Wohnbedürfnisse und Wohnungsplanung. In: Der Bürger im Staat, H. 2, S. 100 - 105

UEXKÜLL, J.v. (1970): Streifzüge durch die Umwelten von Tieren und Menschen. Bedeutungslehre. Frankfurt

WEICHHART, P. (1975): Geographie im Umbruch - Ein methodologischer Beitrag zur Neukonzeption der komplexen Geographie. Wien

WIESSNER, R. (1978): Verhaltensorientierte Geographie. In: Geogr. Rundschau 11, S. 420 - 426

WIRTH, E. (1981): Kritische Anmerkungen zu den wahrnehmungszentrierten Forschungsansätzen in der Geographie. In: Geogr. Zeitschr., Jg. 69, H. 3, S. 161 - 198

DER ZEIT-RELATIV-RAUM ALS GRUNDLAGE DER VERKEHRSMITTELWAHL IM BERUFSVERKEHR[1]

- dargestellt am Beispiel Heidelberg und Umgebung

Von Cornelia NIEMEITZ (Heidelberg)

Mit 9 Karten, 2 Abbildungen und 1 Tabelle

Gliederung

1. Theoretischer Hintergrund
2. Methodische Konzepte
2.1 "Time - Geography"
2.2 Relativ-Raum-Konzept
2.3 Fixierung des eigenen Ansatzes
3. Analyse der Einpendlerströme nach Heidelberg unter Berücksichtigung der zeitlichen Entfernung mit ÖPNV
3.1 Datensatz
3.1.1 Untersuchungsgebiet
3.1.2 Das öffentliche Nahverkehrsmittelnetz
3.1.3 Die Auspendler aus den 50 untersuchten Orten nach Heidelberg - nach benutzten Verkehrsmitteln gegliedert -
3.2 Der Zeit-Relativ-Raum des Untersuchungsgebietes
3.2.1 Aufbereiten der Daten
3.2.2 Verarbeitung der Daten mit dem TRILAT-Programm
3.2.3 Die Zeit-Relativ-Raum-Karte
3.3 Die öffentlichen Nahverkehrsmittelbenutzer im Relativ-Raum
3.3.1 Qualitative Auswertung (Isarithmenkarte)
3.3.2 Quantitative Auswertung
4. Zusammenfassung und Ausblick

---

[1] Dieser Aufsatz behandelt einen Aspekt aus meiner unter der Betreuung von Prof. Dr. W. Fricke angefertigten wissenschaftlichen Zulassungsarbeit, die 1979 abgeschlossen wurde.

1. Theoretischer Hintergrund

Der Satz "Die Welt wird immer kleiner" (KILCHENMANN, 1973, S. 64) zeigt ein Phänomen vorwiegend unseres Jahrhunderts auf, nämlich den Raum nicht absolut, d.h. abbildbar durch topographische Karten zu erfassen, sondern vielmehr unsere subjektiven Vorstellungen über Entfernungen mit einzubringen.
Diese Entfernungen haben sich objektiv nicht verändert, subjektiv sind jedoch in unserem technischen Zeitalter viele Städte, Länder, Erdteile in "erreichbare" Nähe gerückt. Die Erfindung der Eisenbahn ("ironhorse"), des Autos, des Flugzeuges und nicht zuletzt der modernen Nachrichtenübertragung lassen Entfernungen überwindbar werden, die noch im letzten Jahrhundert als unüberbrückbar angesehen wurden.

Wie läßt sich dieses Phänomen erklären? Die Antwort auf diese Frage kann nur damit beantwortet werden, daß Zeit ein wichtiger Faktor bei der Beurteilung von Distanzen ist. Eine Entfernung erscheint somit umso kürzer, je geringer der Zeitaufwand ist, den man benötigt, diese Distanz zu überwinden. Diese Gedankengänge führen zu einem neuen Raum, einem "Zeit-Raum", der als "temporally static transformation of geographic space" gesehen werden muß (FORER, 1978, S. 99).
Ein Hauptanliegen ist es hierbei, Zeitdistanzen zwischen Orten zu bestimmen und darzustellen.

Wie hat man sich diesen "Zeit-Raum" vorzustellen? FORER (1978, S. 101) bietet folgende Lösung an: "A space five metres by three metres is fifteen square metres, could we not generalize up to looking at a field which is three minutes to walk one way by five minutes the other and so is fifteen square minutes?" FORER geht hierbei schon von der Zeit als Dimension aus. Hierdurch knüpft er an neuere Entwicklungen der Anthropogeographie an, die die Zeit nicht mehr als "konkrete historische Vergangenheit", sondern als "abstrakte Dimension, innerhalb der sich Veränderungen ereignen", betrachten (WIRTH, 1979, S. 87).
Die Raumstrukturen werden nicht als "Gewordenes" aufgefaßt, sondern sind etwas "Veränderliches". Diese Veränderungen können als Indikatoren von Prozessen betrachtet werden, die ihnen zugrunde liegen.

Eine zusätzliche Bedeutung kommt der Zeit als fixe Dimension zu. Sie kann in ihrer Eigenschaft als Ressource für den einzelnen Menschen - in Form von zeitlichen Entfernungen zwischen Raumpunkten - Verhalten bestimmen. Die Zeit läßt sich somit als 4. Dimension jedem Standort im Raum - in Relation zu anderen Standorten - zuordnen, gleichberechtigt neben Höhe/Breite/Länge.

Dies stößt jedoch auf erhebliche Schwierigkeiten. Versucht man, die Zeitmaße mit den Distanzmaßen zu verknüpfen, stellt man fest, daß es kein Zeit-Äquivalent zu den Raummaßen und Raumvolumen gibt.
Auch die Uhrzeiten in den einzelnen Erdteilen differieren. Versucht man stattdessen, die "Zeit-Räume" entsprechend klein zu wählen, tritt ein

weiteres Problem auf. Zeitliche Entfernungen variieren gemäß der Transportmittel, die gewählt werden, um den Raum zu überwinden. Es ist demgemäß nicht möglich, einen allgemeingültigen Zeitraum aufzustellen, der in alle Richtungen homogen ist.[1]

Weshalb beschäftigt man sich trotz dieser beträchtlichen Nachteile gegenüber den Angaben in "km" dennoch mit der Zeit als Distanz? Wie schon zu Beginn des Kapitels dargestellt, kommt der Zeit im menschlichen Leben und in der Beurteilung räumlicher Entfernungen eine nicht zu unterschätzende Bedeutung zu. Der Raum wird durch die Zeit strukturiert. Sie ist eine der Grundlagen der Wahrnehmung des Raumes durch den Menschen.

Ausgehend vom Wahrnehmungsgeographischen Ansatz in der Geographie, der das menschliche Verhalten als Antwort auf Informationen aus der Umwelt, die wiederum gefiltert werden, sieht, kommt der Bewegung des Menschen in diesem Raum eine besondere Bedeutung zu.[2]
Erstens vermittelt die Bewegung im Raum eine subjektive Raumvorstellung an "Strukturelementen wie "Wege" (benutzte Straßen, Spazierwege, Eisenbahnlinien usw), "Grenzlinien (Ränder)" (Küsten, Mauern, Waldsäume usw.), "Bereichen" (mittlere bis große Einheiten individueller Art eines Raumes), "Brennpunkte" (Zentralpunkte als Knotenpunkte, Kreuzungen, Konzentrationspunkte usw.), "Merk- und Wahrzeichen" (optische Bezugspunkte wie Gebäude, Schilder, Warenhäuser, Erhebungen usw.), die wiederum zur Imagebildung des Raumes beitragen" (LYNCH, zitiert in: HEINZE, 1978, S. 48). Zweitens wird der Raum anhand der Dauer der Bewegung strukturiert; Entfernungen werden als Bewegungen im Zeit-Raum erfahren und definiert. Der Ort (place) wird so mit TUAN (1978) zur "pause in movement".

Aus diesem Verständnis - der Zeit als Bewegungsablauf - heraus definieren PARKES & THRIFT (1978) ihre "timed spaces" als Räume, die gemäß den Mustern, die sie enthalten, definiert sind, wobei diese Muster der "time-use" und "time-allocation" entsprechen. Sie nehmen an, daß "time-space is the essence of place, that it is the timing component which gives structure to space and thus evokes notion of place" (PARKES & THRIFT, 1978, S. 119).

---

[1] Ein kleines Beispiel soll diese Problematik verdeutlichen: Eine Ente schwimmt auf einem Fluß. Mit der Strömung braucht sie für eine bestimmte Strecke weitaus weniger Zeit als gegen die Strömung. Die zeitliche Entfernung ist nicht in allen Fällen umkehrbar, d.h., der Zeitraum ist nicht nach allen Seiten homogen.

[2] Vgl. MOLES, zitiert in HEINZE, 1978, S. 13: "Der Mensch empfindet sich als Mittelpunkt des Raumes, dessen Ausdehnung der Einzelne mit seiner Inbesitznahme gleichsetzt."

2. Methodische Konzepte

Im vorherigen Kapitel wurde die Bedeutung der Zeit als Distanzmaß theoretisch dargestellt. In diesem Kapitel soll außer auf zwei Konzepte innerhalb der Anthropogeographie, die sich mit der Zeit als Variablen beschäftigen, auf den methodischen Ansatz der eigenen Untersuchung eingegangen werden.

2.1 "Time-Geography"[1]

Ausgehend vom einzelnen Menschen werden Tagesabläufe untersucht. Hierbei lassen sich Aktionsräume aufstellen, deren Größe von einem individuellen Zeitbudget abhängt. Es werden Lebensbahnen oder auch nur Tagesabläufe in Form eines "Aquariums" (HÄGERSTRAND) dargestellt, wobei die Zeit als 3. Dimension angetragen wird.

Aufbau des Zeit-Raumes aus dem zwei-dimensionalen geographischen Raum (Karte) und der Dimension Zeit

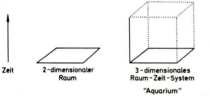

Zeit   2-dimensionaler Raum   3-dimensionales Raum-Zeit-System "Aquarium"

aus: Kaster 1979, S. 10

Fig. 1: Der Zeit-Raum

Bewegungen werden in eine geometrische Form gewandelt, ruhende Sachen oder Wesen bekommen nur eine Erstreckung in Zeitrichtung.

Die Struktur des Raumes wirkt über ihren unterschiedlichen "Zeitverbrauch" für die Realisierung der Aktivitäten auf den Menschen und bestimmt so seinen Aktionsraum.

Die Zeit, in Form individueller Zeitbudgets, wird hier als begrenzender Faktor für die Raumbelegung betrachtet. So wird der zeitlichen Distanz die anfangs theoretisch geforderte Bedeutung zugewiesen, und sie ist damit - als beschränkte Ressource - Gegenstand der Untersuchung.

2.2 Relativ-Raum-Konzept[2]

Das Relativ-Raum-Konzept beruht auf der Voraussetzung, daß der Wahrnehmungsraum des Menschen nicht identisch ist mit dem Absolut-Raum. Im Absolut-Raum beruhen geometrische Grundlagen auf der euklidischen

---
[1] Vgl. KASTER, 1979
[2] Vgl. KILCHENMANN, 1972 und 1973

Geometrie. Im euklidischen Raum wird die von Kant und Humboldt als einzige Distanzvariable bezeichnete metrische Distanz als kürzeste Entfernung zwischen zwei Punkten gemessen, genauer ausgedrückt: Unter Distanz versteht man den Abstand zweier Punkte als Länge ihrer Verbindungsstrecke. Die Wahrnehmung des Raumes folgt jedoch den Gesetzen der Riemanschen Geometrie. Hier tritt an Stelle der geraden Strecke der Begriff des Bogenelementes als der kürzesten Verbindungslinie.
Dies führt zu einer Verzerrung des euklidischen Raumes, denn nicht euklidische Distanzen in Form von km-Angaben werden wahrgenommen, sondern Zeit und/oder Kosten als Variablen der Entfernung. Je nachdem, welche Distanzvariable zugrunde gelegt wird, ändert sich somit die Verteilung im Raum.

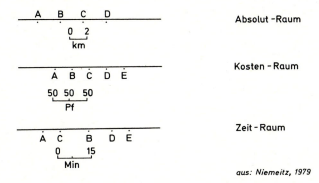

aus: Niemeitz, 1979

Fig. 2: Unterschiedliche Relativ-Räume

Welche Funktion haben nun diese Räume? Da - wie zuvor postuliert - sie die Objekte der Wahrnehmung und damit das subjektive Abbild des Raumes darstellen, gelten sie als Grundlage für Entscheidungen und Verhalten des Menschen. Diese "nicht realen" Räume müssen erkannt und operationalisiert werden. Eine Möglichkeit hierzu bietet das von KILCHENMANN erstellte Relativ-Raum-Konzept.

Ziel dieses Konzeptes ist es, in einer scheinbaren räumlichen Unordnung eine gewisse Ordnung zu finden, die als Ursache menschlichen Verhaltens eher geeignet ist, ablaufende Prozesse und damit sich ausbildende Strukturen zu erklären als die realen Raumstrukturen (vgl. KILCHENMANN, 1972, S. 65).

Die Darstellung solcher Relativ-Räume in Form von Karten wurde 1955 von WATSON mit seiner Karte "Cost Distance in Hamilton (Ontario)" zum ersten Mal versucht (ABLER, ADAMS, GOULD, 1971, S. 76). Im Laufe der Zeit entstanden unterschiedliche Methoden der Relativ-Raum-Darstellung[1]. Es soll hier nur noch kurz auf die Methode, die KILCHENMANN

---

[1] Vgl. BUNGE, 1966; HÄGERSTRAND, 1957.

(1972) in seiner Arbeit über "Hauptsiedlungen im Kanton Zürich und deren Lage zu den Erholungsgebieten" lieferte, eingegangen werden. Es wurde ein nicht-zentrumsbezogener Relativ-Raum mit Hilfe eines geometrischen Annäherungsverfahrens, der sogenannten Trilateration erstellt, indem jede räumliche Entfernung zwischen den Punkten (Orten) im Raum in eine zeitliche (oder andere) Entfernung[1] mit adäquater räumlicher Entsprechung überführt wurde.

2.3 Fixierung des eigenen Ansatzes

Nachdem die Bedeutung der Dimension Zeit, zum einen als Bewertungsgrundlage bei der Raumwahrnehmung, zum anderen als begrenzte Ressource im täglichen Leben sowie die methodischen Konzepte zur Erforschung und Darstellung der zeitlichen Einflüsse dargestellt worden sind, möchte ich mich meinem Thema zuwenden. In ihm soll die Verkehrsmittelwahl im Berufsverkehr in ihrer Abhängigkeit von der zeitlichen Entfernung mit öffentlichen Nahverkehrsmitteln qualitativ und quantitativ erklärt werden.

Hierzu sind einige Vorbemerkungen notwendig: Ausgehend vom Wahrnehmungsansatz in der Anthropogeographie[2], der als Basis menschlicher Entscheidungen das "perceived environment" (das Bild der Welt und nicht die reale Welt) sieht, ist es notwendig ein Abbild dieses Wahrnehmungsraumes zu finden und kartographisch darzustellen. Da jedoch von einzelnen Menschen abstrahiert werden soll, ist es wenig sinnvoll, individuelle "mental maps"[3] zu erstellen, "which reflects that individual's cultural and physical experience and which, in turn, affects that individual's behaviour in space and, perhaps, his perception of spatial relationships." (SEGALL et al., zitiert in HARVEY, 1969, S. 194).

Aus diesem Grund und da zusätzlich wie in den vorherigen Kapiteln ausgeführt, der Zeit eine besondere Bedeutung zukommt, bietet es sich an, einen Zeit-Relativ-Raum aufzustellen.

Dieser Zeit-Relativ-Raum gibt Auskunft über den Raumüberwindungsaufwand in Form von Zeit, die man benötigt, um mit einem öffentlichen Nahverkehrsmittel bestimmte Raumpunkte zu erreichen. Er kann als Kriterium für die Beurteilung von Erreichbarkeit[4] einzelner Orte mit öffentlichen Nahverkehrsmitteln herangezogen werden.

Anhand des Zeit-Relativ-Raumes sollen nun folgende Hypothesen[5] untersucht werden:

---

[1] Vgl. auch BRATZEL, 1975
[2] THOMALE, 1974; WIESSNER, 1978; GERDES, 1978
[3] Zum Begriff "mental maps" vgl. GOULD/WHITE, 1974
[4] Zum Problem der Erreichbarkeit und ihre Messung vgl. RUTZ, 1971; ERLANDSSON, 1959; GREUTER, 1978; KASTER, 1976.
[5] Diese Hypothesen wurden vor dem theoretischen Hintergrund des Gravitationsansatzes erstellt. Die Gültigkeit für das Untersuchungsgebiet für unterschiedliche Distanzmaße konnte nachgewiesen werden (vgl. NIEMEITZ, 1979).

1. Die Inanspruchnahme von öffentlichen Nahverkehrsmitteln nimmt mit der zeitlichen Entfernung zum Arbeitszentrum hin kontinuierlich ab, d.h., es müssen bei der Darstellung der Benutzerzahlen im Relativ-Raum konzentrische Intensitätsabstufungen der Inanspruchnahme von öffentlichen Nahverkehrsmitteln um ein Zentrum entstehen.
2. Es existiert ein zeitlicher Schwellenwert, ab dem die Anzahl der öffentlichen Nahverkehrsmittelbenutzer unter dem Durchschnitt der ÖPNV[1]-Benutzer im Gesamtraum liegt. Auch dieser Schwellenwert[2] müßte im Relativ-Raum als Kreis um das Zentrum sichtbar werden.

3. Analyse der Einpendlerströme nach Heidelberg unter Berücksichtigung der zeitlichen Entfernung mit ÖPNV

Im empirischen Teil der Arbeit wird folgendermaßen vorgegangen: Nach der Wahl und Abgrenzung eines Untersuchungsgebietes (HD + 50 Orte in der Umgebung) wird auf der Basis der Fahrzeiten mit öffentlichen Personennahverkehrsmitteln der Zeit-Relativ-Raum dieses Gebietes aufgestellt und kartographisch dargestellt.

Anhand der in der Volkszählung 1970 ermittelten Daten wird der Anteil der öffentlichen Nahverkehrsmittelbenutzer in % Auspendler nach Heidelberg aus jeder Gemeinde des Untersuchungsgebietes im Absolut-Raum und Relativ-Raum in Form von Karten gegenübergestellt. Durch die Darstellung der Benutzerzahlen in Form zweier Kategorien - Abweichungen vom Durchschnitt in positiver und negativer Hinsicht - werden ein Schwellenwert des Zeitaufwandes ermittelt und damit die eingangs gestellten Hypothesen verifiziert.

3.1 Datensatz

3.1.1 Untersuchungsgebiet

Das Untersuchungsgebiet ist durch einen Kreis mit dem Radius von 25 km Luftlinie mit dem Mittelpunkt Heidelberg - Bismarckplatz abgegrenzt (Karte 1). Diese Restriktion gewährleistet die beste Operationalisierbarkeit der gegebenen Daten.[3] Der Einzugsbereich der Pendler um Heidelberg entspricht im großen und ganzen dieser Entfernung (VIERNEISEL, 1976).

---

[1] ÖPNV = Öffentliche Personennahverkehrsmittel
[2] Nach ROMMERSKIRCHEN (1977, S. 131) liegt dieser Schwellenwert im Absolut-Raum bei 5 km (= bei mindestens 15 km/h (LEIBBRAND, 1979) 20 min. reine Fahrzeit.).
[3] Da die Daten für die hessischen Gemeinden nicht verfügbar waren, wurden nur die Gemeinden Baden-Württembergs innerhalb des Radius von 25 km berücksichtigt.

Folgende 50 Orte gehen in die Untersuchung mit ein:

1	Heidelberg	26	Lobenfeld
2	Altenbach	27	Lützelsachsen
3	Altneudorf	28	Mauer
4	Bammental	29	Meckesheim
5	Baiertal	30	Mönchzell
6	Brühl	31	Mückenloch
7	Dielheim	32	Neckargemünd
8	Dilsberg	33	Neckarhausen
9	Dossenheim	34	Nußloch
10	Edingen	35	Oberflockenbach
11	Eppelheim	36	Oftersheim
12	Gaiberg	37	Plankstadt
13	Gauangelloch	38	Rippenweier
14	Großsachsen	39	Ritschweiler
15	Heddesbach	40	Schönau
16	Heddesheim	41	Sandhausen
17	Heiligkreuzsteinach	42	Schatthausen
18	Hirschberg (Leutershausen)	43	Schriesheim
19	Hockenheim	44	Schwetzingen
20	Hohensachsen	45	St. Ilgen
21	Ilvesheim	46	Waldhilsbach
22	Ketsch	47	Waldwimmersbach
23	Ladenburg	48	Walldorf
24	Leimen	49	Wiesloch
25	Lobbach (Spechbach)	50	Wiesenbach
		51	Wilhelmsfeld

Wenn nun im folgenden von Untersuchungsgebiet oder Orten gesprochen wird, sind darunter die oben genannten mit ihren Kennzahlen gemeint.

3.1.2 Das öffentliche Nahverkehrsmittelnetz

"Der öffentliche Personennahverkehr, kurz ÖPNV genannt, ist die Beförderung von Personen innerhalb einer Gemeinde oder über eine Beförderungsstrecke von nicht mehr als 50 km, wenn sie im Rahmen einer Beförderungs-, Betriebs- und Tarifpflicht des Verkehrsunternehmens von jedermann in Anspruch genommen werden kann." (Schriftenreihe des Bundesministers für Verkehr, o.J., S. 23). Gemäß dieser Definition werden im Untersuchungsgebiet nur die ÖPNV und ihre Netze betrachtet. Private Unternehmen sowie betriebseigene Verbindungen werden nicht berücksichtigt. Hauptaufgabe des ÖPNVs ist es nach HOFFMANN, "einzelne Ortschaften bzw. Dörfer eines jeden Versorgungsnahbereichs mit seiner Kerngemeinde zu verbinden." (HOFFMANN, 1974, S. 254). Diese Aufgabe übernehmen 1970 im Untersuchungsgebiet drei Gesellschaften:

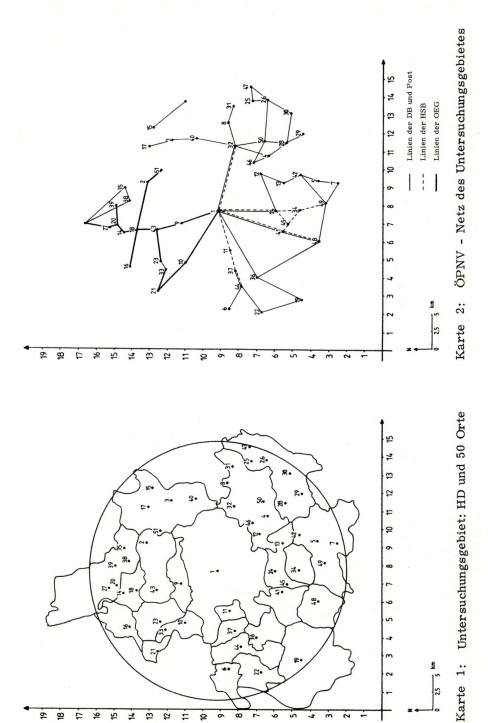

Karte 2: ÖPNV - Netz des Untersuchungsgebietes

Karte 1: Untersuchungsgebiet: HD und 50 Orte

47

1. HSB   Heidelberger Straßen- und Bergbahn AG
2. OEG   Oberrheinische Eisenbahn-Gesellschaft Mannheim
3.   Gemeinschaft von Bahn und Post

Zunächst zur HSB. Sie bedient vorwiegend den innerstädtischen Verkehrsteilnehmer.
Die OEG versorgt den in Richtung Mannheim liegenden Teil des Untersuchungsgebietes.
Die Fahrgemeinschaft Bundesbahn (DB) und Post übernehmen 1970 den größten Teil des ÖPNV-Angebotes in außerstädtischen Bereichen. Eine Übersicht über die Verkehrsverbindungen im Untersuchungsraum bietet Karte 2.

3.1.3 Die Auspendler aus den 50 untersuchten Orten nach Heidelberg
     - nach benutzten Verkehrsmitteln gegliedert -

"Unter Pendelverkehr versteht man den Teil des Personenverkehrs, der durch den regelmäßig wiederkehrenden Weg zwischen Wohnung und Arbeitsstätte (Berufsverkehr im engeren Sinne) oder Ausbildungsstätte (Ausbildungsverkehr) verursacht wird, wobei unerheblich ist, ob ein Verkehrsmittel benutzt wird" (BOUSTEDT, 1975, S. 188).

Ein wichtiges Kennzeichen des Pendelverkehrs ist seine Regelmäßigkeit im zeitlichen Ablauf und in der räumlichen Verknüpfung. Pendlerströme erfolgen im allgemeinen an jedem Arbeitstag, zu gleichen Tageszeiten, zwischen gleichen Ausgangs- und Zielpunkten, jeweils auf den gleichen Strecken und unter Benutzung des gleichen Verkehrsmittels. Diese Ströme sind aufgrund der genannten Konstanz ihres Auftretens gut quantitativ erfaßbar. Der Berufsverkehr nimmt vor den Fahrten zum Einkauf, zum Vergnügen oder sonstigen Zwecken mit Abstand den ersten Rang ein. So fallen nach einer Befragung im Rhein-Neckar-Raum[1] 71 % aller im ÖPNV begonnenen Fahrten auf den Berufsverkehr. Somit ist und bleibt der Berufsverkehr mit Abstand der wichtigste Verkehrsfaktor.
Nun einige Daten zum Untersuchungsgebiet. Nach der Volkszählung 1970 haben insgesamt 107.142 Personen am Pendelverkehr Heidelbergs teilgenommen. Davon entfallen 71 % auf Berufspendler. Auf die Gruppe der Auspendler nach Heidelberg, die hier ausschließlich untersucht wird, entfallen hiervon wiederum 36 %. Dies entspricht 38.599 Teilnehmern. Gliedert man nun diese Zahlen nach benutzten Verkehrsmitteln, so ergibt sich, daß 44 % aller Pendler ein öffentliches Verkehrsmittel (Eisenbahn, Strassenbahn, Omnibus) auf dem Weg zur Arbeitsstätte benutzt haben; 49 % haben als Selbstfahrer oder Mitfahrer mit dem PKW den Weg zur Arbeitsstätte zurückgelegt.

Zusammenfassend sollen nun an dieser Stelle die für die Untersuchung relevanten Zahlen tabellarisch dargestellt werden. Es interessieren vor allem die im Untersuchungsgebiet auftretenden Berufsauspendlerströme nach Heidelberg. Um jedoch vergleichbare Zahlen zu erhalten, müssen die Auspendlerzahlen auf die Erwerbstätigenzahl bezogen werden. Man

---
[1] VIERNEISEL, 1976, S. 4.

erhält also Pendler in % Erwerbstätigen am Wohnort (s. Tab. 1).

3.2 Der Zeit-Relativ-Raum des Untersuchungsgebietes

3.2.1 Aufbereiten der Daten

Zunächst müssen die Koordinaten der zu untersuchenden Orte bestimmt werden. Als Kartengrundlage wird eine topographische Karte des Stadt- und Landkreises Heidelberg und angrenzender Gebiete im Maßstab 1 : 25.000 verwendet. Zur Bestimmung der Koordinaten wird ein Gitternetz mit einem 1 mm-Raster über die Karte gelegt (Karte 3).

Der zweite Schritt ist die Aufstellung der Zeitmatrix.
Hierzu müssen anhand der Fahrpläne der drei Verkehrsträger HSB, OEG, Post/Bahn die Zeiten bestimmt werden, die man benötigt, um von einem Ort zu jedem anderen Ort des Untersuchungsgebietes zu gelangen. Es werden nur die reinen Fahrzeiten ermittelt. Die Wege von der Haltestelle zur Wohnung, bzw. Arbeitsstätte werden nicht berücksichtigt. Desgleichen wird die Häufigkeit der Fahrten nicht explizit mitberücksichtigt. Da jedoch mit Pendlerzahlen gearbeitet wird, und die Verkehrsträger ihr Angebot nach der Nachfrage, zumindest in den maßgeblichen Zeiten (6.00 - 8.00 Uhr, 16.30 - 18.30 Uhr) orientieren, kann diese Vernachlässigung als gerechtfertigt gelten. Die Zeitmatrix beinhaltet somit nur reine Fahrzeiten zwischen allen Orten des Untersuchungsgebietes.

3 2.2 Verarbeitung der Daten mit dem TRILAT - Programm

Man erhält nach Eingabe der Daten mit TRILAT die berechneten Relativ-Raum-Koordinaten sowie die Relativ-Raum-Distanzen, d.h. die Entfernungen in diesem neuen Raum.

3.2.3 Die Zeit-Relativ-Raum-Karte

Der Zeit-Relativ-Raum läßt sich mit Hilfe der gewonnenen Koordinaten kartographisch darstellen. Zum besseren Verständnis dient Karte 4, die die Richtung der Verschiebung der Orte angibt. Den Zeit-Relativ-Raum von Heidelberg zeigt Karte 5.
Die Zeit-Relativ-Raum-Karte gibt Aufschluß über die zeitlichen Entfernungen der einzelnen Orte des Untersuchungsgebietes zu Heidelberg und zueinander. Orte, die nicht direkt miteinander verbunden sind, entfernen sich voneinander. Orte, die über eine Buslinie ohne Umwege zu erreichen sind, nähern sich einander.
Auf den ersten Blick erscheinen die Verschiebungen nicht verständlich. Vergleicht man jedoch die Netzkarte (Karte 2) mit der Relativ-Raum-Karte (Karte 5), so ergeben sich überraschende Übereinstimmungen.
Die Orte konzentrieren sich auf der neuen Karte entlang den bestehenden Verkehrslinien, Räume zwischen den auf Heidelberg strahlenförmig zulaufenden Linien erweitern sich und lassen somit ein sternförmiges Standortmuster der Orte entstehen.

---

[1] Programm zur TRILATERATION (Universität Karlsruhe)

Tab. 1: Daten zu den Auspendlern aus dem Untersuchungsgebiet nach Heidelberg

Quellorte	Kennziffer	Berufsauspendler nach HD in % Erwerbstätigen	ÖPNV-Benutzer in % Erwerbstätigen	ÖPNV-Benutzer in % Auspendler nach HD
Altenbach	2	21,7	9,6	44,3
Altneudorf	3	29,9	8,8	29,6
Bammental	4	25,1	9,3	36,9
Baiertal	5	12,7	2,2	17,2
Brühl	6	2,1	0,3	13,7
Dielheim	7	11,4	2,3	20,3
Dilsberg	8	44,0	17,6	39,9
Dossenheim	9	45,1	16,4	36,4
Edingen	10	10,0	3,9	38,9
Eppelheim	11	59,7	12,6	21,1
Gaiberg	12	43,8	1,9	39,0
Gauangelloch	13	30,7	7,2	29,4
Großsachsen	14	3,9	2,9	36,6
Heddesbach	15	11,2	0,4	18,2
Heddesheim	16	1,2	3,6	14,6
Heiligkreuzsteinach	17	19,3	1,0	45,9
Hirschberg	18	9,0	17,3	39,2
Hockenheim	19	2,6	0,4	24,2
Hohensachsen	20	6,0	1,5	34,4
Ilvesheim	21	1,7	0,3	12,5
Ketsch	22	2,9	0,8	27,3
Ladenburg	23	2,7	0,8	27,6
Leimen	24	38,5	16,1	41,7
Lobbach	25	28,9	10,6	36,7
Lobenfeld	26	29,6	12,4	46,6
Lützelsachsen	27	3,6	0,9	24,5
Mauer	28	26,5	10,8	40,8
Meckesheim	29	20,9	8,7	41,8
Mönchzell	30	26,4	10,3	39,6
Mückenloch	31	38,2	15,3	40,1
Neckargemünd	32	42,0	16,9	43,2
Neckarhausen	33	4,2	1,1	26,7
Nußloch	34	35,7	14,5	40,9
Oberflockenbach	35	1,3	-	-
Oftersheim	36	7,2	2,4	32,7
Plankstadt	37	18,6	8,2	44,2
Rippenweier	38	3,9	0,6	14,3
Ritschweiler	39	8,2	-	-
Schönau	40	19,0	7,1	37,0
Sandhausen	41	38,2	15,3	40,1
Schatthausen	42	17,8	3,5	19,8
Schriesheim	43	22,5	6,3	42,7
Schwetzingen	44	8,6	3,6	40,3
St. Ilgen	45	41,9	17,7	42,2
Waldhilsbach	46	39,8	7,6	19,0
Waldwimmersbach	47	37,2	8,6	23,0
Walldorf	48	14,8	5,9	39,9
Wiesloch	49	16,4	5,4	33,1
Wiesenbach	50	35,6	10,1	28,3
Wilhelmsfeld	51	62,5	13,1	30,9

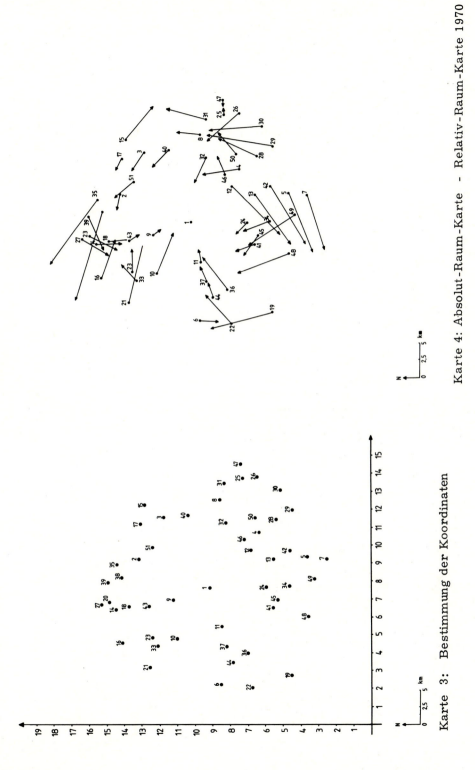

Karte 4: Absolut-Raum-Karte – Relativ-Raum-Karte 1970

Karte 3: Bestimmung der Koordinaten

51

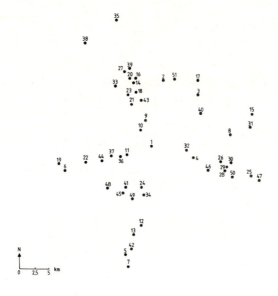

Karte 5: Relativ-Raum-Karte 1970: Untersuchungsgebiet

Nähere Angaben über die Bedeutung dieser Standortveränderungen für die einzelnen Orte in Bezug auf die Entfernungsüberwindung können aufgrund dieser Karte jedoch nicht gemacht werden. Sie gibt jedoch einen allgemeinen Überblick über den betrachteten Raum und seine relativen Standortgegebenheiten in der Zeit-Dimension.
Diese Zeit-Relativ-Raum-Karte kann somit nur als Grundlage für weitere Untersuchungen in diesem Gebiet gelten.

Im weiteren soll nun untersucht werden, ob anhand der Zeit-Relativ-Raum-Karte von 1970 die existierenden ÖPNV-Benutzerzahlen und ihre quantitative Verteilung im Raum besser zu erklären sind, d.h., ob entsprechend der Zielsetzung des Relativ-Raum-Konzeptes ein Ordungsprinzip in der Unordnung gefunden werden kann.

3.3 Die öffentlichen Nahverkehrsmittelbenutzer im Relativ-Raum

3.3.1 Qualitative Auswertung: Darstellung in Form von Isarithmenkarten (GEOMAP)[1]

Anhand Tabelle 1 soll nun eine flächenhafte kartographische Darstellung der Anzahl der ÖPNV-Benutzer in % Einpendler nach Heidelberg vorgenommen werden.

---
[1] GEOMAP: Programm zur Erstellung thematischer Karten durch plotten über den Drucker (Universität Karlsruhe)

Die Darstellung wird hier mit Hilfe von GEOMAP durchgeführt. In Form
von Isarithmenkarten werden die Anteile der ÖPNV-Benutzer an den Erwerbstätigen des jeweiligen Ortes im Absolut-Raum und Relativ-Raum
dargestellt (Karte 6 und 7).

Ein Vergleich der Karten 6 und 7 zeigt deutliche Unterschiede.
Karte 6 - die Darstellung im Absolut-Raum - läßt keine Aussage über die
Bedeutung der Dimension Entfernung für die Wahl des Transportmittels
zu.
Die Darstellung im Relativ-Raum - Karte 7 - zeigt jedoch deutlich den Bereich um Heidelberg, innerhalb dessen vermehrt ÖPNV benutzt werden. Um
Heidelberg herum lassen sich mehr oder minder ausgeprägt konzentrische
Kreise erkennen, die zeigen, daß die Menge der ÖPNV-Benutzer mit zunehmender Entfernung (im Relativ-Raum) abnimmt.
Abweichungen versinnbildlichen den Einfluß anderer Faktoren als die Zeit
auf die Verkehrsmittelwahl.

Mit der Darstellung der ÖPNV-Benutzer in % Erwerbstätige im Relativ-
Raum in Form einer Isarithmenkarte können einerseits der Einfluß der
Fahrzeit auf die Wahl des Transportmittels dargestellt sowie andererseits diejenigen Gebiete bestimmt werden, in denen andere Faktoren
für die Verkehrsmittelwahl ausschlaggebend sind. Dies wurde im Rahmen dieser Untersuchung jedoch nicht durchgeführt.

3.3.2 Quantitative Auswertung

Ausgehend von der Hypothese: "Es gibt einen zeitlichen Schwellenwert,
unterhalb dessen Personen ÖPNV benutzen und oberhalb dessen die Fahrt
mit dem Auto durchgeführt wird" wurde versucht, diesen Wert zu ermitteln.

Der Durchschnittswert der ÖPNV-Benutzer in % Auspendler nach Heidelberg beträgt in dem untersuchten Gebiet 31 %. Die Orte wurden nun in
zwei Gruppen eingeteilt:
- Orte mit Anteil an ÖPNV-Benutzer in % Auspendler nach Heidelberg
  > 31 %
- Orte mit Anteil an ÖPNV-Benutzer in % Auspendler nach Heidelberg
  < 31 %

Mit Hilfe unterschiedlicher Signaturen werden die Orte im Relativ-Raum
dargestellt (Karte 8). Ein Vergleich mit der Darstellung im Absolut-
Raum (Karte 9) zeigt, daß die Darstellung im Relativ-Raum ein wesentlich geordneteres Bild in Bezug auf die Verteilung der Signaturen vorweist. Man könnte den postulierten Schwellenwert auf der Relativ-Raum-
Karte bei 4,3 cm ansetzen. Dies entspricht einer Entfernung von ca.
10,6 km in der Realität (Luftlinie).
Innerhalb des so gezogenen Kreises um Heidelberg befinden sich 22 Orte.
Hiervon weisen 18 Orte eine über dem Mittelwert und 4 Orte eine unter
dem Mittelwert liegende Anzahl an ÖPNV-Benutzern auf. Auf mögliche

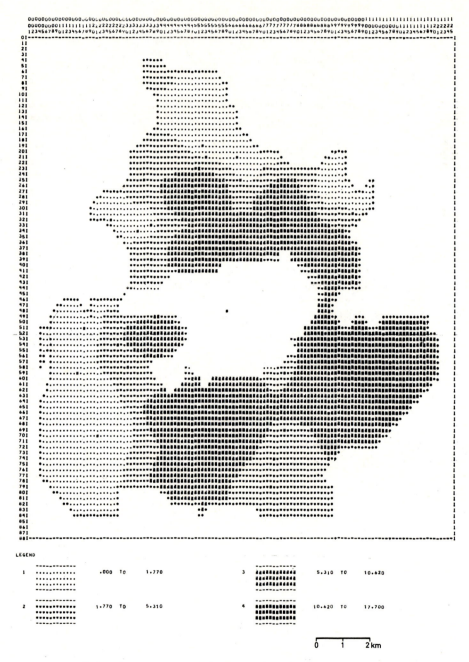

Karte 6: ÖPNV-Benutzer in % Erwerbstätige im Absolut-Raum

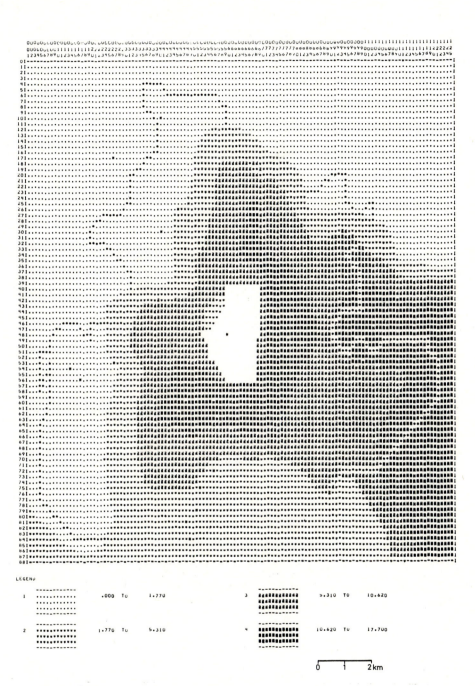

Karte 7: ÖPNV-Benutzer in % Erwerbstätige im Relativ-Raum

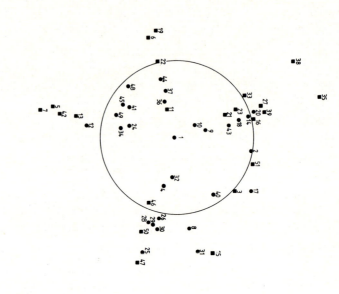

Karte 8: Darstellung der ÖPNV-Benutzer in % Auspendler nach Heidelberg im Relativ-Raum

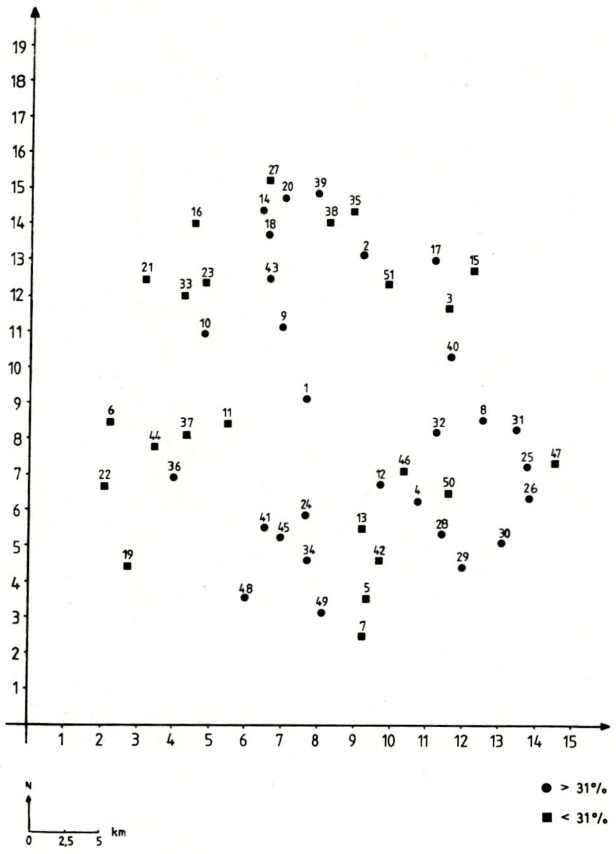

Karte 9: Darstellung der ÖPNV-Benutzer in % Auspendler nach Heidelberg im Absolut-Raum

Erklärungsansätze für das Auftreten von Abweichungen soll hier nur bei Eppelheim exemplarisch eingegangen werden. Eppelheim besitzt eine sehr hohe Anzahl an Auspendlern nach Heidelberg (3.501). Der Prozentsatz derjenigen, die ÖPNV benutzen, liegt mit 21,1 ÖPNV-Benutzer in % Auspendler nach Heidelberg jedoch erstaunlich niedrig. Gerade hier wäre aufgrund der günstigen Erschließung durch die Straßenbahn (viele Haltestellen, kurze Wartezeiten) mit einer weitaus größeren Anzahl von ÖPNV-Benutzern zu rechnen gewesen. Es ist jedoch anzunehmen, daß die große Anzahl von Pendlern mit gleichem Zielort Heidelberg die Bildung von Fahrgemeinschaften begünstigt. (Der Anteil der Mitfahrer liegt bei 18,5 %). Die Nähe zu Heidelberg, vor allem zu den Industriebetrieben (Pfaffengrund) erklärt auch die relativ hohe Anzahl an Zweiradbenutzern und Personen, die zu Fuß gehen (24,6 %) (VIERNEISEL, 1976).

Außerhalb des Kreises befinden sich 8 Orte, die einen großen Anteil an ÖPNV-Benutzern an der Zahl der Auspendler nach Heidelberg besitzen. Es handelt sich hierbei u.a. um folgende Orte:

30 Mönchzell
29 Meckesheim
28 Mauer

Die Orte Meckesheim und Mauer sowie Mönchzell (über Meckesheim) sind durch die Eisenbahnlinie direkt mit Heidelberg verbunden. Alle Einpendler nach Heidelberg, die ÖPNV benutzen (100 %) fahren mit dem Zug zur Arbeitsstätte. Da die Pendlerströme seit jeher mit der Bahnlinie eng verknüpft waren, könnte u.a. der heutige überdurchschnittliche Anteil an ÖPNV-Benutzern in diesen Gebieten mit den traditionellen Strömen erklärt werden. Orte, die ebenfalls einen hohen Anteil an ÖPNV-Benutzern besitzen, müßten näher auf ihre Sozialstruktur hin untersucht werden. Orte in Kreisrandnähe, die Abweichungen aufweisen, werden hier aufgrund der geringen Entfernung nicht näher betrachtet.

4. Zusammenfassung und Ausblick

Die Betrachtung der Zeit als Ressource, die jedem Individuum täglich in gleicher Quantität zur Verfügung steht und durch ihre Beschränktheit sein Handeln bestimmt, läßt den Schluß zu, der Zeit eine wichtige Rolle bei der Verkehrsmittelwahl zuzuschreiben.
In der vorliegenden Untersuchung wurde auf der Basis der Fahrzeiten mit ÖPNV ein Zeit-Relativ-Raum aufgestellt, der statt der Entfernungen in km die adäquaten Zeitdistanzen enthält. Dieser Relativ-Raum wird als Grundlage der Entscheidung für oder gegen die Benutzung eines öffentlichen Verkehrsmittels für die Fahrt zum Arbeitsplatz postuliert.

Es konnten folgende Ergebnisse erzielt werden:
1. - Durch die Darstellung der Anteile der ÖPNV-Benutzer an den Auspendlern nach Heidelberg im Relativ-Raum läßt sich ein Schwellen-

wert im Relativ-Raum angeben, ab dem die Anzahl der ÖPNV-Benutzer abnimmt, d.h. unter den Durchschnitt von 31 % sinkt.

2. - Dieser Schwellenwertabstand liegt bei ca. 10 - 11 km Luftlinie im Absolut-Raum, was einer zeitlichen Entfernung von 45 - 50 min. nach Heidelberg entspricht.

Abweichungen, d.h. Werte < 31 % innerhalb des Kreises und entsprechend Werte > 31 % außerhalb des Kreises, müssen gesondert betrachtet werden. In diesen Fällen wäre es sinnvoll, da die Einwohnerzahl sowie die Lage durch das Gravitationsgesetz impliziert wurde, eine Analyse der Gemeindestruktur u.a. in Hinblick auf sozio-ökonomische Merkmale der Einwohner durchzuführen.

Die zeitliche Entfernung, als Merkmal der Fahrt, mag der Entfernung in km als erklärende Variable überlegen sein. Es gelingt jedoch nicht, Merkmale der Verkehrsteilnehmer (Alter, Einkommen, Führerschein bzw. PKW - Besitz etc.) und Merkmale des Verkehrssystems (Attraktivität von Verkehrsmitteln, Reisekosten etc.) zu substituieren.

Trotz dieser Schwächen muß darauf hingewiesen werden, daß der Anspruch des Relativ-Raum-Konzeptes: "in einer scheinbaren räumlichen Unordnung eine gewisse Ordnung zu finden", erfüllt werden konnte. Damit soll unterstrichen werden, daß der Ansatz nicht a priori abgelehnt werden kann, sondern - durch weitergehende Untersuchungen ergänzt - ein methodisches Vorgehen beinhaltet, welches dazu dienen kann, Erklärungsansätze für das menschliche Verhalten im Raum zu geben.

Literaturverzeichnis

ABLER, R., ADAMS, J. & P. GOULD (1971): Spatial Organization - The Geographer's View of the World. Prentice-Hall, Inc., Englewood Cliffs, N.J.

BOUSTEDT, O. (1975): Grundriß der empirischen Regionalforschung, Teil I, II, III, IV (Taschenbücher zur Raumplanung, Bd. 4, 5, 7). Hannover

BRATZEL, P. (1975): Zentrale Orte im Relativ-Raum. Karlsruher Manuskripte zur Mathematischen und Theoretischen Wirtschafts- und Sozialgeographie. Heft 13. Karlsruhe

BUNGE, W. (1966): Theoretical Geography, Rev. ed. Lund Studies in Geography, Series C, No. 1. Lund

ERLANDSSON, U. (1979): Die Erreichbarkeits-Situation regionaler Arbeitsmärkte durch den öffentlichen Personen-Nahverkehr. In: KASTER, T. & D. LAMMERS: Ausgewählte Materialien zur Zeitgeographie. Karlsruher Manuskripte zur Mathematischen und Theoretischen Wirtschafts- und Sozialgeographie. Heft 35. Karlsruhe

FORER, P. (1978): Time-Space and Area in the City of the Plains. In: CARLSTEIN, T. u.a. (Hrsg.): Timing Space and Spacing Time, Bd. 1, S. 99 - 119. London

GERDES, U. (1978): Geographie und Wahrnehmungspsychologie. Seminararbeit an der Universität Heidelberg, SS 1978 (nicht veröffentlicht)

GOULD, P. & R. WHITE (1974): Mental maps. New York

GREUTER, B. (1978): Die Verwendung der Erreichbarkeit für ein dynamisches Nutzungsentwicklungsmodell. In: Internationales Verkehrswesen 30, Heft 3, S. 167 - 174

HÄGERSTRAND, T. (1957): Migration and Area. In: Migration in Sweden. Lund Studies in Geography, Series B, No. 13. Lund

HARVEY, D. (1969): Explanation in Geography. London

HEINZE, G.W. (1978): Zur Theorie des Verkehrswachstums. In: Schriftenreihe des Instituts für Verkehrsplanung und Verkehrswegebau der TU Berlin, Heft 1. Berlin

HOFFMANN, R. (1974): Die Probleme der öffentlichen Personalverkehrsbedienung in besonders dünn besiedelten und wirtschaftlich zurückgebliebenen Gebieten. In: Raumforschung und Raumordnung, 32. Jg., S. 254 - 261

KASTER, T. (1976): Die Erreichbarkeit der Mittelbereichszentren der Region mittlerer Oberrhein. Veröffentlichungen des Regionalverbandes Mittlerer Oberrhein, Karlsruhe

-- (1979): Einführung in die zeit-geographische Betrachtungsweise. In: KASTER, T. & D. LAMMERS: Ausgewählte Materialien zur Zeitgeographie. Karlsruher Manuskripte zur Mathematischen und Theoretischen Wirtschafts- und Sozialgeographie, Heft 35, S. 6 - 34. Karlsruhe

KILCHENMANN, A. (1972): Quantitative Geographie als Mittel zur Lösung von planerischen Umweltproblemen. In: Geoforum 12, S. 53 - 71

-- (1973): Smallest space analysis on transportation network data around Zürich (Switzerland) or the concept of relative space in applied Geography. Erstes deutsch-englisches Symposium zur angewandten Geographie. In: Giessener Geogr. Schr., Heft 35, S. 33 - 47. Gießen

LEIBBRAND, K. (1979): Die Zahl der Fahrten im Stadtverkehr. In: Internationales Verkehrswesen 31, Heft 2, S. 102 - 105

NIEMEITZ, C. (1979): Die Interdependenz zwischen Zeitdistanz im Relativ-Raum und Pendlerströmen, dargestellt am Beispiel von Heidelberg und Umgebung. Zulassungsarbeit Geographisches Institut Heidelberg

PARKES, D. & N. THRIFT (1978): Putting Time in its Place. In: CARLSTEIN, T. u.a. (Hrsg.): Timing Space and Spacing Time, S. 119 - 130, Bd. 1, London

ROMMERSKIRCHEN, S. (1977): Sozioökonomische Analyse der Bestimmungsfaktoren des Nahverkehrs und Ableitung gesellschaftlicher Zielvorstellungen bestehender und geplanter Verkehrssysteme. Bonn

RUTZ, W. (1971): Erreichdauer und Erreichbarkeit als Hilfswerte verkehrsbezogener Raumanalyse. In: Raumforschung und Raumordnung. Bd. 4, S. 145 - 155

SCHRIFTENREIHE DES BUNDESMINISTERS FÜR VERKEHR, Heft 41 (o.J.): Konzept zur Verbesserung des öffentlichen Personennahverkehrs, Hof, Saale

THOMALE, E. (1974): Geographische Verhaltensforschung. In: Marburger Geogr. Schriften H. 6, S. 9 - 31. Marburg

TUAN, Y. (1978): Space, Time, Place: A Humanistic Frame. In: CARLSTEIN, T. u.a. (Hrsg.): Timing Space and Spacing Time, Bd. 1, S. 7 - 17. London

VIERNEISEL, C. (1976) (Bearb.): Darstellung und Analyse der Pendlerverflechtungen nach dem Ergebnis der Volkszählung 1970. Heidelberg - Grundlagen zur Stadtentwicklungsplanung.

WATSON, J.W. (1955): "Geography: A Discipline in Distance", Scottish Geographical Magazine, Vol. 71, S. 1-13

WIESSNER, R. (1978): Verhaltensorientierte Geographie. Die angelsächsische behavioral geography und ihre sozial-geographischen Ansätze. In: Geogr. Rundschau 30, Heft 11, S. 420 - 426

WIRTH, E. (1979): Theoretische Geographie. Stuttgart

KONZEPTE FÜR EIN MODELL DER WANDERUNGSENTSCHEIDUNGEN

- dargestellt und überprüft an Ergebnissen einer Mikrountersuchung über das Wanderungsverhalten der Zuwanderer nach Gerolsheim (Lkr. Bad Dürkheim) seit 1968

Von Ute HENRICH (Weitersbach)

Mit 1 Karte und 15 Figuren

Gliederung:

1. Zielperspektiven und Aufbau der Arbeit
2. Klassische und moderne Wanderungskonzepte
3. Der Modellansatz dieser Untersuchung
4. Ausgewählte Hypothesen zum Wanderungsverhalten
5. Das Testobjekt und die Teststrategie
6. Wesentliche Ergebnisse der Haushaltsbefragung in Gerolsheim
7. Das operationalisierbare Modell der Wanderungsentscheidung

1. Zielsperspektiven und Aufbau der Arbeit

Mein Interesse an dem Phänomen der Wanderung entstand im Anschluß an ein Referat zum Problem der Motivforschung als Grundlage für eine Theorie der Migration, das ich im Rahmen eines unter Leitung von Prof. Dr. Fricke und Dr. Herden durchgeführten Hauptseminars im Sommersemester 78 angefertigt hatte.

Die wissenschaftliche Arbeit wurde als breite Ausgangsbasis für weitere Ausführungen zur Wanderungsthematik an der Universität Heidelberg und als kleiner Beitrag zur allgemeinen Wanderungsforschung der Gegenwart konzipiert.

In der Arbeit wird zunächst versucht, in einem theoretischen Teil einen allgemeinen systematischen Überblick über die Geschichte der Wanderungsforschung in Deutschland bzw. den USA und die Vielfalt der älteren und besonders der neueren Ansätze und Konzepte innerhalb dieser Forschungsrichtung zu geben, verbunden mit einem Exkurs in die Wahrnehmungspsychologie. Auf der Grundlage der gesichteten Literatur und der Modelle, dem sogenannten "konzeptionellen Rahmen" wurden - unter Berücksichtigung psychologischer Hauptsteuerungsfaktoren und Mechanismen für das Wanderungsverhalten - die einzelnen Phasen des individuellen Wanderungsentscheidungsprozesses untersucht, Hypothesen zum Migrationsverhalten formuliert und ein konzeptionelles Modell der Wanderungsentscheidung zu erstellen versucht.

Im empirischen Teil der Arbeit wurden die Hypothesen und das theoretische Beschreibungsmodell an einer Zufallsauswahl der Zuwanderer nach Gerolsheim mit Hilfe der Teststrategie der Befragung auf ihre Realitätsnähe hin überprüft. Auf diese Weise konnte eine zunächst rein theoretische Betrachtung des Phänomens der Wanderung empirisch ergänzt bzw. getestet und somit eine enge Verknüpfung von Theorie und Praxis hergestellt werden. Ein in Verbalform aus den Befragungsergebnissen erstelltes operationales Modell für den Wanderungsentscheidungsprozeß der Zuwanderer nach Gerolsheim sollte im Vergleich mit dem theoretischen Modell zu einer Verifizierung bzw. Falsifizierung der aufgestellten Hypothesen zum Wanderungsverhalten führen und einen Beitrag zum Problem der Wanderungstheorienbildung leisten.

2. Klassische und moderne Wanderungskonzepte

Das eigentlich wissenschaftliche Interesse an der Wanderung in Deutschland entstand aus der Frage der Integration der Flüchtlinge als unmittelbarer Kriegsfolge und der Abwanderung großer Teile der Bevölkerung aus ländlichen Gebieten in die Kernstädte (Land-Stadt-Wanderung). Während zu Beginn des 19. Jahrhunderts die Wanderung meist nur in Form einer politischen oder religiösen Zwangswanderung eine Rolle spielte, suchte man bis Mitte der 50er Jahre die Erklärung für die Migration in wirtschaftlich orientierten Gründen der Wandernden. Die Hauptaufgabe der Wanderungsforschung bestand darin, überbevölkerte Gebiete unter dem Gesichtspunkt der wirtschaftlichen Tragfähigkeit der betreffenden Region zu untersuchen. Zu diesem Zweck wurden Wanderungsströme hinsichtlich Verlauf, Richtung und Intensität auf der Basis massenstatistischer Daten beschrieben und quantitativ analysiert. Diese weitgehend deskriptive, systemorientierte, "merkantilistisch-populationistische Betrachtungsweise" (SZELL, 1972, S. 12) führte schon seit Ende des 19. Jahrhunderts zu Versuchen, regelhafte Wanderungsvorgänge in mathematisch formulierten, sogenannten makroanalytischen Modellen zu beschreiben (RAVENSTEIN, 1885). In Figur 1 wurden die wichtigsten Makroanalysen nach Repräsentanten, benutzten Variablen und deren Aufgabe, Hypothesen/Gesetze und Ergebnisse der Ansätze zusammengestellt.

Da jedoch Eigenschaften des ökonomischen und/oder sozialen Systems, deren Auswahl oft intuitiv erfolgt oder sich nach verfügbaren Aggregatdaten richtet, als Bezugssystem dieser Ansätze dienen, gewinnen die Modelle keine Information, die nicht bereits durch die Ausgangsdaten klar vorgegeben wird; die Information wird durch Eingehen in mathematische Formeln nur transformiert. Obwohl die Regressionsmodelle und die stochastischen Modelle eine Annäherung an die wirklichen Verhältnisse darstellen, fehlt ihnen die Beziehung zur Komplexität der sozialen Realität. Hinzu kommt, daß die ökonometrischen und deterministischen Ansätze in der Regel nur das statische wirtschaftliche und soziale Gefüge erfassen, und selbst ein Ersetzen der Variable "Distanz" durch andere Konzepte (vgl. distanzunabhängige Regressionsmodelle im Gegensatz zu distanzabhängigen Gravitationsmodellen) nur zu empirischen Verallgemeinerungen führt, da eine theoretische Untermauerung mittels einer Untersuchung jeder Variable auf ihre Bedeutung im individuellen Entscheidungsprozeß hin unterbleibt und der eigentlich soziologische Bezugsrahmen somit fehlt (ALBRECHT, 1972, S. 146).
Mit allgemein steigendem Wohlstand, zunehmenden Problemen der Infrastruktur, der Suche nach einem neuen Lebensstil und einer veränderten Erwartungs- und Wahrnehmungsstruktur der Bevölkerung begannen in immer stärkerem Maße außerökonomische Wanderungsmotive eine grössere Rolle zu spielen. Man erkannte das Phänomen der Wanderung als ein vielschichtiges und komplexes Verhalten des Menschen in einer Entscheidungssituation (GATZWEILER, 1975, S. 27/28). Die Erkenntnis, daß soziologische und psychologische Faktoren den Vorgang der Migration nicht nur am Rande mitbestimmen, sondern ihn zu einem Großteil steuern und lenken, mußte innerhalb der Wanderungsforschung seit Mitte der 50er Jahre (USA) bzw. Anfang der 60er Jahre (Deutschland) zu einer Interessen- und Methodenverlagerung führen. Der Abkehr von der makroanalytischen, weitgehend statischen und deskriptiven Betrachtungsweise von Wanderungsbewegungen auf der Basis der Aggregatdatenanalyse folgte die Hinwendung zur Motivforschung und den daran anknüpfenden mikro-

REPRÄSENTANTEN	BENUTZTE VARIABLEN	ART/AUFGABE DER VARIABLEN	HYPOTHESEN/ GESETZE	ERGEBNIS: WANDERUNG ALS
A Ökonometrische Modelle				
E.M. Kulischer (1932) D.A.E. Harkness (1931) H. Jerome (1926) M. Nikolinakos (1973)	Arbeitsplatz: Angebot/Nachfrage an Arbeitskräften/ reg. Arbeitsmarkt- bilanz/push-Fakto- ren Einkommen, Un- terbeschäftigung, Überbevölkerung - pull-Faktoren	Beschränkung auf Prognose von Wanderungs- salden	Wanderungen sind ökonomisch deter- miniert	Ausgleich von Diffe- renzen in der regio- nalen Arbeitsmarkt- bilanz
B Deterministische Modelle				
		1) Gravitationsmodelle (distanzabhängig)		
Ravenstein (1885)	Bevölkerungsgrößen Herkunftsgebiet - Zielgebiet Wanderungsdistanz	kaum für Prognosen verwendbar Wanderungsströme be- schreibend hinsicht- lich: Verlauf Richtung Intensität Verteilung mathemat. Variablen als Basis/statisch	Die Zahl der Wande- rungen zwischen zwei Agglomeratio- nen ist direkt propor- tional zur Bev.größe u. umgekehrt prop. zur Entfernung zw. den Agglomerationen	Funktion der Ent- fernung (mit zu- nehmender W-Distanz nehmen W.ab)
Kant (1946) (Pareto Formel)			$M = a \times D^{-b}$ M = Zahl der Wande- rer auf 10 Einw. D = Distanz a, b = Konstanten	
Reilly (1927) (Pareto Formel)			$M = a \times D^{-2}$ Die Abnahme der In- teraktion ist eine Funktion des Quadra- tes der Entfernung	
Zipf (1946) (in Anlehnung an Pareto Formel)	(Erweiterung durch gruppen- spezifische de- mograph. Merk- male, wie z.B. Alter)		$M_{ij}=k \times \frac{P_i \times P_j}{D_{ij}}$ Mij=Stärke des W- Stromes von i nach j Pi/Pj=Bevölkerung im Herk.-u. Zielgebiet Dij=Entfernung zw. i und j k = Konstante W-Ströme nehmen mit Bedeutung der Herk.- und Zielge- biete zu u. mit der Entfernung ab	Folge distanzabhän- giger pull-push-Kräf- te der Herk.- und Zielgebiete
		2) Regressionsmodelle (distanzunabhängig)		
Stouffer (1940)	"intervening oppor- tunities" (=vacancies, freie WO/AP) "competing migrants"	in zunehmendem Maße werden differenzier- tere erklärende Variab- len eingebracht rel. Realitätsnähe nimmt zu	Die Anzahl der Pers., die über eine best. Distanz wandern, ist direkt prop. zur An- zahl der günstigen Ge- legenheiten in der Zielreg. und umgek. prop. zu günstigen Gelegenheiten zw. Ausgangs-u. Zielregion $M_{ij} = G \frac{P_j \times j}{\sum_{j=1}^{M=1} \times h}$	Folge von Frustrativi- täts(push)-Faktoren des Herkunfts- und Attrakti- vitäts(pull)-Faktoren des Zielgebiets. Ergebnis von Wirtschafts- lage und Wohnungsbesatz
Haegerstrand (1957)	"feedback"- Prozeß	Prognosemöglich- keit steigt Ersetzen/Erweitern der Variablen "Distanz" d. andere Konzepte	jeder bereits Gewanderte ist Informations- träger für poten- tielle Wanderer	Zufallsprozeß, da die Zahl der W. ab- hängig ist von der Zahl der vorher Ge- wanderten als Infor- mationsträger
Sommermeijer	Attraktivitätsun- terschiede gem. an: Urbanisierungsgrad, Arbeitslosenquote, Wohnqualität v. Her- kunfts- u. Zielgebiet soziale Distanz Wanderungsdistanz Bev. zahlen Herk./ Zielgebiet Erholgs. u. Grünfl. an- teil je Einw. am Her- kunfts- und Zielgebiet		Je größer die W- Entfernung und soziale Distanz, je weniger Wande- rungen Je größer die Be- völkerungszahl und die Attraktivitäten am Zielort, je mehr Wanderungen	
C Stochastische Modelle				
Monte-Carlo- Simulation von Morill (1963)	Wanderungsdistanz Attraktivitätsun- terschiede frühere Wanderungs- kontakte Bevölkerungszahlen v. Herk.-u. Zielgeb.	zunehmend erklärend u. prognostizierend realitätsnah kurzfristige Prognose- möglichkeiten Zufallsgrößen als Basis dynamisch	Die W-Bereitschaft ist e. Funktion der Anzahl d. Wohnbev. u. der Eigenschaften dieser Wohnbev. in einem Quellgebiet (Beruf, Al- ter) Die Wanderungswahr- scheinlichkeit zw. zwei Bereichen ist eine Funktion der Distanz zw. den Gebieten, der Attraktivitäts- unterschiede und frü- heren W-Kontakten	als Folge raumzeit- licher Prozesse

Fig. 1: Makroanalytische Ansätze der ersten Phase der Wanderungsforschung

analytischen Untersuchungen des Wanderungsverhaltens, vor allem durch repräsentative Befragungen. In diesen sogenannten "Entscheidungsstudien" wird die Wanderung als individueller Entscheidungsakt innerhalb eines sozialen Kontextes unter Berücksichtigung psychologischer Steuerungsfaktoren betrachtet.

Die wesentlichen Impulse für die Ausarbeitung dieses mikrotheoretischen Ansatzes kamen aus den USA (ROSSI, 1955). Den meisten mikroanalytischen Arbeiten liegt das von BROWN und MOORE (1970, S. 200) als "place utility" bezeichnete Konzept zugrunde, das den Grad der (Un-) Zufriedenheit des Individuums mit seinen gegenwärtigen Lebensbedingungen mißt. Bestehen gravierende Diskrepanzen zwischen der "place utility" des gegenwärtigen Wohnstandortes und den Bedürfnissen, Erwartungen und Wünschen des Individuums, so folgt ein Abwägen zwischen den Push- und Pull-Faktoren der jetzigen Situation und denen potentieller Alternativen. Ein Wohnstandortwechsel kann dann das Ergebnis dieses Kosten-Nutzen-Vergleiches sein, ein Ausgleichsmechanismus zur Eliminierung unbefriedigender Wohn- und Tätigkeitssituation.

Obgleich die meisten Mikroanalysen seit 1955/60 eine zunehmende Variablenerweiterung und psychologische Verfeinerung aufweisen (vgl. mikroanalytische Ansätze, zusammengestellt in Figur 2) setzte die eigentliche, über oberflächliche und vage psychologische Erklärungsversuche hinausgehende, auf verhaltenstheoretische Mechanismen der Wahrnehmung, Informationsverarbeitung, Imagebildung u.a. kognitive Prozesse gezielt aufbauende Wanderungsforschung erst in den letzten 10 Jahren ein (vgl. wahrnehmungstheoretische Ansätze von HÖLLHUBER, MUSKE, BROWN/MOORE, zusammengestellt in den Figuren 3, 4 und 5).

Aus der allgemeinen Entwicklung der Modelle zur Wanderungsforschung und in Anlehnung an den Einfluß psychologischer Konzepte auf die Entstehung verhaltenstheoretisch orientierter Ansätze in der jüngsten Phase der Wanderungsforschung (vgl. Figur 6) konnten folgende allgemeine Erkenntnisse gewonnen werden:
- Die Ablösung des Rationalmodells zur Erklärung menschlichen Handelns durch das Sättigungsmodell (Befriedigungsmodell), da menschliches Verhalten nicht vollständig normativen Gesetzen unterworfen ist
- Die Tatsache, daß das Individuum über einen subjektiven Handlungsraum (action space) verfügt, der sich in seinem Bewußtsein dadurch abbildet, daß objektive Umweltgegebenheiten auf einen motivationsgesteuerten Selektionsfilter treffen. Der Mensch als "kognitives Tier" (ITTELSON, 1977, S. 116) ist ein Teil dieser Verhaltens- und geographischen Umwelt. Sein Verhalten und seine erlernten Reaktionsmechanismen, wie z.B. die Erfahrung, spiegeln das Gleichgewicht der Einflüsse wider, die sich aus der Wechselwirkung dieser beiden Welten ergeben - der Welt, wie sie ist (real environment) und der Welt, wie sie wahrgenommen wird (perceived environment)

REPRÄSENTANTEN	ENDOGENE FAKTOREN	EXTERNE FAKTOREN	ERGEBNISSE	KRITIK
Eisenstadt (1955)	Gefühl, daß bestimmte Ziele nicht erreicht werden Solidaritätsbedürfnis nicht befriedigt Lebensidealverwirklichung unmöglich (relig./ideolog.)	Institutionen und Möglichkeiten der Sicherung phys. Existenz fehlen	allg. formulierte Verhaltenstheorien	beinahe trivialer Ansatz/soziolog. Erklärung von W-Gründen ist nicht gegeben
Hoffmann-Nowotny (1970)	Bildungsniveau	Einkommen/Grad der Urbanisierung	Aufstellen von Gesetzmäßigkeiten von W. im Zusammenhang mit allg. wirtschaftl. u. soz. Entwicklungen - soziolog. "W-Theorie": Einkommen, Grad der Urbanisierung, Bildungsniveau best. Position eines Menschen im umfassenderen System und die daraus resultierenden Spannungen	zu wenig differenzierter Ansatz (Variablenerweiterung!) nur großräumige Mobilität wird erfaßt (Makroanalyse!)
Harloff (1968)	Persönlichkeitsfaktoren: Bedürfnisse, Interessen, Neigung, Einstellung, Temperament, Eignung	AP-Bedingungen: Lohnzufriedenheit, Sicherheit, Aufstiegschance, mitmenschl. Beziehung	Hypothese: stehen Persönlichkeitsfaktoren u. AP-Bedingungen in Einklang, so ist die Mobilität klein; stehen beide Faktoren im Gegensatz zueinander, so ist die Mobilität groß - Konstruktion von versch. Persönlichkeitstypen	Beschränkung auf die Struktur der AP-Bedingungen als W-Gründe, Determinanten Freizeit, Erholen, Bilden, Wohnen fehlen/keine klare Trennung zw. Ursache und Wirkung (Gefahr einer tautologischen Formulierung)
Rossi (1955)	Stellung im Familienzyklus: Alter, Fam.-größe, HHs-Struktur Einstellung zum WO-Eigentum individuelle Bedürfnisse/Wünsche specifications (siehe Modell 1) attractions (siehe Modell 1)	Wohnungs(umgebungs)verhältnisse/"intervening events" zw. W-Wunsch und W-Akt Informationsquellen	Hypothese: Junge, große u. in Miete wohnende HHe sind am unzufriedensten mit gegenwärtigen Lebensbedingungen - Mieter sind mobiler als Eigentümer - Phasen: complaint - decision to move - choice among several dwelling acc. to their relative merits -	Die einzelnen Phasen des Entscheidungsprozesses werden angesprochen und persönl./psycholog. Faktoren des W-Verhaltens in den Vordergrund gestellt. Eine psycholog. detaillierte Betrachtung bleibt jedoch aus
Drewe (1968) in Anlehnung an Rossi	Ortsbezogenheit/Imagebildung berufliche Ansprüche Schulbildung Informationsniveau siehe Rossi	Erholungs- und Freizeitwert/Verkehrsanschlüsse/Bildungsmöglichkeiten/AP-Beschaffenheit/siehe Rossi	siehe Hypothesen von Rossi! (lediglich geringe Erweiterung)	Erwähnung, jedoch keine Integration psycholog. Steuerungsfaktoren des W-Verhaltens
Lee (1966)	persönl. Faktoren: Empfindung, Intelligenz, Einstellung, Perzeption, Wertsystem persönliche Kontakte irrationale Persönlichkeit Stellung im Lebenszyklus	Informationsquellen/pos. und neg. Faktoren der Herk.- und Zielregion/intervenierende Hindernisse (Distanz)/Fluktuationen in der Wirtschaft	Hypothesen: "Theorie der W." W. ist selektiv (Lebenszyklus). Der Grad der W. nimmt mit der Schwierigkeit intervenierender Hindernisse ab - W. ist das Ergebnis einer Bilanz der pos. und neg. Faktoren in der Herk. und Zielgebiet - Das W-Volumen variiert mit Fluktuationen in der Wirtschaft - u.a. allg. Hypothesen	sozial-psycholog. Ansatz, jedoch Rückgang in Richtung push-pull-Modell, da zu alg. Hypothesen/Ansammlung empirischer Fakten, die theoretisch nicht gehaltvoll sind/einzelner Mensch mit subjektivem Werte- und Normensystem berücksichtigt
Langenheder (1968)	Lebensraum als physiologische Umwelt (Erkenntnisstruktur) positive und negative Bewertung der Handlungssituation (Valenzstruktur)	Lebensraum als physische Umwelt: berufl. Möglichkeiten, Lebensstandard, soz. Normen, pol. Verhältnisse, Landschaft/externe Informationen	Wanderung (als Verhaltensform) ist eine Funktion des Lebensraumes: V = f(L) (Feldtheorie Lewins)	W. wird sowohl im Zusammenhang mit phys. auch psycholog. Faktoren betrachtet; eine nähere Beschäftigung mit psycholog. Determinanten bleibt aus
Gatzweiler (1975) Roseman (1971)	Stellung im Lebenszyklus (best. Alter) Perzeptionsfähigkeit Anspruchsniveau subj. Vorstellung und Bewertung Eigenerfahrung	Bevölkerungsstruktur/ökonom. Struktur/Attraktivitäts- und Frustrativitätsfaktoren im Herk.- und Zielgebiet/externe Informationen	W. sind selektiv, als Folge ungleichwertiger Lebensbedingungen - 2 Phasen im W-Entscheidungsablauf: Bereitschaft und Entscheidung zur W./Suche und Auswahl eines neuen Standortes - inner- und interreg. W. Entscheidung - altersspezifische W.	bereits psycholog. detaillierter Ansatz, jedoch weitgehend beschränkt auf Stellung im Lebenszyklus (bes. Alter)/Phasengliederung lediglich hinsichtlich inner- und interreg. W-Entscheidung ausgerichtet
Albrecht (1972)	Stellung im Lebenszyklus Persönlichkeitsmerkmale (Alter, Intelligenz, Gesundheit) HHs-Struktur Erwartung, Bedürfnisse, Wünsche	Naturfaktoren/Zwangswanderung/ökonomische Faktoren/WO-orientierte Gründe	Hypothese: W. steht in Verbindung mit der Stellung im Lebenszyklus (Lebenszyklus-Theorie) - Die Mobilität ist groß bei jungem HV, großem HH mit kleinen Kindern - HHe mit WO-Unzufriedenheit wandern über kürzere Distanzen	gute Übersicht über das W-Phänomen/Strukturierung der W-Gründe/Berücksichtigung der W-Entscheidung verbunden mit persönl. und psycholog. Variablen/aber Mangel an psycholog. Details

Fig. 2: Mikroanalytische Ansätze der zweiten Phase der Wanderungsforschung

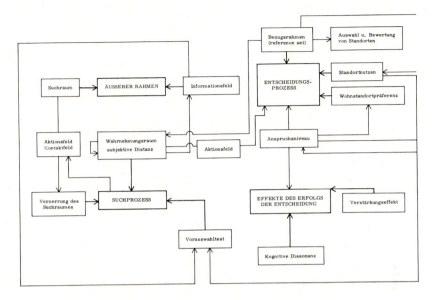

Fig. 3: HÖLLHUBERs wahrnehmungswissenschaftliches Konzept in
der Erforschung innerstädtischen Umzugsverhaltens
(Quelle: HÖLLHUBER, D. 1976)

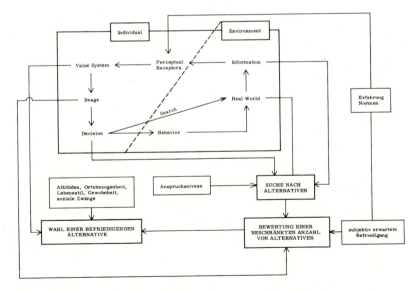

Fig. 4: MUSKEs entscheidungstheoretischer Forschungsansatz zur
Umweltwahrnehmung und räumlichen Mobilität
(Quelle: MUSKE, G. 1975)

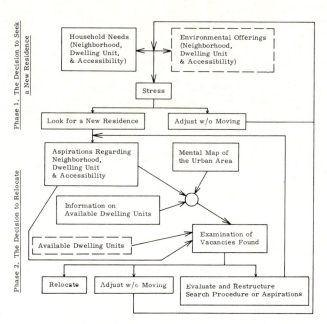

Fig. 5: BROWN's and MOORE's Perspektive zum innerstädtischen Migrationsprozeß (Quelle: BROWN, L. A. & E. G. MOORE, 1970)

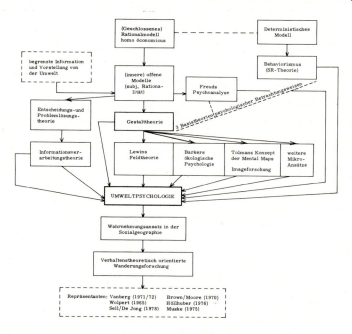

Fig. 6: Der Einfluß psychologischer Konzepte auf die Entstehung verhaltenstheoretisch orientierter Ansätze in der Wanderungsforschung, verbunden mit der Entwicklung der Mensch-Umwelt-Betrachtung (Quelle: ZIMMER, U. 1979)

- Die Annahme, daß ein inneres Modell der Umwelt (Image) als intervenierende Größe zwischen den den Entscheidungsprozeß auslösenden Stimulus und die den Entscheidungsprozeß determinierende Reaktion tritt
- die Erkenntnis, daß die Wanderungsentscheidung oder der Entschluß zur Wanderung als Ergebnis vorangegangener Wahrnehmungs- und Bewertungsprozesse am Ende einer weitgehend psycho-sozial bestimmten Kausalreihe liegt.

3. Der Modellansatz dieser Untersuchung

In Anlehnung an den konzeptionellen Rahmen und die Ansätze von ROSSI (1955), VANBERG/KOTTWITZ (1971/72), GATZWEILER (1976), ROSEMAN (1971) und BROWN/MOORE (1970), verbunden mit rein psychologischen Studien (KIRSCH, 1970) und eigenen Ideen, wurde dieses konzeptionelle Modell erarbeitet. Es ist ein Versuch, mittels eines integrierten Ansatzes im Sinne der Umweltpsychologie wichtige Komponenten und Steuerungsmechanismen, neben einzelnen Phasen des Wanderungsentscheidungsprozesses in Form eines Kausalschemas zusammenzustellen und zu erläutern. Das theoretische Modell wurde, wie aus Figur 7 ersichtlich ist, auf die Beschreibung und Erklärung folgender sieben Phasen des Migrationsprozesses sowie deren wechselseitige Beeinflussung hin konzipiert:

1. Die allgemeine Zielbestimmung der Bedürfnisbefriedigung des Menschen und die Handlungsbereitschaft zur Erfüllung dieser Bedürfnisse, Wünsche und Erwartungen
2. Die Bedürfnisspannung (Grad der Unzufriedenheit bzw. Zufriedenheit als "place utility" und "state of stress")
3. Der Vergleich zwischen Handlungsalternativen zur Bedürfnisbefriedigung - der Entschluß zur Wanderung als Wahlhandlung
4. Die Suche nach einem neuen Wohnstandort, beeinflußt von eigenen Wünschen, Ansprüchen und Vorstellungen (specifications) und der Umwelt als Informationsquelle im individuellen Aktionsraum oder indirekten Kontaktraum (→ Frage der inner- oder interregionalen Wanderungsentscheidung)
5. Die Untersuchung und Bewertung gefundener Wohnstandorte (in der Praxis oft gleichzeitig mit Phase 4) - die Bedeutung irrationaler Verhaltenskomponenten, der Erfahrung, des sozialen Images
6. Die Wahl eines bestimmten Wohnstandortes aus mehreren Angeboten als Kosten-Nutzen-Vergleich und Abwägungen zwischen push- und pull-Faktoren
7. Der Wanderungsakt und die Effekte und Probleme nach der Wanderung (Integration, Viertelbildung)

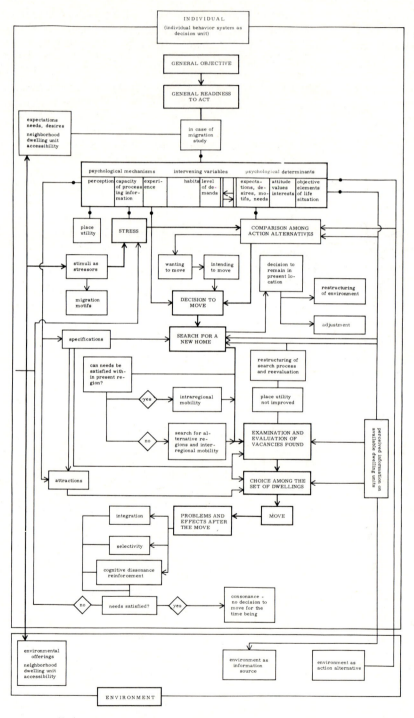

Figur 7: "A Conceptual Model of the Migration Decision Process"
Quelle: Zimmer, U. (1979, 67)

4. Ausgewählte Hypothesen zum Wanderungsverhalten

Um das Wanderungsverhalten in der Realität zu testen, wurden aus konzeptionellem Rahmen und Modell Hypothesen abgeleitet, die sich auf die verschiedenen Phasen im Wanderungsentscheidungsprozeß beziehen. Bezüglich der Wirkungsweise individuell-psychologischer Determinanten, sowie kognitiver Steuerungsmechanismen konnten nur sehr allgemeine Aussagen formuliert werden. Die Hypothesen sollten am Testobjekt Gerolsheim anhand der Ergebnisse einer Haushaltsbefragung bestätigt oder widerlegt werden. Im folgenden wird eine Zusammenstellung wichtiger Hypothesen zum Wanderungsverhalten vorgestellt:

- Die Wohnungsorientiertheit steht im Vordergrund der Wanderungsentscheidung, verbunden mit gestiegenen Wohnansprüchen, Eigenheimerwerb und Preisen für das Bauland
- Arbeitsplatz-, wohnungs-, umweltorientierte und persönliche Gründe bilden die Wanderungsgründe
- Es bestehen enge Zusammenhänge zwischen den Hauptwanderungsmotiven und den bevölkerungsstrukturellen Merkmalen der Entscheidungseinheit
- Die Fortzüge aus der Kernstadt konzentrieren sich auf die Altersgruppe der 20-45jährigen und deren Kinder unter 15 Jahren
- Eigentumserwerb ist das Hauptmotiv der Oberschicht und höheren Berufsgruppen
- Jeder potentielle Wanderer hat verschiedene Handlungsmöglichkeiten, um seine Bedürfnisse zu befriedigen
- Bereits am Zielort wohnende Bekannte stellen eine wesentliche Informationsquelle für den potentiellen Wanderer dar, insbesondere für ältere Personen
- Mieter benutzen eher persönliche, Eigentümer unpersönliche Informationsquellen
- Mit wachsender Entfernung gehen Wanderungen überproportional zurück
- Nahwanderer haben vorwiegend persönliche und wohnungs(umgebungs)orientierte Wanderungsgründe
- Bei interregionalen Wanderungen erfolgt selten ein Arbeitsplatzwechsel
- Unter Beibehaltung des Arbeitsplatzes und anderer Knotenpunkte des täglichen oder wöchentlichen Bewegungszyklusses werden die Wohnvorteile außerhalb der Kernstädte wahrgenommen
- Vor der Wahl eines bestimmten Wohnstandortes werden mehrere Standorte bewertet

- Die erste Alternative, die als befriedigend erachtet wird, wird ohne Fortsetzung weiterer Such- und Bewertungsprozesse gewählt
- Bei wohnungsorientierten Motiven gilt der finanzielle Kosten-Nutzen-Vergleich als Auswahlmethode
- An der Wahl einer bestimmten Alternative sind in hohem Maße die Elemente des Zufalls und der Irrationalität beteiligt
- Die Bewertung des Standortes ist an der Funktion "besser Wohnen" orientiert, wobei negative Gegebenheiten am Zielort in Kauf genommen werden
- Hemmnisse für einen erneuten Wohnstandortwechsel sind besonders die Eigentumsbildung und Bindung an Bekannte/Verwandte am Zielort
- Zuwanderer mit dem Motiv Eigentumserwerb neigen dazu, sich in ihre Privatsphäre zurückzuziehen
- Integrationsprobleme korrelieren mit der Wanderungsdistanz, mit Bekannten am Zielort, dem Eigentumserwerb und dem Verhalten der Einheimischen.

5. Das Testobjekt und die Teststrategie

Gerolsheim liegt im Landkreis Bad Dürkheim, etwa 7 km nordwestlich von Frankenthal. Die Gemeinde gehört zur Randzone der Stadtregion Rhein-Neckar und ist nach 1970 eine der stärksten Wachstumsgemeinden des westlichen Rhein-Neckar-Raumes. Ein Vergleich zwischen natürlichem Bevölkerungswachstum und Bevölkerungsveränderungen durch Zuwanderungen ergibt, daß 95,5% des Bevölkerungsanstiegs in Gerolsheim zwischen 1970 und 1977 auf Wanderungsgewinnen beruhen. Mit der Welle der Erschließung und Ausweisung von Neubaugebieten wuchs die relativ junge Bevölkerung (72,2% der Bevölkerung sind unter 50 Jahren) von 1961 (780 Einwohner) bis 1979 auf 1450 Einwohner an.

Die Befragungsaktion in Gerolsheim zur Analyse des Wanderungsverhaltens der Zuwanderer im Zeitraum von 1968-79 wurde Ende Juni /Anfang Juli 1979 von der Verfasserin persönlich durchgeführt. Von den insgesamt 418 zugezogenen Haushalten ging eine Zufallsstichprobe von 150 Haushalten als Entscheidungseinheit in die Befragung ein. An gültigen Bögen konnten 143 als Rücklauf verbucht werden (= 34,4% der Grundgesamtheit aller in diesem Zeitraum zugezogenen Haushalte).

Als Befragungsform diente das standardisierte Interview mit vorwiegend geschlossenem Fragenkatalog (multiple choice). Der Inhalt des Fragebogens versuchte in Anlehnung an das erstellte Modell wesentliche Aspekte des Wanderungsverhaltens und einzelne Phasen dieses Entscheidungsprozesses zu erfassen, unter besonderer Berücksichtigung folgender Themenkomplexe: Wanderungsmotivstruktur; mögliche Handlungsalternativen und

Auswahl von Gerolsheim als innerfamiliäre Wanderungsentscheidung; benutzte Informationsquellen; Einkaufs- und Versorgungsverhalten vor und nach der Wanderung; Fragen zum Arbeitsplatz; Bewertung der früheren und jetzigen Wohn(ungs)umgebung; Entwurzelung und Integration; soziale Kontakte; Struktur der Zuwanderer.

Die psychologischen Komponenten konnten empirisch nur sehr allgemein behandelt werden, da es zur weitgehend "intern" orientierten Beschäftigung mit der Migration psychologisch geschulter Interviewer und Multimethodenuntersuchungen bedarf.

Die Auswertung des Datenmaterials erfolgte im Rechenzentrum der Universität Heidelberg mittels SPSS (= Statistical Package for the Social Sciences), einem integrierten Paket von Computerprogrammen zur statistischen Analyse sozialwissenschaftlicher Daten.

6. Wesentliche Ergebnisse der Haushaltsbefragung in Gerolsheim

Die Ergebnisse der Untersuchungen zu den Wanderungsmotiven, Vergleichen zwischen Handlungsalternativen, der Frage nach Nah- oder Fernwanderung und den Arbeitsplatz/Wohnstandort-Beziehungen der Zuwanderer nach Gerolsheim zeigten, daß es sich bei den zwischen 1968 und 1979 Zugezogenen - in Übereinstimmung mit den Ergebnissen von HERDEN (1976, S. 194) - hauptsächlich um junge Familien in der Gründungs- und Konsolidierungsphase (mehr als 70% 2-4-Personen-Haushalte mit 1-2 Kindern unter 15 Jahren) handelt, der sozialen Trägergruppe rezenter Stadt-Umland-Wanderungen. Allein 53,2% der befragten Zuwanderer kommen aus den Agglomerationskernen Frankenthal, Ludwigshafen und Mannheim, wobei 81,1% der Haushaltsvorstände ihren Arbeitsplatz in diesen Kernstädten beibehalten haben. Den Zusammenhang zwischen dieser zentrifugalen Expansion der Bevölkerung in das kernstädtische Umfeld und den Hauptmotiven für den Wohnstandortwechsel verdeutlicht Figur 8.

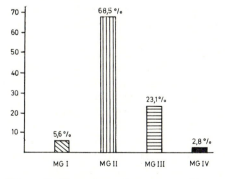

Motivgruppen

MG I: AP-orientierte Gründe
MG II: WO-orientierte Gründe
MG III: persönliche Gründe
MG IV: freizeit- u. umgebungsorientierte Gründe

Fig. 8: Hauptwanderungsmotivgruppen

Die Dominanz der Motivgruppe II - insbesondere mit der Nennung "Eigenheimerwerb" - ist offensichtlich und muß im Zusammenhang mit der allgemeinen Siedlungskörperveränderung des Stadt-Umland-Feldes von Ludwigshafen besonders seit 1965 gesehen werden. HERDEN (1976, S. 85-88) gliedert die gesamte Entwicklung in vier Phasen, wobei ab 1970 die Funktion "besser Wohnen" mit höchstem Wohnanspruchsniveau und Zurückgezogenheit in die Privatsphäre die Handlungsweisen der Bevölkerung bestimmt. Der Wunsch nach Wohn(ungs)vorteilen außerhalb der Stadt ist dabei so vorrangig, daß Nachteile am neuen Wohnort, wie z. B. eine stärkere räumliche Trennung der Daseinsgrundfunktionen Wohnen und Arbeiten (fast zwei Drittel der Befragten haben nach der Wanderung einen längeren Weg zum Arbeitsplatz) und andere infrastrukturelle Nachteile zugunsten wohnungsorientierter und persönlicher Vorteile ohne weiteres bewußt in Kauf genommen werden. Hinzu kommt, daß es für die mobilen Teile der Zugewanderten (86,7%) kein Problem ist, die Attraktivität der Kernstädte weiterhin zu nutzen (vgl. Polaritätsprofil zur Bewertung des früheren und jetzigen Wohnstandortes, Figur 9).

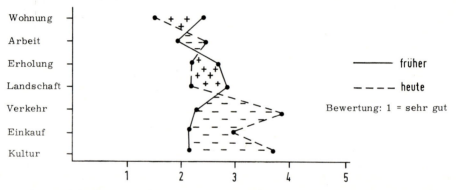

Fig. 9: Polaritätsprofil zur Bewertung des früheren und jetzigen Wohnstandortes

Die Analyse des Einkaufs-, Versorgungs- und Freizeitverhaltens vor und nach der Wanderung neben den Untersuchungen zum Arbeitsplatz, als den vier Hauptknotenpunkten innerhalb des täglichen und wöchentlichen Bewegungszyklus eines Haushalts, zeigen, daß das Versorgungsangebot in Gerolsheim, wie in anderen peripheren Gemeinden, relativ schlecht ist. Die Kernstädte Frankenthal, Ludwigshafen (und Mannheim) übernehmen in unterschiedlichem Maße die Funktion der Hauptversorger für den Ort, und der Benutzeranteil der Einrichtungen in Gerolsheim (Lebensmittelgeschäfte, Friseur, Bank, Post) bestätigt, daß ein Großteil der insbesondere abkernigen Nahwanderer sein gewohntes städtisches Aktionsfeld unter Zeit- und Transportaufwand auch nach der Wanderung beibehalten hat (vgl. Figur 10).

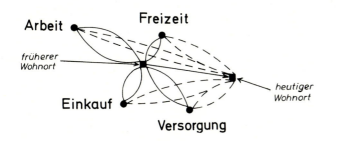

Fig. 10: Hauptbewegungszyklus für die abkernigen Nahdistanzwanderer

60,8% aller Zugewanderten nannten die Wanderung als die gegenüber anderen Handlungsmöglichkeiten bevorzugte Entscheidung zur Verwirklichung ihrer Wünsche und Ziele. Als Handlungsalternativen wurden im Sinne des theoretischen Modells entweder das Beibehalten des früheren Wohnstandortes und die Anpassung an die jeweiligen Verhältnisse (43,3%) oder die Umstrukturierung der Umwelt durch Umbau/Anbau (14,5%) oder andere Veränderungen genannt. Einflußfaktoren auf das Abwägen zwischen Handlungsalternativen und ausschlaggebend für die Wahl der Wanderung waren wohnungsorientierte Gründe (35%), Kosten-Nutzen-Vergleiche (Neubau/Umbau, 14,1%) und persönliche Gründe (11,7%). Mehr als ein Drittel der Befragten betrachtete die Wanderung als einzige Möglichkeit zur Reduktion ihrer "Streßsituation", darunter insbesondere Haushalte mit dem Motiv "frühere Wohnung zu klein" (58,3%).

Ehe die push-pull-Faktoren und Kraftfelder der Herkunfts- bzw. Zielorte auf den zukünftigen Wanderer wirken können, müssen sie ihm bekannt gemacht werden, d.h. für potentielle Wanderungsentschlüsse müssen Informationen vorhanden sein, womit die Wanderung zum persönlichen oder unpersönlichen Kommunikationsvorgang wird. Der relativ hohe Anteil von in Gerolsheim lebenden Verwandten/Bekannten der Zuwanderer, die die Wanderungsrichtung besonders älterer Personen (18,2% von 25,9%) bestimmten, bestätigt die Hypothesen. Ferner benutzten im Mietverhältnis stehende Haushalte und Angehörige niederer Berufsgruppen persönliche Kontakte am Zielort, während Eigentümer und Angehörige höherer Berufsgruppen eher unpersönliche Informationsträger (Makler, Zeitung) in Anspruch nahmen.

23,8% aller Befragten gaben an, nach ausgiebiger Informationssammlung alternative Standorte genaustens untersucht und bewertet zu haben, indem sie Vor- und Nachteile aller gefundenen Möglichkeiten miteinander verglichen. 30,1% der Zuwanderer stützten die Hypothese, daß grundsätzlich die erste befriedigende Alternative gewählt und auf eine Fortsetzung des Such- und Bewertungsverhaltens verzichtet wurde. Von den restlichen Befragten wurden 30,7% durch eine Siedlungsgesellschaft in Gerolsheim geplant angesiedelt (Spätaussiedler aus Ostblockstaaten). Die Beantwortung der betreffenden Fragen zu dieser 5. und 6. Phase der Wanderungsentscheidung ließ jedoch auch andeutungsweise erkennen, daß bei dem Prozeß nicht in allen Fällen eine vollkommen rationale und kontrollierte Handlungsweise vorliegt, die bis in alle Einzelheiten zu verstehen ist und systematisch analysiert werden kann, sondern daß ihm ein z.T. irrationales, nicht determiniertes und zufälliges Moment anhaftet. Der individuelle, subjektive Aspekt der Wanderung spiegelt sich andererseits in der unterschiedlichen Bewertung und Beurteilung objektiver Gegebenheiten am Ort wider (was an Gerolsheim gefällt und stört/Bewertung der Dorfatmosphäre/Verbesserungsvorschläge für den Ort).

Bei der Frage nach künftigen konkreten Wanderungsabsichten der Haushalte bekundeten 71,3% keine weitere Mobilitätsbereitschaft. Als mobilitätshemmende Faktoren konnten in erster Linie die Eigentumsbildung und familiär-persönliche Bindungen an Gerolsheim ermittelt werden. Außerdem erschien eine erneute Wanderung umso unwahrscheinlicher, je länger der Wohnstandortwechsel zurücklag. Für die Mehrheit der Neubürger war die Wanderung keineswegs mit Entwurzelungs- bzw. Integrationsproblemen verbunden. Lediglich die Spätaussiedler aus Ostpreußen, Rumänien, Polen und Schlesien schienen Probleme der Akkulturation und sozialen Integration in Gerolsheim zu haben. Sie wurden in einem Gruppensiedlungsverfahren, betreut von der Deutschen Gesellschaft für Landentwicklung GmbH (DGL), in Gerolsheim im Laufe der 70er Jahre angesiedelt und tragen in hohem Maße zu der ortsspezifischen Struktur und Viertelsbildung bei. Aus Untersuchungen zur Zuwandererstruktur, sowie dem Entscheidungs-, Bewertungs- und Kommunikationsverhalten der Zuwanderer konnten vier Viertel in Gerolsheim ausgesondert werden (vgl. Karte 1), bei denen es sich um mehr oder weniger "soziofugale Räume" (ITTELSON, 1977, S. 185) handelt, d.h. um Bereiche, die soziale Interaktionen unterbinden, indem sich Menschen untereinander absondern. Ein Großteil der Zugezogenen zieht sich in die "kleine Schutzblase" zurück, um seine individuellen Wohnvorteile zu genießen und sich in der Privatsphäre des eigenen Heimes abzukapseln.

Detaillierte quantifizierte Ergebnisse der Haushaltsbefragung können dem operationalen Modell entnommen werden, das die Verfasserin auf der Grundlage des Testverfahrens in Gerolsheim konzipierte.

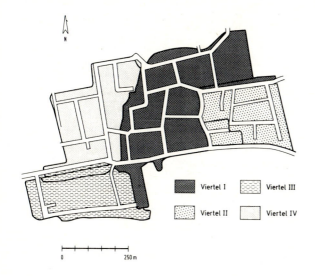

Karte 1: Viertelgliederung in Gerolsheim

7. Das operationalisierbare Modell der Wanderungsentscheidung

Der besseren Anschaulichkeit wegen wurde das operationalisierbare Modell in fünf Teilmodelle entsprechend den beschriebenen Phasen der Wanderungsentscheidung aufgespalten (vgl. Figuren 11 - 15).

Die Tatsache, daß eine große Anzahl der Hypothesen am Testobjekt Gerolsheim verifiziert bzw. die einzelnen Phasen des Wanderungsentscheidungsprozesses weitgehend nachvollzogen werden konnten, führte zu einer hohen Übereinstimmung zwischen konzeptionellem und operationalisierbarem Modell. Geringfügige Unterschiede ergaben sich lediglich im Hinblick auf die Wahl der Entscheidungseinheit, die Ausgangssituation der Bedürfnisspannung und wenige Aspekte des Such- und Bewertungsverhaltens. Hinzu kommt, daß das operationalisierbare Modell aufgrund der ortsspezifischen Gegebenheiten wesentlich modifizierter und differenzierter erscheint als das allgemeine Beschreibungsmodell, wobei dem Einfluß der in Gerolsheim angesiedelten Spätaussiedler mit ihrem gruppenspezifischen Antwort- bzw. Aktionsverhalten eine große Relevanz zukommt.
In diesem Sinne hat sich das theoretische Modell als konstruiertes Wirkungssystem, das erdachten Gesetzmäßigkeiten entsprechend ablaufen und eine Annährung an die Realität darstellen soll, empirisch als weitgehend bestätigt erwiesen.

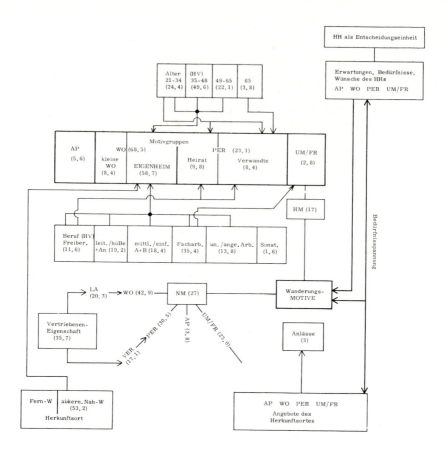

Fig. 11: Teilmodell 1: Wanderungsmotivstruktur und ihre Einflußfaktoren (Phase II)

Als formale Systeme zur Überprüfung logischer Zusammenhänge können Modelle allgemein einen wichtigen Schritt in der Entwicklung theoretischer Ansätze darstellen. Bei den bisher aufgestellten Wanderungstheorien handelt es sich lediglich um sogenannte ad-hoc oder Pro-Theorien, die die Komplexität des Phänomens der Wanderung zwar verdeutlichen und ein breites Spektrum möglicher Betrachtungsweisen aufdecken, jedoch keine allgemein gültige Theorie der Migration liefern. Das grundlegende Hindernis für das Fehlen einer allgemeinen Wanderungstheorie als Kette nicht falsifizierter Hypothesen sind die aus der Erfahrung immer wieder widerlegbaren Regelmäßigkeiten durch konträre Fälle, oder wie es KÖNIG ausdrückt, der "asymmetrische Charakter universeller Hypothesen" (KÖNIG, 1962, S. 136). Je nach Konstellation der Auslösebedingungen und sozialen Organisation der betroffenen Gesellschaft bzw. Individuen fällt das Verlaufsmuster der Migrationsprozesse unterschiedlich aus und wird dem-

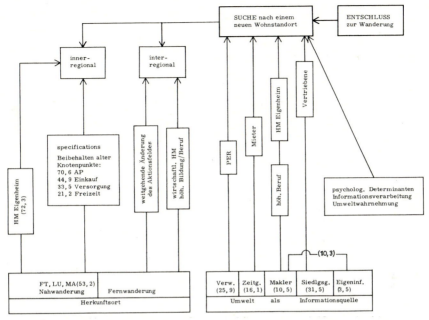

Fig. 12: Teilmodell 2: Vergleich zwischen Handlungsalternativen und der Entschluß zur Wanderung (Phase III)(Quelle: ZIMMER, U. 1979)

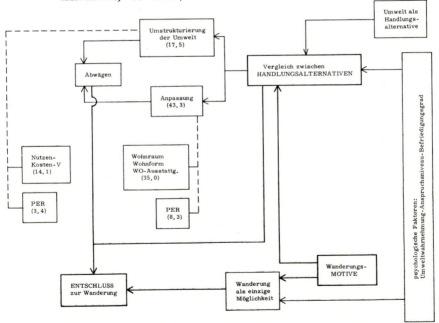

Fig. 13: Teilmodell 3: Suche nach einem neuen Wohnstandort, unter besonderer Berücksichtigung der abkernigen Nahwanderer (Phase IV)(Quelle: ZIMMER, U. 1979)

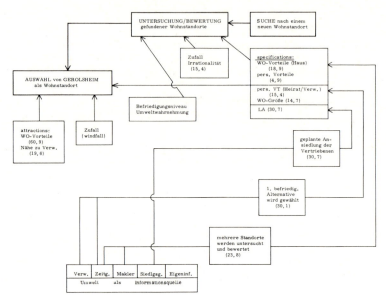

Fig. 14: Teilmodell 4: Untersuchung und Bewertung gefundener Wohnstandorte und Auswahl von Gerolsheim (Phasen V und VI) (Quelle: ZIMMER, U. 1979)

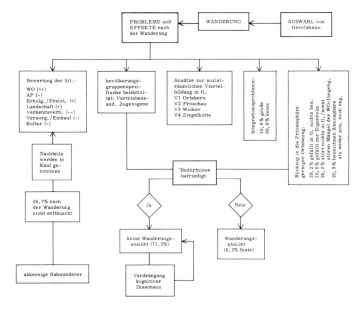

Fig. 15: Teilmodell 5: Die Wanderung - ihre Effekte und Folgen (Phase VII) (Quelle: ZIMMER, U. 1979)

nach nie das Aufstellen einer raumzeitlich invarianten umfassenden Wanderungstheorie zulassen. Hinzu kommt, daß jede Aussage über Charakteristika des Denkens, der Problemlösung oder Wahrnehmung das Ergebnis einer Verallgemeinerung bestimmter Einzelbefunde und einer Abstraktion von einer Mannigfaltigkeit individueller Vorgänge darstellt.
Auf der anderen Seite sind die Raumordnung, Landes-, Regional- und Stadtentwicklungsplanung auf weitere Hypothesen-, Modell- und Pro-Theorienbildungen auf dem Gebiet der Wanderung angewiesen, um planerische Entscheidungen, richtige Maßnahmen in Struktur- und Bevölkerungspolitik und vor allem Bevölkerungsprognosen für die Zukunft treffen zu können. Seit 1973 geht z. B. die Einwohnerzahl in den deutschen Großstädten jährlich um 1,6% zurück, wobei etwa 50% dieses Bevölkerungsverlustes auf Abwanderung aus den Kernstädten ins Umland beruhen. Bis 1983 werden diese Städte fast weitere 3 Mio. Menschen verlieren (KÖNIG, 1974, S. 41, zitiert in SCHAFFER, 1976, S. 134). Diese in hohem Maße wanderungsbedingte Bevölkerungsumschichtung im großstädtischen Bereich wird immer mehr zu einem bedrohlichen Problem kommunaler Bevölkerungspolitik und stellt die Funktionsfähigkeit der Städte zunehmend in Frage. Darüberhinaus begünstigt die starke Zersiedlung des Stadtumfeldes einen irreversiblen Vorgang der Zerstörung der ohnehin kaum mehr vorhandenen natürlichen Umgebung.

Grundtatbestand für planerisches Handeln ist, daß gegebene objektive Strukturen und deren subjektive Bewertung durch die Individuen stark auseinanderklaffen können, da gerade die spezifische Wahrnehmung und Bewertung scheinbar objektiver Gegebenheiten die Grundlage menschlichen Verhaltens bilden. Die räumliche Planung benötigt demnach sowohl objektive als auch subjektive Informationen. Die amtlichen Statistiken bieten fast nur Strukturinformationen. Disaggregierte Daten stoßen andererseits aufgrund ihrer Vielschichtigkeit, Mehrdeutigkeit, mangelnden Vergleichbarkeit, schlechten Quantifizierbarkeit und Operationalisierbarkeit auf Ablehnung. Dieses Dilemma läßt die Verbindung deskriptiver systemorientierter und erklärender prognostizierender Arbeitsmethoden in der Wanderungsforschung als notwendig erscheinen, d.h. die Erklärung von Makroprozessen durch Mikrogesetzmäßigkeiten, verbunden mit der einheitlichen und zeitlich aufeinander abgestimmten Verwendung möglichst vieler mikroanalytischer Erhebungstechniken im Sinne eines multiplen Operationalismus.

Literaturverzeichnis

ALBRECHT, G. (1972): Soziologie der geographischen Mobilität, zugleich ein Beitrag zur Soziologie des sozialen Verhaltens. Stuttgart

BROWN, L.A. & E.G. MOORE (1970): The Intra-urban Migration Process. In: Geografiska Annaler, Series B, 52, S. 1-13, Stockholm

DREWE, P. (1968): Ein Beitrag der Sozialforschung zur Regional- und Stadtplanung (Kölner Beiträge zur Sozialforschung und angewandten Soziologie 7)

EISENSTADT, S.N. (1953): The Absorption of Immigrants. London

--- (1954): Reference group behavior and social integration. In: American sociological review. 19, S. 175 - 185. Washington

GATZWEILER, H.P. (1975): Zur Selektivität interregionaler Wanderungen. (Forschungen zur Raumentwicklung, Bd. 1). Bonn - Bad Godesberg

--- (1976): Die altersspezifische Selektivität von Wanderungen als Folge regional ungleichwertiger Lebensbedingungen. In: Geogr. Rundschau, Bd. 28, S. 186 - 194. Braunschweig

HARKNESS, D.A.E. (1931): Irish emigration. In: WILLCOX, W.F. (Hrsg.): International migration. S. 261 - 282. New York

HARLOFF, H.J. (1971): Attraktivität oder Frustrativität als Ursache von Berufs-, Arbeitsplatz- und Wohnungswechseln. In: Jahrbuch f. Sozialwiss., Bd. 22, S. 359 - 376

HERDEN, W. (1976): Quantitative und qualitative Analyse des Stadt-Umland-Feldes von Ludwigshafen im Spiegel der Bevölkerungs- und Wohngebäudeentwicklung seit 1950. Diss. Heidelberg

HÖLLHUBER, D. (1976): Wahrnehmungswissenschaftliche Konzepte in der Erforschung innerstädtischen Umzugsverhaltens. Karlsruher Manuskripte z. Mathematischen u. Theoretischen Wirtschafts- und Sozialgeographie, Heft 19

-- (1978): "Zurück in die Innenstädte?" - Gründe und Umfang der Rückwanderung der großstädtischen Bevölkerung in die Stadtzentren. In: Verhandlungen d. Deutschen Geographentages Mainz 1977, Bd. 41, S. 116 - 124. Wiesbaden

HOFFMANN-NOWOTNY, H.J. (1970): Migration, ein Beitrag zu einer soziologischen Erklärung. Stuttgart

ITTELSON, W.H., PROSHANSKY, H.M., RIVEIN, L.G. & G.H. WINKEL (1977): Einführung in die Umweltpsychologie. Stuttgart

JEROME, H. (1926): Migration and Business Cycles. New York

KANT, E. (1953): Migrationer Klassifikation och problematik. In: Svensk Geografisk Arsbok, Bd. 33

KIRSCH, W. (1970): Entscheidungsprozesse. Bd. 1: Verhaltenswissenschaftliche Ansätze der Entscheidungstheorie. Wiesbaden

KÖNIG, R. (1962): Grundlagenprobleme der soziologischen Forschungsmethoden. In: Dialectica, Vol. 16, S. 115 - 142. Neuchâtel

KULISCHER, A. & E. KULISCHER (1932): Kriegs- und Wanderzüge. Berlin

LANGENHEDER, W. (1968): Ansatz zu einer allgemeinen Verhaltenstheorie in den Sozialwissenschaften. (Die industrielle Entwicklung. Abt. B, Bd. 1). Köln

LEE, E.S. (1972): Eine Theorie der Wanderung. In: Szell, G. (Hrsg.): Regionale Mobilität, S. 115 - 129. München

MORILL, R. L. (1963): The Distribution of Migration Distances. Papers of the Regional Science Association. 11, S. 75 - 84. Washington

MUSKE, G. (1975): Motive für die Wahl des Studienortes München. Münchner Geographische Hefte Nr. 38 . Kallmünz/Regensburg

NIKOLINAKOS, M. (1973): Wanderungsprozesse und ihre ökonomischen Determinanten. In: Mackensen, P. & H. Wewer (Hrsg.): Dynamik der Bevölkerungsentwicklung. S. 152 - 166, München

RAVENSTEIN, E.G. (1885): The Laws of Migration. In: Journal of the Royal Stat. Society. Bd. 48, S. 167 - 227. London

REILLY, W. J. (1931): The Law of Retail Gravitation. New York

ROSEMAN, C.C. (1971): Wanderung als räumlicher und zeitlicher Prozeß. In: KULS, W. (Hrsg.)(1978): Probleme der Bevölkerungsgeographie. S. 250-276. Darmstadt

ROSSI, P. (1955): Why Families move. New York

SCHAEFFER, M. (1977): Untersuchungen über Migrationsprozesse in der Nördlichen Vorderpfalz im Zeitraum 1967 - 1971. Zulassungsarbeit zur Wissenschaftlichen Prüfung für das Lehramt an Gymnasien, vorgelegt bei Prof. Dr. W. Fricke. Universität Heidelberg

SELL, R.R. & G.F. DEJONG (1978): Toward a Motivational Theory of Migration Decision Making. In: Journal of Population, Vol. 1, No 4, Pennsylvania State Univ. Pittsburgh

SOMERMEIJER, W.H. (1961): Een analyse van de binnenlandse migratie in Nederland tot 1947 en van 1948-1957. In: Statistische en econometische onderzoekingen. 3, S. 114 - 174. Zeist

STOUFFER, S.A. (1940): Intervening opportunities: A Theory Relating Mobility and Distance. In: American Sociological Review, Bd. 5, S. 845 - 867. Washington

SZELL, G. (Hrsg.)(1972): Regionale Mobilität. (Nymphenburger Texte zur Wissenschaft. Bd. 10) München

VANBERG, M. (1971): Kritische Analyse der Wanderungsforschung in der BRD. (Institut für Soziologie, Berlin , TU): Arbeitshefte Nr. 3 (Arbeitsgruppe Wanderungsforschung. Heft 2) Berlin

VANBERG, M. & G. KOTTWITZ (1971/72): Ein Modell der Wanderungsentscheidung. (Institut für Soziologie, Berlin, TU): Arbeitshefte Nr. 4 (Arbeitsgruppe Wanderungsforschung, Heft 3) Berlin

WOLPERT, J. (1965): Behavioral aspects of the decision to migrate. In: Papers and Proceedings of the Regional Science Association, 15, S. 159 - 169

ZIMMER, U. (1978): Die Motivationsanalyse als Grundlage einer Theorie der Migration? - Referat im Rahmen des Hauptseminars "Neuere Forschungsansätze in der Sozialgeographie", unter Leitung von Prof. Dr. W. Fricke und Dr. W. Herden, Univ. Heidelberg

ZIMMER, U. (1979): Konzepte für ein Modell der Wanderungsentscheidung dargestellt und überprüft an Ergebnissen einer Mikrountersuchung über das Wanderungsverhalten der Zuwanderer nach Gerolsheim (Landkreis Bad Dürkheim) seit 1968. Zulassungsarbeit zur Wiss. Prüfung für das Lehramt an Gymnasien. Heidelberg

ZIPF, G. K. (1946): The P1P2/D Hypothesis. On the Intercity Movement of Persons. American Sociological Review. Vol. 11, S. 677 - 688. Albany, N.Y.

VOM STEINBRECHERDORF ZUR WOHNGEMEINDE

Untersuchungen über den Wandel der Bevölkerungs- und Siedlungsflächenstruktur von Dossenheim im 20. Jahrhundert

Von Klaus GOPPOLD (Dossenheim)

Mit 10 Karten, 4 Figuren und 10 Tabellen

1. Einleitung

Mit mehreren analytischen Verfahren, zum Teil entnommen aus Arbeiten der genetischen und regionalen Siedlungsforschung (BORN, 1974; NITZ, 1962; HERDEN, 1976; GEBHARD & REICHENBACH-KLINKE, 1974), der Bevölkerungsgeographie (FEICHTINGER, 1973; BOLTE & KAPPE, 1967) und der Geographie des Flächenverbrauchs für Siedlungen (BORCHARD, 1974; BOUSTEDT, 1967; BREITLING, 1974; SCHREIBER, 1979), soll eine "typische Stadtrandgemeinde" (siehe Thesen zur Typisierung von Stadtrandgemeinden bei KREITMAYR, 1979, S. 14-52) in ihren vergangenen und gegenwärtigen Strukturen untersucht werden.

2. Die Gemeinde Dossenheim

2.1 Lage und Genese

Dossenheim liegt etwa 5 km nördlich von Heidelberg am Ostrand des Rhein-Neckar-Ballungsgebietes.
Leitlinie für die ersten Siedlungsansätze war der Talausgang des im Buntsandstein-Odenwald entspringenden Mühlbaches, der, nach Überwindung der permischen Quarzporphyrdecke, Schwemmlößfächer im Bereich der heutigen Bergstraße aufschüttete, und sich, vereint mit dem Brenkenbach, über die Neckarschotter in die Rheinebene ergoß.
Der heute noch erkennbare unregelmäßige Ortskerngrundriß, die Gewannflur und die Ortsnamensendung "-heim" gelten als Beleg für die Zuordnung zum Altsiedelland (vgl. BORN, 1974, S. 29f). Die urkundliche Erwähnung im Lorscher Codex von 766 bestätigt dies.
Mit der Errichtung der Schauenburg um 1100 n.Chr. nahm Dossenheim etwas an Bedeutung zu. Doch Zerstörungen in den Jahren 1460 (Fehde Kurpfalz-Kurmainz), 1622 (Dreißigjähriger Krieg), sowie 1674 und 1689 (Pfälzischer Erbfolgekrieg), zudem wirtschaftliche Depressionen im 18. Jahrhundert, ließen Orts- und Bevölkerungsentwicklung stagnieren (vgl. CONZELMANN, 1966, S. 24f, 117).
Dies änderte sich im 19. Jahrhundert, als nach staatlichen Investitionen in Wirtschaft und Infrastruktur auf Dauer zahlreiche Arbeitsplätze geschaffen wurden. Der Bevölkerungszunahme folgte rasch eine verstärkte bauliche Entwicklung.
Hohe Geburtenraten und Zuwanderungen bestimmten die Bevölkerungsentwicklung auch im frühen 20. Jahrhundert. Die Umwälzungen im und nach dem Zweiten Weltkrieg ließen die Bevölkerungszahl nochmals jäh empor-

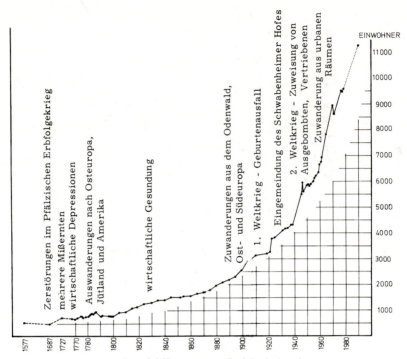

Fig. 1: Bevölkerungsentwicklung von Dossenheim

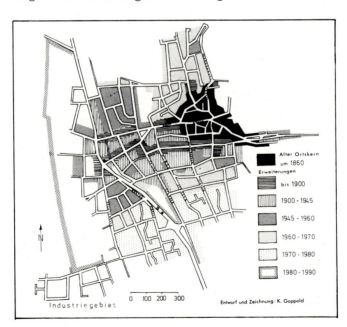

Karte 1: Bauliche Entwicklung von Dossenheim

schnellen.
Als sich der Rhein-Neckar-Raum zunehmend zu einem Attraktionszentrum für Arbeitssuchende anbot, und die Stadtrandgemeinden sich zu einem bevorzugten Wohnort für die Stadtbewohner entwickelten (vgl. PRÜNTE, 1976), begann mit der zügigen Ausweisung von Neubaugebieten eine stürmische bauliche Entwicklung.

2.2 Wirtschaftliche Entwicklung

Schon im 18. Jahrhundert waren Dossenheims agrarische Ressourcen nicht mehr ausreichend, um die stetig wachsende Bevölkerung ausreichend zu ernähren. Aus diesem Dilemma gab es nur zwei Auswege: Auswandern oder Ausweichen auf nichtagrarische Erwerbszweige.
Mit dem Chausseebau zwischen Heidelberg und Weinheim im Jahre 1760 beginnt die Geschichte der Dossenheimer Quarzporphyrbrüche.
Vorerst nur sporadisch, doch im frühen 19. Jahrhundert bereits systematisch, wurden sogenannte "Lose" an Privatpächter verteilt, die in Eigenregie zuerst am Kirchberg, später am Sporenberg, das Gestein brachen, zerkleinerten, fraktionierten und an die Baustellen transportierten. Mit dem Eisenbahnbau und dem raschen Städtewachstum in der zweiten Hälfte des 19. Jahrhunderts machte die hohe Schotternachfrage eine Spezialisierung im Steinbruchgewerbe notwendig. Steinbrecher, Mineure, Steinklopfer, Abraumarbeiter und Tagelöhner, aber auch Bauern, die sich als Fuhrunternehmer versuchten, fanden ihr Auskommen in den Brüchen. Der erste Strukturwandel vom Bauerndorf zum Steinbrecherdorf zeichnete sich ab. Nachdem sich die einzelnen Pächter und Fuhrbetriebe mit Dumpingmethoden gegenseitig zu Grunde zu richten drohten, übernahm 1882 die Gemeinde Dossenheim die Leitung der Steinbrüche. Intrigen, aber auch Zaudern bei der Einführung modernerer Produktionsmittel, senkten die Rentabilität des Betriebes zusehends.
Die Monopolstellung des Gemeindebruches wurde im letzten Jahrzehnt des 19. Jahrhunderts, nach Eröffnung des Leferenz-Bruches am Westhang des Hohen Nistlers, gebrochen. Das mit modernsten Anlagen ausgerüstete Unternehmen arbeitete mit weniger Arbeitskräften wesentlich rentabler und zwang die Gemeinde Dossenheim, die bisher selbst verwalteten Brüche im Jahre 1908 an den Badischen Staat zu verpachten.
Schon der Bau von Drahtseil- und Schmalspurbahnen zu Beginn des 20. Jahrhunderts traf die Berufsgruppe der Fuhrunternehmer schwer. Mit der Übernahme des Staatsbruches durch H. VATTER im Jahr 1927 und der Einführung modernster Spreng-, Verarbeitungs- und Transporttechniken mußten viele Arbeiter entlassen werden. Auch die Gewerbetreibenden im Ort, Wagner, Sattler, Zimmerleute, Schuhmacher und Schneider, die indirekt von den Brüchen lebten, waren von dieser Entwicklung betroffen.
Nach den Erfahrungen der Zwischenkriegszeit, die zeigten, daß wirtschaftlich nur einseitig strukturierte Orte nicht nur in allgemeinen, sondern auch in branchenspezifischen Krisenzeiten wirtschaftlich lahmgelegt werden

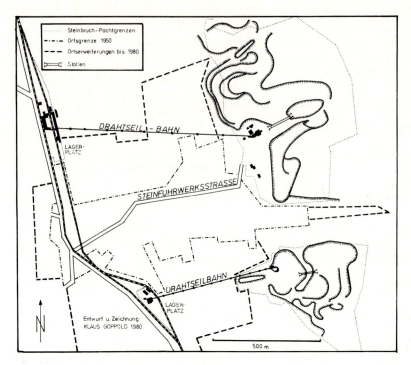

Karte 2: Verortete Steinbrucheinrichtungen in Dossenheim um 1950

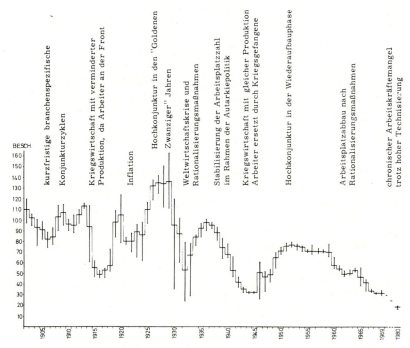

Fig. 2: Beschäftigtenzahl des Steinbruches Gebr. Leferenz AG (1902-1979)

konnten, kam es in Dossenheim zu einer Förderung zahlreicher Unternehmungen aus den verschiedensten Wirtschaftszweigen.

Nach 1950 gaben immer mehr Steinbrucharbeiter, Handwerker und Bauern ihre bisherige Arbeit oder ihre Betriebe auf und wanderten in den Dienstleistungssektor ab. Erleichtert wurde ihnen dieser Schritt durch die zahlreichen Arbeitsplatzangebote der Universitäten in Heidelberg und Mannheim.
Heute hat Dossenheim seine ehemalige Stellung als relativ autarke Wirtschaftseinheit verloren und gilt als Auspendlerort.
Diesen zweiten Strukturwandel vom Steinbrecherdorf zur Wohngemeinde möchte ich in seinen Einzelheiten und Auswirkungen genauer untersuchen.

3. Die untersuchten Siedlungsteile

3.1 Der Ortskern

(Bruttofläche: 3,25 ha, davon 18,5 % Verkehrsfläche)
Schon im Mittelalter waren die Grundstücke entlang des Mühl- und Brenkenbaches bebaut. Eine Bebauungsverdichtung erfuhr der Ortskern in der Mitte des 19. Jahrhunderts. Einige Punktsanierungen haben die Haufendorfstruktur aufgelockert.

3.2 Das Degussa-Gelände

(Bruttofläche: 3,35 ha, davon 18,0 % Verkehrsfläche)
Westlich der B 3, in der Rheinebene gelegen, war dieses Gebiet vor dem Zweiten Weltkrieg als Industriegelände ausgewiesen worden. Nach Aufnahme zahlreicher Heimatvertriebener wurde diese Fläche für den sozialen Wohnungsbau "auf privater Basis" ausgeschrieben und in den fünfziger Jahren mit vorwiegend zweieinhalb-geschossigen Wohnhäusern bebaut.

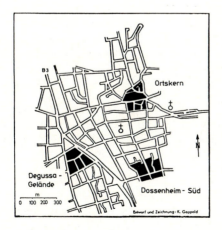

Karte 3:
Lage der untersuchten Siedlungsteile

3.3 Dossenheim-Süd

(Bruttofläche: 3,40 ha, davon 26,5 % Verkehrsfläche)
An der südlichen Ortsperipherie, im Naturraum der Bergstraße gelegen, wurde dieses Gebiet in den frühen siebziger Jahren erschlossen und mit ein- bis dreigeschossigen Wohnhäusern zügig bebaut.

4. Problem- und Zielvorstellung

Am Beispiel der drei ausgewählten Siedlungsteile werden mit Hilfe von Bevölkerungs-, Flächen- und Raumdaten aus mehreren Zeitebenen wichtige Verflechtungen und Wechselbeziehungen (dynamische Funktionen), aber auch Unterschiede zwischen den Siedlungsteilen aufgezeigt, nachdem ihre statischen Funktionen analysiert worden sind (FRICKE, 1975).

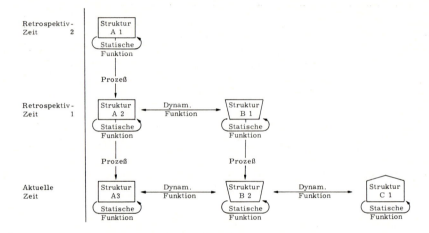

Fig. 3: Raumzeitliches Transformationsmodell

Die im Zeitkontinuum verfolgbaren Transformationen (vgl. KNORR, 1975), die durch den einhergehenden Wandel der Raumansprüche und des Raumverständnisses der Bevölkerung ausgelöst werden, sollen qualitativ und quantitativ erfaßt werden. Auch die Aspekte des Flächenverbrauchs und der Flächennutzung innerhalb geschlossener Siedlungskörper finden Beachtung. Analysen derjenigen Personengruppen, die über Gebäudestrukturen und -funktionen entscheiden, schließen sich an. Allerdings sind diese Personengruppen nicht die zweifelsohne entscheidungsgewaltigen Vertreter von Gremien und Gemeindeinstitutionen, die schon AMMON 1967 nach der Auswertung amerikanischer Untersuchungen auch für die Beschlüsse über Bautätigkeiten in deutschen Städten verantwortlich machte, und die KREITMAYR (1979, S. 89) als allein ausschlaggebend für die Siedlungsveränderung betrachtet, sondern es sind die Hausbesitzer schlechthin.

Ein kurzer Vergleich vergangener und gegenwärtiger Strukturen soll am Ende der Untersuchungen die Besonderheiten der betrachteten Gemeinde hervorheben.

5. Untersuchungsmethoden und Materialien

Voraussetzung für die Einzelanalysen war eine Totalerhebung in den Untersuchungsgebieten. Dabei konnte die Vollständigkeit wichtiger Datenreihen meist nur nach Einsichtnahme in verschiedene Archive und nach Kombination verschiedener Erhebungsmethoden erreicht werden.

5.1 Dokumentenanalyse

Fast alle Einwohner- und Gebäudestrukturdaten basieren auf gemeindeeigenen Archivdaten, Listen aus Wahlen, Volks- und Berufszählungen, aber auch alte Arbeitsrapporte trugen zur Rekonstruktion ehemaliger Bevölkerungsstrukturen bei.
Das Brandkataster (vgl. SCHÄFER, 1966), sowie alte Ortspläne des Vermessungsamtes Heidelberg, erleichterten die Rückschreibungen der Siedlungsstrukturen. Über Häuserkarteien, Adresslisten (vgl. HÜBSCHMANN, 1952, S. 9; SCHÄFER, 1968, S. 281), Bauvorschriften, dem Flächennutzungsplan der Gemeinde Dossenheim und Sammeldaten aus dem Einwohnermeldeamt wurden die Entwicklungen der letzten Jahrzehnte transparent.

5.2 Befragungen

Mit Hilfe der Ergebnisse nichtstandardisierter Interviews (SCHÄFER, 1968, S. 315) konnten Archivdatenlücken geschlossen werden, die sich vor allem nach der Vernichtung wichtigen Materials während und nach dem Zweiten Weltkrieg sowie durch Gesetzesbeschränkungen auftaten.

5.3 Geländearbeit

Es waren mehrere Begehungen in den Untersuchungsgebieten notwendig, um die aktuelle Verteilung, Nutzung und den Zustand von Grundstücksflächen und Gebäuden zu kartieren.

5.4 Datenaufbereitung

Die auf Listen gesammelten Daten wurden auf Lochkarten übertragen und mit dem SAS-Programm verrechnet.

6. Ergebnisse

6.1 Wandel in der Bevölkerungsstruktur im 20. Jahrhundert

6.1.1 Einwohner-Dichtewerte

Um Dichtewerte zu berechnen, wird meistens die Einwohnerzahl auf eine Parallelprojektionsflächeneinheit bezogen. Operiert man aber mit Wohnflächen als Bezugseinheiten, so verzerren sich in Gebieten mit mehrgeschossigen Wohnhäusern die Dichtewerte, da jetzt die tatsächliche Wohnfläche ein Produkt aus Wohnhausgrundfläche und Geschoßzahl ist, d.h., die im Parallelprojektionsverfahren errechneten Dichtewerte werden meist

kleiner. Beim Vergleich von zeitlich verschieden erhobenen Dichtewerten spielen zwei Komponenten eine Rolle:
1. die Veränderung der absoluten Bevölkerungszahl im Laufe der Zeit
2. die Veränderung der Größe des zur Verfügung stehenden Wohnraumes im Laufe der Zeit (vgl. BORCHARD, 1974, S. 37).

KOKKELINK & MENKE (1977, S. 12) bringen noch den Aspekt des Funktionsverlusts von Straßen mit in die Diskussion. Den Straßen als ehemaliger Raum für Konversation, Spiel und Arbeit verblieb als einzige Funktion nur noch die der Verkehrsbewältigung. Alle übrigen Funktionen wurden in Gebäude verdrängt, deren Dimensionen zwangsläufig größer werden mußten.

1. These: Erweiterte Raumansprüche senken die Wohndichte in allen Siedlungsteilen im Laufe der Zeit, bzw. sie vergrößern die einer Person zur Verfügung stehende Wohnfläche.

2. These: Je jünger ein Siedlungsteil,
   desto geringer die Bevölkerungsdichte
   desto höher der Wohnflächenanteil pro Person.

Es gilt nun festzustellen, ob diese Thesen auch für die in Dossenheim untersuchten Siedlungsteile zutreffen.

Tab. 1: Dossenheim - Bevölkerungsdichte- und Wohnraumgrößenwerte im zeitlich-räumlichen Vergleich

Siedlungsteil	Zeit	Einwohnerzahl (E)	Wohnhauszahl	Behausungsziffer (E/Hs)	Nettosiedlungsfläche (ha)	Einwohnerdichte bez. a. Nettosied.fl. (E/ha)	Wohnflächenanteil pro Person[1] (m²/E)	Grundstücksflächenanteil pro Person (m²/E)
Ortskern	1907	545	72	7,56	2,65	203,3		50,44
	1925	572	82	6,98		213,4	21,99	48,06
	1960	472	85	5,55		176,2	29,26	57,96
	1980	361	89	4,06		136,2	46,38	76,22
Degussa-Gel.	1960	369	48	7,68	2,75	194,0	25,60	51,53
	1980	390	65	6,00		141,8	41,81	70,38
D'heim-Süd	1980	334	49	6,81	2,50	133,6	50,71	74,78

[1] Wohnflächenanteil pro Person = $\dfrac{\text{Wohnhausgrundfläche} \times \text{Geschoßzahl}}{\text{Zahl der Hausbewohner}}$

Das generelle Absinken der absoluten Einwohnerzahl gerade im Ortskern, der Behausungsziffer (definiert als "durchschnittliche Anzahl der Bewohner pro Haus" in: Handwörterbuch des Städtebaus, Wohnungs- und Siedlungswesens), der Einwohnerdichte, sowie das Ansteigen der Wohnflächenanteile pro Person im Laufe der Zeit bestätigen die beiden Thesen in ihrer Gültigkeit für die untersuchten Siedlungsteile.

6.1.2 Haushaltsgrößen

Wohndichteänderungen sind eine Funktion des natürlichen Bevölkerungswachstums, der Mobilität der Bewohner und der Veränderung der Wohnraumgröße. Der Raum, in dem früher zehn bis zwanzig Personen mehr oder weniger zwangsläufig wohnen mußten, war oft kleiner als die Wohnfläche, die sich heute eine dreiköpfige Familie teilt. Außerdem begünstigt die frühe wirtschaftliche Unabhängigkeit junger Menschen die Gründung zahlreicher Ein-Personen-Haushalte (vgl. MAIER, PAESLER, RUPPERT & SCHAFFER, 1977, S. 104: Indikatoren für den Urbanisierungsprozeß). Mit BORCHARD (1974, S. 38), der in seiner Untersuchung über den Flächenbedarf der Siedlungen auch auf die Haushaltsstrukturen eingeht, möchte ich folgende Thesen modifiziert aufstellen:

3. These: Mit der Zeit nimmt in Stadtrandgemeinden die Gesamtzahl der Haushalte zu, die Zahl der großen Haushalte dagegen ab.

4. These: In Stadtrandgemeinden nimmt die Zahl der Ein-Personen-Haushalte überproportional schnell zu.

Figur 4 zeigt eine Analyse der Haushaltsstrukturen in den untersuchten Siedlungsteilen Dossenheims.

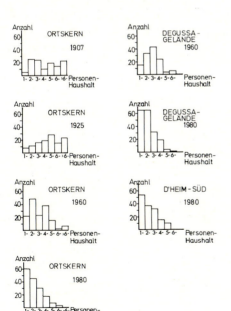

Fig. 4: Veränderungen der Haushaltsstrukturen im 20. Jahrhundert

Die Ergebnisse bestätigen beide Thesen weitgehend. Selbst zwischen den einzelnen Siedlungsteilen lassen sich nach der Analyse der Ergebnisse für 1980 kaum noch Unterschiede in der Haushaltsgrößenverteilung feststellen.

Nun sollen die wirtschaftlichen Hintergründe dieser Entwicklung mit Hilfe einer Berufsstrukturanalyse aufgedeckt werden.

6.1.3 Berufsstrukturen

6.1.3.1 Berufsstruktur im Steinbrecherdorf

Wie in den meisten gewachsenen Industrie- oder Bergbauorten war der Hauptteil der in den Brüchen beschäftigten Arbeiter anfangs noch in der Landwirtschaft tätig. Dies führte in Krisenzeiten zu keinerlei nennenswerten Abwanderungen, da eine Ernährungsbasis vorlag. Mit zunehmender Bedeutung der Quarzporphyrbrüche wurde die Landwirtschaft von den Dossenheimer Erwerbstätigen stark vernachlässigt; die Berufsgruppe der "Steinbrechbauern" entmischte sich zu reinen Steinbrechern oder Bauern. Gleichzeitig wurden Mechanismen in Gang gesetzt, die nach folgender These untersucht werden sollen.

5. These: Prosperierende Wirtschaftszweige verändern die Erwerbs- und Wirtschaftsstruktur einer Gemeinde für ihre Zwecke.

Direkt (als Steinbrecher, Steinklopfer, Abraumarbeiter, werkszugehörige Handwerker) oder indirekt (als gewerbetreibende Handwerker wie Schuhmacher, Schneider, Zimmerleute, Schmiede, Schlosser, Wagner, Sattler, aber auch Fuhrbauern und deren Knechte, Wirte und Getränkehändler - nach LEFERENZ, 1913, S. 91 und KIST, 1939, S. 118) lebten im Jahre 1907 im Ortskern ca. 64 %, im Jahre 1925 noch etwa 45 % der Beschäftigten von den Steinbrüchen (s. Tab. 2).

Tab. 2: Berufsgruppen im Steinbrecherdorf Dossenheim

Berufsgruppen	Beschäftigte des Ortskernes			
	1907	(in %)	1925	(in %)
Steinbruchabhängige	64,4		45,2	
- Steinbrucharbeiter		29,5		22,1
- Fuhrbauern		8,5		2,7
- Handwerker		16,3		12,4
- Händler/Gastwirte		10,1		8,0
Steinbruchunabhängige	35,6		54,8	
- Landwirte		22,5		23,9
- Fabrikarbeiter		3,1		5,3
- Beamte		3,9		1,8
- Sonstige/Arbeitslose		6,1		23,8

Die Rezessionsphase vor 1925 schlug sich nicht nur in der Zahl der beschäftigen Steinbrucharbeiter, sondern auch in allen Berufszweigen nieder, die eng mit den Steinbrüchen kooperierten - ein Indiz mehr für den starken wirtschaftlichen Sog, den die Bruchunternehmen auf die übrigen Wirtschaftszweige richteten.

6.1.3.2 Berufsstruktur der Wohngemeinde

Nach dem Zweiten Weltkrieg veränderten folgende Entwicklungen die Berufsstruktur nachhaltig:
- der Vertriebenenzustrom mit Arbeitskräften aus allen Wirtschaftsbranchen
- der verstärkte Aufbau des Tertiären Wirtschaftssektors in den Großstädten Heidelberg und Mannheim (Universitäten!)
- der Ausbau der Verkehrsverbindungen für die Berufspendler
- der Niedergang der Steinbruchindustrie als Arbeitsplatzreservoir nach tiefgreifenden Rationalisierungsmaßnahmen
- die Zuwanderung von Wohnungssuchenden in den beiden letzten Jahrzehnten (vgl. PRÜNTE, 1976).

In Anlehnung an KREITMAYR (1979, S. 43) möchte ich folgende These detaillierter formulieren:

6. These: Je jünger ein Siedlungsteil einer Stadtrandgemeinde, desto größer ist der Beschäftigtenanteil im Tertiären Wirtschaftssektor.

Reiht man die Berufsgruppen nach ihrem Einkommen in folgender Weise:
Arbeiter - Angestellte - Beamte - Akademiker - selbständige Kaufleute,
so läßt sich folgende Behauptung aufstellen:

7. These: Je jünger ein Siedlungsteil einer Stadtrandgemeinde, desto höher ist der Anteil der Beschäftigten in den besser verdienenden Berufsgruppen.

Eine vergleichende Berufsgruppenanalyse in den drei Erhebungsgebieten soll Aufschluß über den Anteil der Berufsgruppen an der Gesamtbeschäftigtenzahl geben.

Tab. 3: Berufsgruppen in der Wohngemeinde Dossenheim

Berufsgruppen	Ortskern (in %)	Degussa-Gelände (in %)	Dossenheim-Süd (in %)
Landwirte	2,5	1,1	0,0
Handwerker	43,8	28,6	14,4
Arbeiter	16,9	10,3	2,8
Angestellte	20,6	23,2	26,7
Beamte	3,8	12,0	17,8
Akademiker	1,3	5,4	19,4
selbst. Kaufleute	2,5	3,8	9,4
Studenten	5,6	12,0	7,8
Sonstige	3,0	3,6	1,7

Obwohl die Ergebnisse die Thesen weitgehend bestätigen, soll noch auf
einige Besonderheiten der untersuchten Siedlungsteile eingegangen werden.
Die Gründe für die geringe Beschäftigtenzahl im Primären Wirtschaftssektor liegen einerseits in der Berufsaufgabe nach der Abwanderung in
Berufe des Tertiären Sektors und andererseits in der Aufbereitung der
statistischen Rohdaten, die Nebenerwerbsberufe selten aufführen. Im
Ortskern ist die Zahl der Handwerker traditionsgemäß recht hoch. Hier
pausen sich noch ehemalige Strukturen aus dem "Zeitalter der Steinbrüche" durch. Die meisten der heute noch bestehenden Handwerksbetriebe existierten bereits vor über sechzig Jahren, und die Väter der
heute nicht-selbständigen Handwerker im Ortskern arbeiteten als Betriebshandwerker in den Steinbrüchen.
Da die Bevölkerung des Degussa-Geländes zum Großteil ehemalige Ortskerneinwohner waren, erklärt sich deren hoher Handwerkeranteil auf
die gleiche Weise.
Lediglich in Dossenheim-Süd macht sich der Einfluß der städtischen Zuwanderer im Berufsbild bemerkbar.
Mit der wachsenden Zahl der Studierenden in Heidelberg wuchs auch die
Attraktivität Dossenheims als Studentenwohnort. Dabei spielten die Voreingenommenheit der Hauswirte gegenüber den Studenten, das Wohnraumangebot sowie der Mietpreis eine erhebliche Rolle für die Verteilung der
Studenten am Ort selbst.
Die noch recht konservativ eingestellten Hausbesitzer des Ortskerns
scheuen die Zimmervermietung an Studenten und vermieten eher ganze
Häuser weitaus gewinnbringender an ausländische Arbeiterfamilien. Der
hohe Studentenanteil im Degussa-Gelände zeigt, daß, bedingt durch die
Auflösung der alten Familienstrukturen, oftmals früher selbst genutzte
Wohnräume zimmerweise an Studenten vermietet werden können, während
die Familien in Dossenheim-Süd noch den verfügbaren Wohnraum weitgehend für sich beanspruchen. Gleichzeitig drücken dort die hohen Zimmermieten, deren Ursache wiederum die hohen Baukosten und somit die hohe
finanzielle Belastung der Bauherren sind, den Studentenanteil erheblich
herab.

6.1.4 Altersstrukturen

Die Tendenz zur Überalterung der Bevölkerung in alten, gewachsenen Ortskernen wurde auch von FRICKE (1976, S. 32) in seinen Thesen zur "räumlichen Bevölkerungsbewegung im Rhein-Neckar-Raum im Industriezeitalter" beschrieben.

In Anlehnung hierzu möchte ich die allgemeine These aufstellen:

8. These: Je älter ein Siedlungsteil, desto älter die darin lebende Bevölkerung.

Mit einer Altersstrukturanalyse soll nachgewiesen werden, ob obige These
auch für Dossenheim gilt.

Tab. 4: Altersstruktur der untersuchten Siedlungsteile im Vergleich

Einwohneralter	bis 18 Jahre		18 bis 65 Jahre		über 65 Jahre	
Einwohnerzahl	abs.	in %	abs.	in %	abs.	in %
Ortskern	69	19,3	227	60,6	72	20,1
Degussa-Gelände	71	18,3	242	62,2	76	19,5
Dossenheim-Süd	92	26,1	241	68,5	19	5,4
Dossenheim	1859	19,4	6377	66,7	1325	13,9

Vergleicht man die Gruppe der über 65jährigen des Ortskerns mit der von ganz Dossenheim, so wird die These eindeutig bestätigt.
Überraschend ist aber auch die Situation im Degussa-Gelände, die der des Ortskerns nahekommt. Bezieht man sich aber auf FRICKE (1976, S. 32), der die "Überalterung der Bewohner in einheitlich bezogenen Vierteln" beschreibt, so findet sich leicht eine Erklärung für dieses Phänomen. Ein Großteil der Bewohner lebt hier schon seit dem Entstehen der Siedlung. Eine Altersrückschreibung auf den Stand von 1960 ergäbe hier wahrscheinlich ein ähnliches Bild, wie wir es heute in Dossenheim-Süd antreffen. Prospektiv gesehen würde die Alterszusammensetzung von Dossenheim-Süd des Jahres 2000 der des Degussa-Geländes von 1980 entsprechen, vorausgesetzt ein ähnliches Mobilitätsverhalten, wie es im Degussa-Gelände beobachtet werden konnte.

6.2 Wandel der Siedlungsstruktur im 20. Jahrhundert

6.2.1 Der Nutzungswandel auf den Grundstücksflächen

6.2.1.1 Der Freiflächenanteil im zeitlich-räumlichen Vergleich

Hierbei wurde der auf topographischen Karten ausgedrückte Gegensatz zwischen dichtbebauten Ortskernen und locker bebauten peripheren Wohngebieten mit Hilfe einer Berechnung des grundstückeigenen Freiflächenanteils erfaßt und Veränderungen im Laufe der Zeit festgestellt, die zu folgender These führten:

9. These: Zwischen verschieden alten Siedlungsteilen findet im Laufe der Zeit eine Angleichung des grundstückseigenen Freiflächenanteils statt.

Tab. 5: Freiflächenanteile im zeitlich-räumlichen Vergleich

Zeit	Veränderung des grundstückseigenen Freiflächenanteils (in %)		
	Ortskern	Degussa-Gelände	Dossenheim-Süd
1925	43,0	-	-
1960	42,5	76,5	-
1980	45,0	62,5	63,5

(Baulücken wurden nicht berücksichtigt)

Tabelle 5 zeigt, daß der Prozeß der Freiflächenangleichung durch Abrisse im Ortskern und durch Zubauten im Degussa-Gelände fortschreitet.

6.2.1.2 Gebäude-, Hof- und Grünflächenanteil im räumlichen Vergleich

Forderungen nach gesünderen Wohnverhältnissen in locker bebauten, von Grünflächen durchsetzten Wohngebieten fanden nach dem Zweiten Weltkrieg verstärkt Gehör.
Inwieweit diese Forderungen auch in Stadtrandgemeinden baulich umgesetzt worden sind, soll anhand folgender These überprüft werden:

10. These: Je später eine Stadtrandgemeinde neue Siedlungsflächen ausweist, desto kleiner ist der Gebäudeanteil und desto größer ist der Grünflächenanteil an der Grundstücksfläche.

Eine detaillierte Kartierung der Grundstücksflächennutzung konnte nur für das Jahr 1980 durchgeführt werden, da fehlende Daten eine sichere Rückschreibung der ehemaligen Nutzungen nicht gewährleisteten. Baulücken gingen in die Erhebung nicht mit ein.

Tab. 6: Grundstücksflächennutzung im räumlichen Vergleich

Anteil an der Grundstücksfläche 1980 (in %)

	Ortskern	Degussa-Gelände	Dossenheim-Süd
Gebäudeanteil	55,1	32,4	30,4
Hofanteil	33,8	23,7	15,1
Grünflächenanteil	11,1	43,9	54,5
	100,0	100,0	100,0

Die in der These formulierte Tendenz kann nach der Analyse bestätigt werden, wenn auch der Grünflächenzuwachs auf Kosten des Hofanteils geht.
Interpretiert man den hohen Hofanteil als grundstücksinterne Verkehrsfläche, so kann man im Ortskern und im Degussa-Gelände auf eine intensive Gebäudenutzung schließen.

6.2.2 Struktur und Funktion der Gebäude

Werden durch wirtschaftliche Umwälzungen Bevölkerungsstrukturen beeinflußt, so vollzieht sich dieser Prozeß nach einer lag-Phase auch in den baulichen Strukturen und Funktionen. Sind in den davon betroffenen ländlichen Siedlungen keinerlei Verstädterungstendenzen zu beobachten, so spricht man nach KNORR (1975, S. 177) von "Transformationen". Transformationen drücken sich aus in den Veränderungen an vorhandenen Bauelementen (= mutative Transformation) und/oder in der Zunahme der Zahl der Bauelemente (= additive Transformation, vgl. KNORR, 1975, S. 181f).

In Dossenheim sollen nun an den ausgewählten Siedlungsflächen additive und mutative Transformationen in Struktur (= Veränderung des Bauvolumens) und Funktion (= Nutzungsänderung) aufgezeigt werden.

6.2.2.1 Gebäudestrukturen

Da nicht jede bauliche Veränderung flächenwirksam sein muß (z.B. Aufstockung, Ausbau usw.), möchte ich mit Hilfe der Baumassenzahl (= "Gesamtbauvolumen geteilt durch die Fläche des Baugrundstückes" in: Handwörterbuch des Städtebaus, Wohnungs- und Siedlungswesens) die Transformationen erfassen.

11. These: Schon früh verdichtete Ortskerne erfahren im 20. Jahrhundert keine Veränderung ihres Gesamtbauvolumens.

12. These: In Gemeinden, die in Regionen mit einem hohen Arbeitsplatzangebot im Sekundären und Tertiären Wirtschaftssektor liegen, werden ehemals landwirtschaftlich genutzte Nebengebäude zusehends zu Wohngebäuden transformiert.

Baumassenzahlanalysen und die Erfassung der Wohnraumanteile in den jeweiligen Zeitebenen aus dem Ortskern geben Aufschluß darüber, ob die Thesen richtig sind (s. Tab. 7, Karte 4 im Anhang).

Tab. 7: Baumassenzahl und Wohnraumanteil des Ortskerns im zeitlichen Vergleich

Ortskern	1925	1960	1980
Gesamtbaumassenzahl (m)	4,6	5,0	4,8
Wohnraumanteil (%)	47	49	58

Das scheinbar gleichbleibende Gesamtbauvolumen des Ortskernes liegt in Wirklichkeit in einem Fließgleichgewicht. Karte 1 belegt, daß Abrisse und Zubauten sich weitgehend die Waage halten.
These 12 wird durch den deutlichen Anstieg des Wohnraumvolumens bestätigt.

6.2.2.2 Gebäudenutzung

Im vorigen Kapitel wurde bereits die Tendenz zum verstärkten Wohnraumausbau in den letzten Jahrzehnten aufgezeigt.
In Anlehnung an KNORR (1975, S. 178f, 186), die die nach dem Zweiten Weltkrieg entstandenen Wohngebiete in ihrer Physiognomie und Funktion charakterisierte, möchte ich folgende Thesen formulieren:

13. These: In den Ortskernen von Stadtrandgemeinden werden die früher landwirtschaftlich genutzten Nebengebäude in andere Nutzungsformen überführt.

14. These: Die Siedlungen der frühen fünfziger Jahre, deren Gebäude in Struktur und Funktion noch eng an denen des Ortskernes angelehnt sind, erfahren auch Transformationen.

15. These: Die Siedlungen der siebziger Jahre, in denen vorwiegend gehobene Sozialgruppen wohnen, weisen nur noch Wohnnutzung auf.

Zuerst soll These 13 überprüft werden. Dazu wurden alle Gebäude des Ortskerns quantitativ erfaßt (s. Tab. 8).

Tab. 8: Nutzung von Gebäuden und Gebäudeflächen des Ortskerns im zeitlichen Vergleich

Ortskern	1925				1960				1980			
	Anzahl	in %	Fläche (m^2)	in %	Anzahl	in %	Fläche (m^2)	in %	Anzahl	in %	Fläche (m^2)	in %
Alle Gebäude	250	100	15141	100	258	100	15436	100	231	100	15019	100
Wohnhäuser	82	32,8	6627	43,8	85	32,9	6820	44,2	89	38,5	7676	51,1
Scheunen mit Ställen	52	20,8	4088	27,0	47	18,2	3913	25,3	5	2,2	660	4,4
Ställe	53	21,2	1295	8,6	45	17,4	999	6,5	2	0,9	20	0,1
Tabakscheuern	16	6,4	1053	7,0	19	7,4	1085	7,0	0	0	0	0
Garagen	0	0	0	0	2	0,8	39	0,3	23	10,0	508	3,4
Schopfe	30	12,0	1306	8,6	37	14,3	1397	9,1	36	15,6	1466	9,8
sonstige oder nicht genutzte Gebäude	17	6,8	772	5,0	23	9,0	1183	7,6	76	32,8	4689	31,2

Der Funktionsverlust der landwirtschaftlichen Nebengebäude im Ortskern ging sogar so schnell vor sich, daß etliche Gebäude keine erkennbaren Nutzungen mehr zeigen, oder anders ausgedrückt, daß sie leerstehen (s. Karten 5 - 7).

Die Thesen 14 und 15 wurden nach Geländekartierungen und Archivdaten überprüft. Die Ergebnisse sind in den Karten 8 bis 10 festgehalten.

Während die Gebäudefunktionsverschiebungen im Ortskern eindeutig in Richtung "Wohnen" gehen, zeigen die Gebäude des Degussa-Geländes gewisse Ansätze von Kleingewerbenutzung. Diese dem Ortskern gegenläufige Entwicklung wurde allerdings durch Zubauten erreicht, seltener durch Funktionswechsel von vorhandenen Gebäuden.

Nur Dossenheim-Süd hat heute fast reine Wohnfunktion.

6.2.3 Inwertsetzung der Grundstücke

Durch Ausweisung von Neubaugebieten sollte auch die Wohnattraktivität im Ortskern verbessert werden. Die Absicht war, daß die eingesessenen Hausbesitzer ihrerseits investieren sollten, um die alten Gebäude in ihren Wohnqualitäten denen der Ortsperipherie anzugleichen (vgl. KNORR, 1975, S. 191)

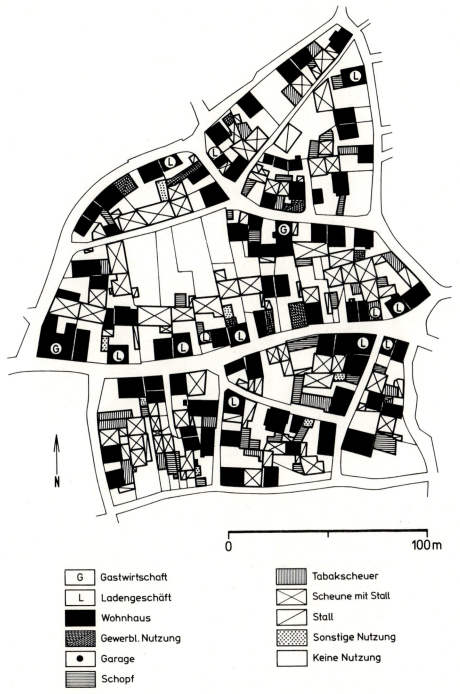

Karte 5: Gebäudenutzung im Ortskern von Dossenheim 1925

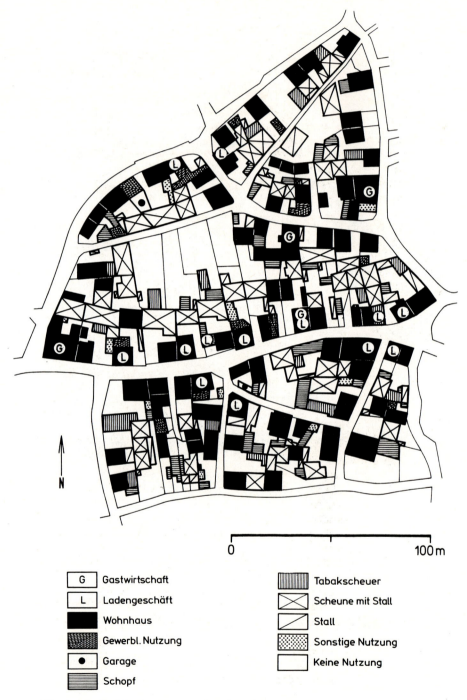

Karte 6: Gebäudenutzung im Ortskern von Dossenheim 1960

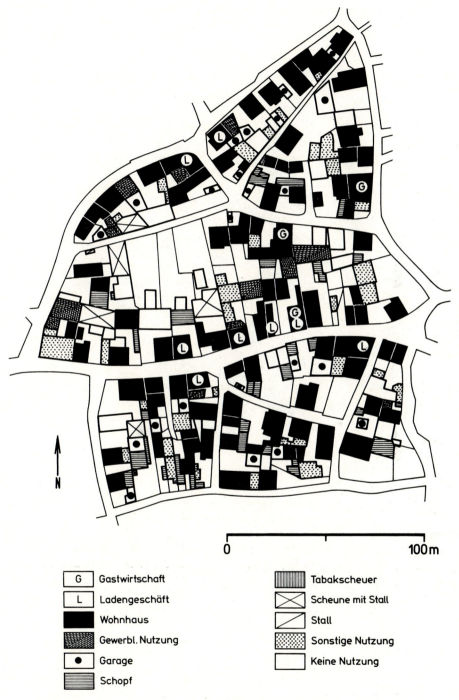

Karte 7: Gebäudenutzung im Ortskern von Dossenheim 1980

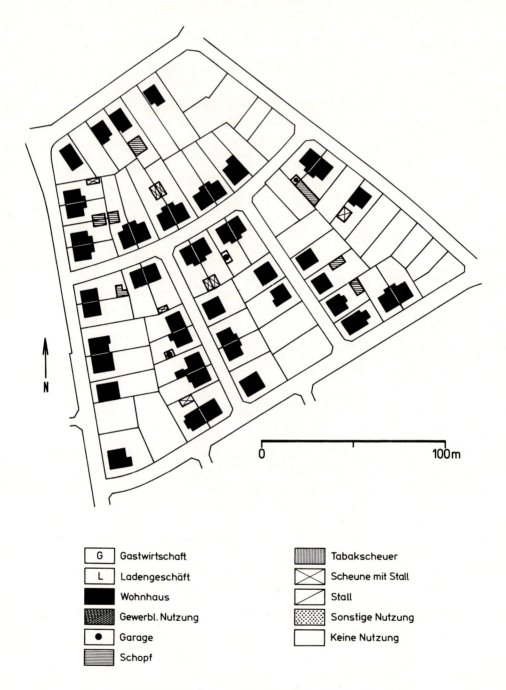

Karte 8: Gebäudenutzung im Degussa-Gelände 1960

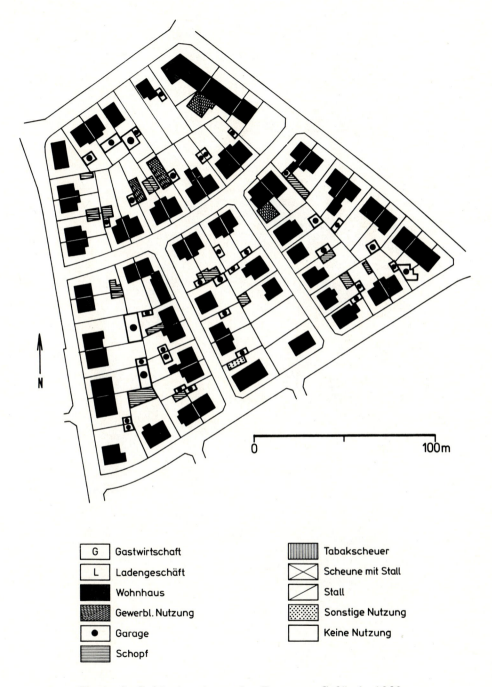

Karte 9: Gebäudenutzung im Degussa-Gelände 1980

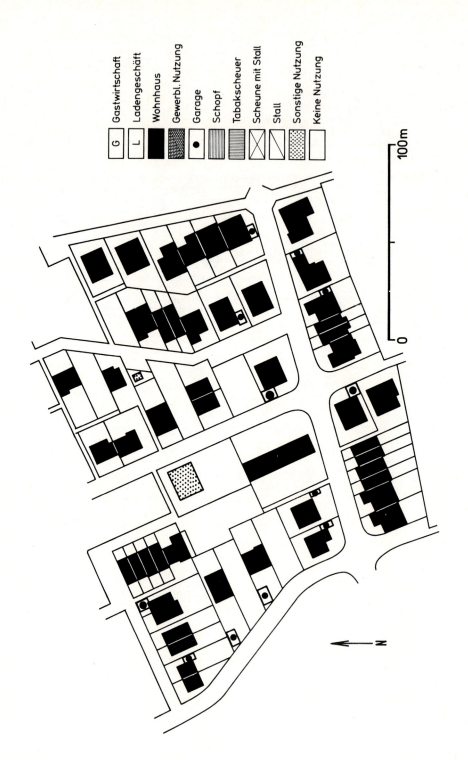

Karte 10: Gebäudenutzung in Dossenheim-Süd 1980

Doch fehlende finanzielle Mittel, andere wirtschaftliche Interessen (Bauern-Aussiedlung) oder schlichtweg das Desinteresse der oft recht betagten Hausbesitzer führten meist nicht zum gewünschten Erfolg. Dazu die

16. These: Je jünger ein Siedlungsteil einer Stadtrandgemeinde, desto höher die bauliche Inwertsetzung der Grundstücke.

Mit Hilfe von Schätzwerten der Badischen Versicherungsanstalt Karlsruhe von 1978 soll die Inwertsetzung der Grundstücke überprüft werden.

Tab. 9: Bauliche Inwertsetzung der Grundstücke im räumlichen Vergleich

Investitionen (DM/m² Grundstücksfläche)	Grundstücke[1]					
	Ortskern		Degussa-Gelände		Dossenheim-Süd	
	abs.	%	abs.	%	abs.	%
bis 250	8	10,0	2	3,2	0	0
250 - 500	27	33,8	39	61,9	4	9,5
500 - 750	24	30,0	15	23,8	20	47,7
750 - 1000	13	16,2	5	7,9	14	33,3
über 1000	8	10,0	2	3,2	4	9,5

[1] nur bebaute Grundstücke

Die vorliegenden Daten entsprechen zwar dem vorgegebenen Trend, zeigen aber auch einige Besonderheiten.
Im Ortskern stehen unverändert gebliebene Gebäude neben mit viel Aufwand sanierten Häusern und Neubauten. Hier sind die Investitionen je Quadratmeter Grundstück am meisten gestreut.
Im Degussa-Gelände mit seiner weitgehend homogenen Bausubstanz scheint die Neigung zur Investition nicht so sehr ausgeprägt zu sein. In der Tat zeigen einige wenige Gebäude schon deutliche Zerfallserscheinungen, obwohl sie erst vor etwas mehr als 20 Jahren gebaut worden sind. Daß modernes Bauen nur noch kapitalintensiv betrieben werden kann, belegen die Investitionen im Baugebiet Dossenheim-Süd. Grundstücks- und Baupreise diktierten hier geradezu die intensive bauliche Nutzung der vorhandenen Grundstücksfläche.

6.3 Herkunft und Wohnort der Besitzer

Das relativ starke Wachstum der Stadtrandgemeinden ist zum Großteil das Ergebnis der hohen Zuwanderungsraten aus den Städten. Viele Zuwanderer wollen auf Dauer bleiben und erwerben daher immer häufiger Grundstücke oder Wohnungen. Dies führt zu folgender These:

17. These: Je jünger ein Siedlungsteil einer Stadtrandgemeinde, desto höher der Anteil der allochthonen Haus- und Wohnungsbesitzer.

Eine Grobanalyse zeigt, daß im Ortskern nahezu alle Besitzer alteingesessen sind und im Degussa-Gelände die authochthonen noch immer einen

Besitzanteil von etwa 90 % halten, wobei die restlichen 10 % der Besitzer Vertriebene sind, die sich aber bereits als "Dossenheimer" bezeichnen. Lediglich in Dossenheim-Süd bilden autochthone und allothone Besitzer zwei gleichstarke Gruppen, so daß die These auch hier Gültigkeit findet.

Doch nicht jedes Haus dient als Wohnhaus des Besitzers. So wohnen in den untersuchten Gebieten nur etwa 80 % der Hausbesitzer in ihrem Haus an Ort und Stelle, 17 % bewohnen ein anderes Haus innerhalb von Dossenheim und der Rest lebt vorwiegend in Heidelberg. Bei der Überprüfung der

18. These: Je kleiner die Geschoßzahl eines Wohnhauses, desto häufiger wohnt der Besitzer in diesem Haus selbst

ergab sich folgendes Bild:

Tab. 10: Korrelation von Geschoßzahl und Besitzerwohnung

Geschoßzahl	1		1,5		2		2,5		3	
	abs.	in %	abs.	in %	abs.	in %	abs.	in %	abs.	in %
Besitzer wohnt im Haus	2	100	13	92,9	39	81,4	61	78,2	4	40
Besitzer wohnt in Dossenheim	0	0	1	7,1	7	14,5	16	10,5	4	40
Besitzer wohnt nicht in D'heim	0	0	0	0	2	4,1	1	1,3	2	20
	2	100	14	100	48	100	78	100	10	100

Es ist klar zu erkennen, daß mehrgeschossige Häuser als Renditeobjekte aufgebaut wurden, in denen die Hausbesitzer seltener wohnen als in überschaubaren kleinen Wohneinheiten.

7. Zusammenfassung der wichtigsten Ergebnisse und Ausblick

Abschließend werden anhand der wichtigsten Untersuchungsergebnisse die Strukturen des Steinbrecherdorfes und die der Wohngemeinde dargestellt und verglichen.

Das Steinbrecherdorf

- hohe Einwohnerdichte trotz geringen Wohnraumangebots
- Großhaushalte überwiegen

Die Wohngemeinde

- geringe Einwohnerdichte trotz des hohen Wohnraumangebots
- Ein- und Zwei-Personen-Haushalte überwiegen

- relativ große Wohnfläche je Haushalt	- größere Streuungsbreite der Wohnflächengröße je Haushalt als im Steinbrecherdorf
- mehrere Generationen leben unter einem Dach	- in neuen Wohnvierteln vorwiegend kleine junge Familien
- der Anteil der im Primären und Sekundären Wirtschaftssektor beschäftigten Personen ist größer als 90 % (für 1907)	- der Anteil der in Dienstleistung, Handel und Gewerbe beschäftigten Personen ist größer als 60 % (für 1975)
- aufgrund des guten Arbeitsplatzangebots in den Steinbrüchen ist Dossenheim noch vor dem Ersten Weltkrieg Einpendlerort (außerdem ist Dossenheim ein bevorzugter Zielort für italienische Wandergastarbeiter)	- aufgrund des Ausbaus des Tertiären Wirtschaftssektors in Mannheim und Heidelberg ist Dossenheim heute Auspendlerort (ca. 2/3 aller in Dossenheim wohnenden Beschäftigten pendeln aus)
- die Berufe sind ganz auf die Bedürfnisse der Steinbruchbetriebe zugeschnitten (Brucharbeiter und Handwerker)	- die Berufe sind ganz auf die Bedürfnisse der Verwaltungsstädte zugeschnitten (Beamte und Angestellte)
- ein bebautes Grundstück hat viele Funktionen zu erfüllen, daher die hohe Bebauungsdichte	- ein bebautes Grundstück hat nur noch Wohn- und Erholungsfunktionen zu erfüllen, daher die lockere Bebauung

Die Art und Weise der Grundstücksflächennutzung, die überkommenen Gebäudestrukturen und die beiden noch arbeitenden Steinbruchunternehmen zeigen, daß Dossenheim nicht immer nur Wohngemeinde war. Doch mit der geplanten umfangreichen Ortskernsanierung, der Ausweisung weiterer neuer Baugebiete im Westteil der Gemeinde, der Umwandlung ehemaliger Schotterlagerflächen in Parkplätze, Geschäfts- und Wohneinheiten, sowie durch das Drängen der Bürgerinitiativen und der Gemeindeverwaltung, die Steinbrüche schließen zu lassen und die dann aufgelassenen Bruchflächen zu rekultivieren, werden wahrscheinlich in wenigen Jahren die letzten Spuren des "Steinbrecherdorfes Dossenheim" verwischt sein.

Literaturverzeichnis

AMMON, A. (1967): Eliten und Entscheidungen in Stadtgemeinden. Die amerikanische "Community Power"-Forschung und das Problem ihrer Rezeption in Deutschland. Soziologische Abhandlungen H. 8, Berlin

BOLTE, M. & D. KAPPE (1967): Struktur und Entwicklung der Bevölkerung. Struktur und Wandel der Gesellschaft Reihe B der Beiträge zur Sozialkunde, Hamburg

BORCHARD, K. (1974): Der Flächenbedarf der Siedlung. In: Veröff. d. Akad. f. Raumforschung und Landesplanung Bd. 85, S. 35 - 49

BORN, M. (1974): Die Entwicklung der deutschen Agrarlandschaft. Darmstadt

BOUSTEDT, O. (1967): Die Bedeutung der Gebäude-, Wohnungs- und Arbeitsstättenzählung für die Zwecke der Stadtplanung. In: Archiv für Kommunalwissenschaften, Jg. 6, S. 82 - 97, Stuttgart

BREITLING, P. (1974): Siedlungselemente und ihre Größenordnungen. In: Veröff. d. Akad. f. Raumforschung und Landesplanung Bd. 85, S. 51 - 67, Hannover

CONZELMANN, R. (1966): Dossenheim - Geschichte einer 1200jährigen Bergstraßengemeinde. Stuttgart

FEICHTINGER, G. (1973): Bevölkerungsstatistik. Berlin

FRICKE, W. (1975): Versuch einer Bewältigung der Vielfalt siedlungsgeographischer Forschungsansätze. In: Rhein-Mainische Forschungen H. 80, S. 253 - 262, Frankfurt

-- (1976): Thesenpapier zum Referat von Werner Fricke: Räumliche Bevölkerungsbewegung im Rhein-Neckar-Raum im Industriezeitalter. In: Veröff. d. Akad. f. Raumforschung und Landesplanung Bd. 117, Forschungs- und Sitzungsberichte (Abschlußband), S. 32 - 35, Hannover

GEBHARD, H. & M. REICHENBACH-KLINKE (1974): Funktions- und Formverluste von Siedlungen im ländlichen Bereich. Die interdisziplinäre Hesselberg-Untersuchung und ihre möglichen Folgen. In: Stadtbauwelt 43, S. 173 - 182, München

Handwörterbuch des Städtebaus, Wohnungs- und Siedlungswesens (1959) Stuttgart

HERDEN, W. (1976): Quantitative und qualitative Analyse des Stadt-Umlandfeldes von Ludwigshafen im Spiegel der Bevölkerungs- und Wohngebäudeentwicklung seit 1950. Diss. Heidelberg

KIST, A.J. (1939): Die Entwicklung und der heutige Stand der Natursteinindustrie in Baden. Diss. Heidelberg

KNORR, G. (1975): Transformationsmerkmale von Siedlungen in ländlichen Gebieten. In: Rhein-Mainische Forschungen H. 80, S. 177 - 200, Frankfurt

KOKKELINK, G. & R. MENKE (1977): Die Straße und ihre sozialgeschichtliche Entwicklung - Ein Gespräch. In: Stadtbauwelt 53, S. 12 - 16, München

KREITMAYR, E. (1979): Karlsfeld - Strukturbild einer Stadt-Rand-Gemeinde unter Berücksichtigung bestehender sozialräumlicher Kontakte und Konflikte. Arbeitsmaterialien zur Raumordnung und Raumplanung, Universität Bayreuth

LEFERENZ, J. (1913): Die Schotter- und Pflastersteinindustrie in Baden unter besonderer Berücksichtigung ihrer Beziehungen zum Verkehrswesen. Diss. Heidelberg

MAIER, J., PAESLER, R., RUPPERT, K. & F. SCHAFFER (1977): Sozialgeographie. Braunschweig

NITZ, H.J. (1962): Die ländlichen Siedlungen des Odenwaldes. Heidelberger Geogr. Arb. H. 7, Heidelberg

PRÜNTE, V. (1976): Beweggründe ehemaliger Einwohner zur Abwanderung aus Heidelberg. In: Stadtbauwelt 49, S. 37 - 39, München

SCHÄFER, H. (1966): Das Brandkataster. Ein Beitrag zur Methode stadtgeographischer Untersuchungen. In: Berichte z. dt. Landeskunde Bd. 37, H. 1, S. 98 - 104, Bad Godesberg

-- (1968): Neuere stadtgeographische Arbeitsmethoden zur Untersuchung der inneren Struktur von Städten. Teil I. In: Berichte z. dt. Landeskunde Bd. 41, H. 2, S. 277 - 317

-- (1969): Neuere stadtgeographische Arbeitsmethoden zur Untersuchung der inneren Struktur von Städten. Teil II. In: Berichte z. dt. Landeskunde Bd. 43, H. 2, S. 261 - 297

SCHREIBER, W. (1979): Landschaftsverbrauch durch Verkehr. Untersuchungen über die Entwicklung von 1955 bis 1990 in der Region Mittlerer Neckar. Stuttgart

DER LANDSCHAFTSVERBRAUCH IM RHEIN-NECKAR-RAUM

Flächennutzung und Flächennutzungsintensität in verschiedenen Gemeindetypen des östlichen Rhein-Neckar-Raumes

Von Rüdiger MÖHN (Bruchsal)

Mit 2 Karten und 12 Tabellen

Einleitung

Der Themenbereich Landschaftsverbrauch und damit eng verknüpft Umweltschutz hat in der Öffentlichkeit in den letzten Jahren immer mehr Beachtung gefunden. Nicht zuletzt die ökologische Bewegung und das Aufkommen der "Grünen" spiegeln das Interesse an einem Problemkreis wider, der in Fachkreisen bereits lange vorher diskutiert wurde. Als Beispiel sei hier nur die Arbeit von H. MATTERN genannt, die bereits 1964 die Probleme der Umweltverschmutzung und des Landschaftsverbrauchs ausführlich behandelte. Erst jetzt, wo die Umweltzerstörung so weit fortgeschritten ist und die Flächenknappheit zum Handeln zwingt, sind diese Probleme in das allgemeine Bewußtsein eingedrungen. Heute ist es wichtiger denn je, die zukünftige Siedlungsentwicklung sinnvoll zu steuern, um damit die Flächeninanspruchnahme und die Umweltbelastung auf ein möglichst geringes Maß zu beschränken.

Aus diesem aktuellen Anlaß wurde das Thema der Untersuchung ausgewählt. Ziel war, die im Luftbild ermittelten Siedlungsflächenstrukturen mit den verschiedenen Gemeindetypen der Stadtregionen von O. BOUSTEDT in Beziehung zu setzen.[1]

---

[1] Dieser Aufsatz gibt stark gekürzt einige Ergebnisse der unter dem gleichen Thema bei Prof. Dr. W. Fricke angefertigten Wissenschaftlichen Hausarbeit für das erste Staatsexamen wieder. Besonderer Dank gebührt Herrn Prof. Dr. W. Fricke und Herrn Dr. Herden, die durch ihre Anregungen und Hinweise positiv zum Fortgang der Arbeit beitrugen. Weiterhin sei auch Herrn Dr. K. Fischer und seinen Mitarbeitern beim Raumordnungsverband Unterer Neckar Dank gesagt. Sie ermöglichten die Einsicht in die Kartierungsunterlagen des dort vorhandenen Realnutzungskatasters und stellten die Luftbilder für eine erste Interpretation zur Verfügung. Durch die großzügige finanzielle Unterstützung der Hiehle-Stiftung konnten einige der Luftbilder zur Durchführung notwendig gewordener weiterer Kartierungen angeschafft werden.

Landschaftsverbrauch und Siedlungsausbau

Der Begriff "Landschaftsverbrauch" tauchte zum ersten Mal in der "Grünen Charta" (von der Insel Mainau) auf.
Im allgemeinen versteht man darunter die Umwidmung von Nicht-Siedlungsflächen zu bebauten Flächen.
Aber, gibt es tatsächlich einen Verbrauch von Landschaft?
Boden ist ein unvermehrbares (Wirtschafts-)Gut. Jede Flächenumwidmung von Naturflächen, Wald oder landwirtschaftlich genutzten Arealen zu Siedlungsflächen verringert das Potential an Freiflächen; Freiräume gehen verloren, Lebensräume von Tieren und Pflanzen werden bedroht oder vernichtet. Hinzu kommen weitergehende Schäden in der Natur, die oft auch noch irreparabel sind. So gesehen wird also Boden, werden Frei- und Lebensräume "verbraucht", und noch mehr, jede Ausweitung des Siedlungsraumes schwächt die ökologischen Grundlagen der natürlichen Umwelt.
Landschaftsverbrauch klingt negativ, und dieser Effekt ist durchaus gewollt. Damit kann der Begriff aber nicht die gesamte Siedlungstätigkeit kennzeichnen, wie das oft kritiklos getan wird. Siedlung ist eine notwendige Erscheinung der Zivilisation und an sich nichts Negatives. Nur in bestimmten Fällen kann sie als Landschaftsverbrauch gekennzeichnet werden. Dabei spielt die Ökologie, die Ästhetik und die Flächenknappheit eine Rolle.
Siedlungstätigkeit, die unsere Lebensgrundlagen angreift, sei es durch Vernichtung landwirtschaftlich wertvoller Böden oder durch vermeidbare ökologische Belastungen der Umwelt, oder die notwendige Freiräume, sei es für die Naherholung oder zur Verbesserung des Stadtklimas, zerstört, oder die nicht landschaftsgerecht erfolgt und somit ästhetische Belästigungen zur Folge hat, diese Siedlungstätigkeit ist in jedem Fall als Landschaftsverbrauch zu bezeichnen.
Ein besonderes Problem stellt das trotz stagnierender bzw. rückläufiger Bevölkerungsentwicklung weiterhin anhaltende Siedlungswachstum, insbesondere in den Verdichtungsräumen, dar. Hier sind die Flächen "knapp" geworden, und häufig werden Gebiete mit landwirtschaftlich guten Böden oder ökologisch wertvolle Areale aus Mangel an anderen Flächen als Baugebiete ausgewiesen. Hier ist größte Sorgfalt bei der Verplanung der restlichen Freiflächen geboten.
Aber auch im ländlichen Raum, wo Freiflächen anscheinend noch reichlich vorhanden sind, sollte sorgsam mit ihnen umgegangen werden.
Freiräume müssen unbedingt erhalten bleiben, denn sie haben eine Reihe von wichtigen Aufgaben zu erfüllen. Da sind einerseits die Sozialfunktionen, die sie in ökologischer Hinsicht zu erfüllen haben (z.B. zur Verbesserung des Stadtklimas), dann dienen sie der Freizeitgestaltung und der Naherholung und nicht zuletzt stellen sie die Böden für die landwirtschaftliche Nutzung. Gerade die landwirtschaftlich genutzten Flächen sind in den letzten Jahrzehnten am meisten beansprucht worden. Hierbei waren es

Tab. 1: Die Entwicklung der Siedlungs- und landwirtschaftlich genutzten Flächen in Baden-Württemberg von 1960 bis 1978

Jahr	landwirtschaftlich gen. Fl.			Siedlungsfläche			
	in qkm	in % der Gesamtfl.	Veränderung in %	in qkm	in % der Gesamtfl.	Veränderung in %	in Ar je EW
1960	19280	53,93		2528,6	7,07		3,27
1970	18110	50,66	- 6,07	3105,1	8,69	22,80	3,47
1974	17397	48,66	- 3,94	3509,9	9,82	13,04	3,80
1978	17162	48,00	- 1,35	3776,1	10,56	7,58	4,13

Quelle: TESKE, 1979, Anlage; Baden-Württemberg in den 70er Jahren, 1980, S. 66

Tab. 2: Die Entwicklung der Bevölkerung und Haushalte in Baden-Württemberg von 1960 bis 1978

Jahr	Bevölkerungsentwicklung		Entwicklung der Haushalte					
	absolut in 1000	Veränderung in %	insgesamt in 1000	Veränd. in %	1 Pers.-haush. in %	2 P.h. in %	3 P.h. in %	4 und Mehr- P.h. in %
1960	7.726,9		2.755		22	26	22	30
1970	8.953,6	15,88	3.128	13,54	25	26	19	30
1974	9.226,2	3,04	3.506	12,08	28	27	18	27
1978	9.137,8	- 0,96	3.536	0,86	29	27	17	26

Quelle: Baden-Württemberg in den 70er Jahren, 1980, S. 14, 19

Tab. 3: Die Entwicklung der Wohnbevölkerung und der Siedlungsflächen in den einzelnen Raumkategorien Baden-Württembergs zwischen 1960 und 1978

Raum	Siedlungsfläche					
	in qkm 1960	1978	in % der Ges.fl. 1978	Veränd. in %	je Einwohner (in ar) 1960	1978
Verdichtungsräume	534,9	840,9	25,0	57,2	1,7	2,4
Randzonen	480,1	760,0	12,3	58,3	3,1	3,8
Verdichtungsbereiche	325,6	487,1	13,4	49,6	3,3	4,1
übriger ländl. Raum	1188,0	1688,1	7,5	42,1	5,5	6,7

Raum	Wohnbevölkerung				
	1960 abs. in 1000	in % der Ges. bev.	1978 abs. in 1000	in %	Veränderung in %
Verdichtungsräume	3100,5	40,13	3474,3	38,02	12,06
Randzonen	1525,7	19,75	1985,3	21,73	30,12
Verdichtungsbereiche	969,4	12,55	1177,0	12,88	11,42
übriger ländl. Raum	2131,3	27,57	2501,2	27,37	17,36

Quelle: TESKE, 1979, Anlage

nicht selten die günstigen Standorte, die der Landwirtschaft entzogen wurden (vgl. H. SPITZER, 1974), so daß jeder weitere Abbau wohlüberlegt sein sollte.

Die Siedlungsentwicklung in Baden-Württemberg

Als Beispiel für die Siedlungsentwicklung der letzten Jahrzehnte sei Baden-Württemberg herangezogen.

Die Zahlen der Tabelle 1 belegen deutlich den anhaltend starken Rückgang der landwirtschaftlich genutzten Flächen und eine entsprechend starke Zunahme der Siedlungsflächen. Die Entwicklung letzterer verlief keineswegs kontinuierlich, sondern in Perioden unterschiedlicher Wachstumsintensität. Die höchsten Steigerungsraten zeigen die sechziger und ersten siebziger Jahre. Seit der Rezession 1974 ist die Flächeninanspruchnahme für Siedlungszwecke wieder zurückgegangen. Die Wachstumskurve läßt sich einem parabolischen Trend anpassen. Hält er weiterhin an, so wird sich die Siedlungsfläche bis zum Jahr 2000 auf ca. 600 000 ha verdoppelt haben (R. STADLER, 1979, S. 14). Aber selbst dann, wenn man nur die abgeschwächte Entwicklung zwischen 1974 und 1978 zugrunde legt und linear extrapoliert, erreicht die Siedlungsfläche im Jahr 2000 einen Anteil von 15,13 % oder 541 124 ha. Dabei darf nicht übersehen werden, daß die geburtenstarken Jahrgänge erst noch ins "baufähige" Alter kommen, so daß wohl wieder mit einem Anstieg der Bautätigkeit zu rechnen ist. Nach R. STADLER (1979, S. 9) wäre bei gleichbleibender Entwicklung die noch vorhandene landwirtschaftlich genutzte Fläche bis zum Jahr 2165 aufgebraucht.

Im Gegensatz dazu steht die Entwicklung der Bevölkerung und der Haushalte (Tabelle 2). Die Diskrepanz zwischen Siedlungs- und Bevölkerungsentwicklung ist nicht zu übersehen, und das selbst in den Jahren, als die Bevölkerungszahlen noch anstiegen. Dementsprechend erhöhte sich auch die Siedlungsfläche pro Einwohner von 1960 bis 1978 um 0,86 Ar. Auch die Entwicklung der Haushaltszahlen hinkte der der Siedlungsflächen hinterher. Die Tendenz zu kleineren Haushalten hält an, so daß trotz rückläufiger Bevölkerungsentwicklung Zuwächse zu verzeichnen sind.

Vor allem die Verdichtungsräume sind vom Siedlungszuwachs betroffen (Tabelle 3). Trotz geringer Zuwächse bei der Bevölkerung (im Gesamtzeitraum 1960 - 1978) nahmen die Siedlungsflächen hier relativ am meisten zu. Mit 2,4 Ar stand jedem Einwohner 1978 die geringste Siedlungsfläche aller Raumkategorien zur Verfügung.

Forderungen an die Raumplanung

Die zukünftige Siedlungsentwicklung wurde, ausgehend vom gegenwärtigen Trend, in den vorangegangenen Ausführungen aufgezeigt. Solche Berechnungen sind zwar wenig geeignet, einen Entwicklungsverlauf exakt vorherzusagen, sie weisen aber auf einen Zielkonflikt hin, der Maßnahmen zur Gegensteuerung verlangt. Gefordert ist einerseits die ökologische Raumplanung, die sich der Instrumente der Flächenbilanzierung (vgl. A. PAPP, 1973 und A. STREMPLAT, 1973), Freiflächenplanung und des Siedlungsachsenkonzeptes (vgl. R. KRYSMANSKI, 1971) bedient. Andererseits muß es Aufgabe der Raumplanung sein, den langfristigen Flächenbedarf zu sichern; d.h. sinnvolle Steuerung der zukünftigen Siedlungsentwicklung durch sinnvolle Ausweisung neuer Baugebiete in den Raumordnungsplänen und durch Ausnutzung der bereits vorhandenen Flächenpotentiale, nämlich der bisher unbebauten Grundstücke. Sinnvolle Maßnahmen zur Siedlungssteuerung sind aber ohne eine Prognose der zukünftigen Siedlungsentwicklung nicht möglich. In ein solches Prognosemodell müssen die fast regelkreishaftigen Zusammenhänge und Einflußfaktoren der Siedlungsentwicklung eingehen. Als wichtigster Faktor sei hier neben Bevölkerungs- und Haushaltsentwicklung der wirtschaftliche genannt. Eng damit verbunden sind die Faktoren Lebensstandard und Ansprüche an die Wohnqualität. Sie haben die Siedlungsentwicklung der letzten Jahrzehnte entscheidend beeinflußt und sind für das anhaltende Wachstum verantwortlich. R. STADLER (1979, S. 14) konnte eine signifikant hohe Korrelation zwischen Wirtschaftswachstum und Siedlungsflächenentwicklung für die letzten beiden Jahrzehnte nachweisen (r^2 = 0,968). Die multiple Regression deckte die Stärke der Abhängigkeiten auf: 10 % der Varianz wurde durch den Faktor Wohnbevölkerung erklärt, die Lebenshaltungskosten trugen 40 % bei, und mit 50 % nahm der Faktor Bruttosozialprodukt je Erwerbstätigem den größten Anteil ein.

Voraussetzung jeder Prognose ist die Kenntnis der derzeitigen Flächennutzung; und die ist für die Siedlungsfläche erstaunlicherweise sehr gering (vgl. hierzu R. KÖNIG, 1980, S. 15 ff.).

Die Siedlungsstruktur des Untersuchungsgebietes

Es sind also in erster Linie sozio-ökonomische Strukturen, die die Flächennutzung einer Gemeinde bestimmen. Sie drückt sich in der Lage einer Gemeinde im Boustedt'schen Stadtregionenmodell aus, da in dieses die Agrarstruktur und die außerlandwirtschaftlichen Arbeitsplätze durch die Abgrenzungsmerkmale Agrarquote, Einwohnerarbeitsplatzdichte und Anteil der Pendler in die Kernstadt eingehen. Ein weiterer wichtiger Faktor ist die Entfernung der Gemeinde zum Zentrum, da sie die Pendelzeiten vom Wohn- zum Arbeitsort bestimmt. Sie geht indirekt in das Modell der Stadtregion ein. Der Zusammenhang der Siedlungsstruktur mit den Zonen der Stadtregionen in der Bundesrepublik Deutschland kann aus den statistischen Auswertungen von O. BOUSTEDT (1970, S. 3233) geschlossen werden, die unterschiedliche Anteile der Ein- und Zwei- bzw. Mehrfamilienhäuser in ihnen aufzeigen. Von ähnlichen Beziehungen ging auch W. FRICKE (1971, S. 41 - 62) bei der sozialgeographischen Analyse des Prozesses der Wohnvorortbildung am Beispiel des Frankfurter Raumes aus. Aus diesen Gründen wurde die folgende Arbeitshypothese für den ersten Teil der Unter-

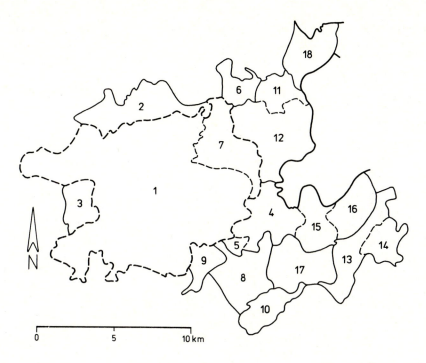

Karte 1: Die Lage der Gemeinden im Boustedt'schen Stadtregionensystem

Tab. 4: Die Gemeinden des Untersuchungsgebietes (Gebietsstand 1970)

Nr.	Stadtreg. zone	Gemeinden	
1	I	Heidelberg	
2	II	Dossenheim	
3		Eppelheim	
4		Neckargemünd	
5		Waldhilsbach	(jetzt: Neckargemünd)
6		Wilhelmsfeld	
7		Ziegelhausen	(jetzt: Heidelberg)
8	III	Bammental	
9		Gaiberg	
10		Mauer	
11		Altneudorf	(jetzt: Schönau)
12		Schönau	
13	IV	Lobenfeld	(jetzt: Lobbach)
14		Waldwimmersbach	(jetzt: Lobbach)
15		Dilsberg	(jetzt: Neckargemünd)
16		Mückenloch	(jetzt: Neckargemünd)
17		Wiesenbach	
18	außerhalb der Stadtregion	Heddesbach	

117

Tab. 5: Flächennutzungsschlüssel zur Analyse der Siedlungsstruktur

1	Siedlungsfläche
1.1	Hof- und Gebäudefläche
1.1.1	Kerngebiet
1.1.2	Wohngebiet mit Ein- bzw. Zweifamilienhausbebauung
1.1.3	Wohngebiet mit Mehrfamilienhausbebauung
1.1.4	Gewerbe- und Industriegebiet
1.1.5	Wohnfolgeflächen
1.2	Baulücken
1.3	Verkehrsflächen
1.4	Freiflächen
1.5	Militärisch genutzte Flächen
2	Restflächen

Erläuterungen und Definitionen

Kerngebiet:	Flächen mit vorwiegend geschäftlicher Nutzung oder Dorfkerne mit Bauernhöfen.
Wohngebiet:	Flächen, die vorwiegend Gebäude mit Wohnnutzung aufweisen. Eine Trennung von Ein- und Zweifamilienhäusern ist nicht möglich, da viele Einfamilienhäuser eine Einliegerwohnung haben und damit zum Zweifamilienhaus werden. Eine weitere Differenzierung der Mehrfamilienhäuser nach der Bauhöhe erfolgt im Abschnitt 4.2.
Wohnfolgeflächen:	Hierzu gehören Wochenendhäuser, Anlagen der Ver- und Entsorgung, Bildungsstätten, Behörden, Krankenhäuser usw.
Verkehrsflächen:	Hierzu zählen Flugplätze, Eisenbahn, öffentliche Parkplätze und die folgenden Straßen: Autobahnen, Bundesstraßen, Landstraßen, Kreisstraßen und Straßen mit einer Breite von über 20 Meter. Alle anderen Straßen und Wege wurden entsprechend ihrer Lage den anderen Nutzungsarten zugeschlagen.
Freiflächen:	Dauerkleingärten, Campingplätze, Parkanlagen, Friedhöfe, Sport- und Spielanlagen.
Restflächen:	Dies sind alle Nicht-Siedlungsflächen wie Wald oder landwirtschaftlich genutzte Flächen.

Tab. 6: Die Struktur der Siedlungsflächen der Gemeinden des Untersuchungsgebietes in Abhängigkeit von der Lage im Boustedtschen Stadtregionensystem und der Gemeindegrößenklasse

Gemeinden	GK	Anteile an der Siedlungsfläche (in %)			
		Hof- und Geb.fl.	Verkehrs- fläche	Freifl.	Milit. gen. Fl. und Baulücken
Heidelberg	6	63,16	18,91	7,48	10,45
Waldhilsbach	2	82,66	2,62	7,15	7,57
Wilhelmsfeld	3	84,73	8,65	4,05	2,57
Ziegelhausen	4	79,37	13,43	3,20	4,00
Neckargemünd	4	66,16	16,84	9,04	7,96
Dossenheim	4	75,82	15,49	3,92	4,77
Eppelheim	5	79,18	6,65	5,42	8,75
Gaiberg	2	74,22	11,79	3,42	10,57
Altneudorf	2	75,76	13,39	6,07	4,78
Mauer	3	67,61	14,35	6,77	11,27
Schönau	3	73,81	11,34	3,41	11,44
Bammental	4	71,27	13,24	2,96	12,53
Lobenfeld	1	67,09	20,09	3,21	9,61
Waldwimmersbach	2	62,28	28,00	4,58	5,14
Dilsberg	2	52,45	15,06	13,58	18,67
Mückenloch	2	56,42	22,74	20,81	0,00
Wiesenbach	3	63,79	18,14	8,02	10,05
Heddesbach	1	65,51	33,66	0,83	0,00

Tab. 7: Die Struktur der Hof- und Gebäudeflächen der Gemeinden des Untersuchungsgebietes in Abhängigkeit von der Lage im Boustedtschen Stadtregionensystem und der Hof- und Gebäudefläche

Gemeinden	Anteil der Hof- und Geb.fl. an der Siedl.fl.	Anteile an der Hof- und Geb.fl. (in %)				
		Kern- gebiet	1/2- Fam.	M.- Fam.	Gew./I.	Wohn- folge- fl.
Heidelberg	63,16	8,37	14,17	41,58	19,41	16,47
Neckargemünd	66,16	9,53	64,44	10,55	7,24	8,24
Dossenheim	75,82	11,66	28,81	42,26	10,15	7,12
Eppelheim	79,18	5,18	22,92	43,27	23,87	4,76
Ziegelhausen	79,37	6,29	62,17	25,03	2,23	4,28
Waldhilsbach	82,66	8,16	6,34	76,80	3,49	5,21
Wilhelmsfeld	84,73	1,83	77,98	18,15	0,00	2,04
Mauer	67,61	9,23	32,94	34,70	15,04	8,09
Bammental	71,27	6,04	43,60	27,08	15,97	7,31
Schönau	73,81	12,36	62,35	9,07	13,38	2,84
Gaiberg	74,22	10,50	47,80	27,06	4,44	10,20
Altneudorf	75,76	20,17	36,87	40,92	0,00	2,04
Dilsberg	52,45	12,99	73,52	4,75	3,87	4,87
Mückenloch	56,42	24,62	52,53	15,45	1,44	5,96
Waldwimmersbach	62,28	16,56	61,89	12,41	5,99	3,15
Wiesenbach	63,79	2,78	51,68	33,88	4,19	7,47
Lobenfeld	67,09	30,11	65,75	0,00	0,00	4,14
Heddesbach	65,51	14,51	54,74	0,00	30,75	0,00

suchung aufgestellt:

- Siedlungsstruktur und Lage einer Gemeinde in einer Stadtregionszone weisen einen hohen statistischen Zusammenhang auf. Insgesamt existiert ein Kern-Rand-Gefälle bezüglich des Verhältnisses Ein- bzw. Zweifamilienhausbebauung zu Mehrfamilienhausbebauung.

Das Untersuchungsgebiet besteht aus 18 Gemeinden (Gebietsstand 1970) des östlichen Rhein-Neckar-Raumes (Tabelle 4 und Karte 1). Zur Erhebung der Flächennutzungsdaten wurden Luftbilder (Aufnahmedatum 1975) des Maßstabes M 1 : 10.000, entzerrt auf der Grundlage der TK 25, verwendet.

Der für die Luftbildinterpretation erforderliche Flächennutzungsschlüssel (Tabelle 5) entstand aus naheliegenden Gründen (s. Anmerkung 1) in Anlehnung an den des Raumordnungsverbandes Unterer Neckar, der dort zur Erstellung des Realnutzungskatasters verwendet worden war (s. K. FISCHER, 1977, S. 131).

Die Fläche des Untersuchungsgebietes besteht zu 18,5 % aus Siedlungsflächen, zu 43,65 % aus Wald und 27,63 % werden landwirtschaftlich genutzt. Der Siedlungsschwerpunkt befindet sich in der Rheinebene und im Neckartal um Heidelberg. Die Hof- und Gebäudeflächen nehmen mit 66,92 % den größten Anteil an der Siedlungsfläche ein, gefolgt von den Verkehrsflächen mit 16,84 % und den Freiflächen mit 6,81 %. Der in der Hypothese vermutete Zusammenhang läßt sich zunächst aus den Tabellen 6 und 7 nicht ablesen. Als Störfaktoren erweisen sich z.B. die Fremdenverkehrs- und Freizeitfunktionen Neckargemünds, die dort zu einem überproportional hohen Anteil der Frei- und Verkehrsflächen führen. Nach Ausschaltung aller Störfaktoren oder "Zufälligkeiten" läßt sich die Ausgangshypothese durchweg bestätigen.

Die Computerauswertung der Daten sollte die bisher festgestellten Ergebnisse untermauern und gegebenenfalls erweitern. Dazu wurden zunächst Einfachkorrelationen zwischen den wichtigsten Variablen durchgeführt. Hohe Werte ergaben sich zwischen dem Anteil der Siedlungsflächen an der Gemarkungsfläche und der Lage der Gemeinden im Boustedt'schen Stadtregionensystem (r^2 = 0,8104) sowie zwischen der Siedlungs- und der Hof- und Gebäudefläche (r^2 = 0,9988). Da die Einzelkorrelationen ansonsten keine brauchbaren Ergebnisse brachten, müssen die vermuteten Zusammenhänge komplexerer Natur sein. Der nächste Schritt war deshalb die multiple Korrelation. Die wichtigsten Ergebnisse sind in Tabelle 8 zusammengefaßt.

Tab. 8: Ergebnisse der multiplen Korrelation

Variablensätze	1	2	3
4	0,6210	0,7200	
5	0,8019	0,8638	0,8980

Erläuterungen zu Tab. 8: Var. satz 1 = Einwohnerarbeitsplatzdichte (EAD)
2 = EAD - Gemeindegrößenklasse (GK)
3 = EAD-GK-Hof- und Gebäudefläche (HuG)
4 = HuG-Verkehrsfl.-Freifl.
5 = Kernbeb.-Ein- bzw. Zweifamilienhausbeb.-Gewerbe- und Industrie-
gebiet-Wohnfolgeflächen

Es wurde keine Korrelation berechnet

GK 1   unter 1000 Einwohner
   2   1000 bis unter 2000 Einwohner
   3   2000   "   5000   "
   4   5000   "   10000   "
   5 10000   "   20000   "
   6 20000 und mehr Einwohner

Aufgrund dieser Ergebnisse konnten sechs verschiedene Typen der Flächennutzung ausgewiesen werden. Als Typisierungsmerkmale wurden die folgenden Faktoren herangezogen:

- Anteil der Hof- und Gebäudefläche an der
  Siedlungsfläche
- Anteil des Kerngebietes
- Anteil der Ein- bzw.   an der Hof-
  Zweifamilienhausbeb.   und Gebäude-
- Anteil der Mehrfamilien-   fläche
  hausbebauung

Insgesamt erfolgte die Ausgliederung von sechs Typen (Tab. 9, Karte 2).

Im folgenden werden die verschiedenen Typen stichwortartig charakterisiert.

Typ 1: Relativ niedrige Hof- und Gebäudefläche, d.h. höhere Anteile
der Verkehrs- und Freiflächen;
großes Übergewicht der Mehrfamilienhausbebauung gegenüber
der Ein- bzw. Zweifamilienhausbebauung als Folge der Flächenknappheit (Verhältnis = 3:1).

Typ 2: Ebenfalls noch Übergewicht der Mehrfamilienhausbebauung, aber
deutlich höherer Anteil der Hof- und Gebäudefläche an der Siedlungsfläche.

Typ 3: Ausgewogenes Verhältnis zwischen den beiden Bebauungsformen
der Wohngebiete, annähernd 1:1.

Typ 4: Übergewicht der Ein- bzw. Zweifamilienhausbebauung, wobei das
Verhältnis zur Mehrfamilienhausbebauung zwischen 1:1 und 2:1
liegt;
mittlere Anteile der Hof- und Gebäudefläche an der Siedlungsfläche.

Tab. 9: Abgrenzungskriterien der Flächennutzungstypen

Typ	Hof- und Geb.fl.	Kerngebiet	Ein-/Zweifam.hausbeb.	Mehrfam.-hausbeb.	Gemeinden	SR
1	75 %	-	30 %	40 %	Heidelberg	1
2	75 %	-	30 %	40 %	Dossenheim Eppelheim Waldhilsbach	2
3	75 %	-	30 - 40 %	40 %	Mauer Altneudorf	3
4	75 %	-	40 - 52 %	40 %	Bammental Gaiberg Wiesenbach	3 / 4
5	65 %	12 %	52 %	40 %	Neckargemünd Wilhelmsfeld Ziegelhausen	2
6	75 %	12 %	52 %	40 %	Lobenfeld Waldwimmersb. Dilsberg Mückenloch Schönau Heddesbach	4 / 3 / -

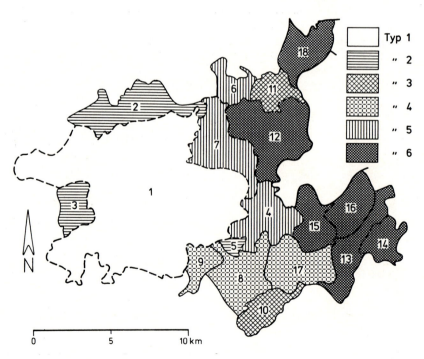

Karte 2: Die Flächennutzungstypen

Typ 5: Stark dominierende Ein- bzw. Zweifamilienhausbebauung (Verhältnis über 2,4:1) und relativ hohe Hof- und Gebäudefläche.

Typ 6: Dörflich geprägt bei Dominanz der Ein- bzw. Zweifamilienhausbebauung.

Die Struktur der Wohngebiete

Der Wohnbaufläche kommt mit einem Anteil von ca. 50 % an der Gesamtheit der für Siedlungszwecke in Anspruch genommenen Flächen die größte Bedeutung im Vergleich zu anderen Nutzungsarten im Siedlungsbereich zu. Eine eingehendere und differenziertere Analyse dieses Bereiches ist deshalb dringend erforderlich, zumal Bauform und Baudichte den Flächenbedarf der Wohnbauflächen in erheblichem Umfang bestimmen. Für den zweiten Teil der Untersuchung wurde die Ausgangshypothese noch weiter differenziert:

- Die Struktur der Wohnbebauung und die Lage einer Gemeinde im Boustedt schen Stadtregionensystem weist einen hohen statistischen Zusammenhang auf. Insgesamt existiert ein Kern-Randgefälle bezüglich der Vielfalt der Bebauungsformen.

Die Differenzierung der Wohnbebauung erfolgte nach dem in Tabelle 10 angegebenen Schlüssel. Die Überbauungsgrade stellen keine absoluten Werte dar. Das hätte auch gar keinen Sinn, da sich die Dichtewerte für die verschiedenen Bebauungsformen nicht miteinander vergleichen lassen. Es handelt sich hierbei um normierte Werte, die sozusagen auf einen Nenner gebracht wurden, und zwar mit Hilfe der Nettowohndichten (= Einwohner/Nettowohnland) nach W. REINHARDT und H. TRUDEL (1979). Dazu das folgende Beispiel: Die Bebauungsform 1.1.1 (Tab. 10) wies einen durchschnittlichen Überbauungsgrad von 24 % auf und wäre damit in die niedrigste Klasse einzuordnen gewesen. Mit einer durchschnittlichen Nettowohndichte von 300 EW/ha liegt sie aber an der Spitze aller Bebauungsformen und wurde deshalb in die höchste Klasse eingeordnet. Schließlich kommt es aber auch nur auf die relativen Angaben an, so daß Wohngebiete und Gemeinden jeweils miteinander verglichen werden können.

Leider erbrachte dieser Teil der Untersuchung nicht die erhofften Resultate. Die Auswertung der Daten erwies sich als äußerst kompliziert und daher konnte die Hypothese nur in Ansätzen verifiziert werden. Deshalb sei hier nur eine kurze Skizzierung der Ergebnisse erlaubt.

Etwa 1/3 der Wohnbaufläche des Untersuchungsgebietes ist mit Ein- bzw. Zweifamilienhäusern geringster Wohndichte (unter 1/3) bebaut (s. Tab. 11). Hier kann man bereits vom Tatbestand der Zersiedlung sprechen.
Die Mehrfamilienhausbebauung weist erwartungsgemäß höhere Dichten auf. Immerhin ist der Überbauungsgrad bei 42,75 % der Flächen über 1/3 (s. Tab. 12).

Tab. 10: Differenzierung der Wohnbebauung nach Bebauungsformen und Dichtewerten

1	Reihen- und Zeilenbebauung
1.1	Systematisch angelegte Reihen oder Zeilen von Mehrfamilienhäusern mit Rasenabstandsflächen bzw. Innenhöfen.
1.1.1	Mehrfamilienhäuser mit drei bis sieben Stockwerken
1.1.2	Mehrfamilienhäuser mit mehr als sieben Stockwerken
1.2	Straßenzeilen mit Ein- bzw. Zweifamilienhäusern oder Mehrfamilienhäusern mit bis zu drei Stockwerken und kleineren Gärten.
1.3	Reihenhausanlagen
2	Einzel- und Punktbebauung
2.1	Engstehende Mehrfamilienhäuser mit bis zu drei Stockwerken oder Ein- bzw. Zweifamilienhäuser mit kleineren Gärten in älteren Wohngebieten.
2.2	Systematisch angelegte neuere Wohngebiete (etwa ab Mitte der sechziger Jahre) mit Ein- bzw. Zweifamilienhäusern in mittlerer Dichte.
2.3	Gewucherte Wohnbebauung geringster Dichte.
2.4	Punktbebauung mit Mehrfamilienhäusern mit mehr als sieben Stockwerken.
3	Einzelstehende Wohnhäuser außerhalb geschlossener Ortschaften, Aussiedlerhöfe oder einzelne Wohnhäuser innerhalb anderer Nutzungsarten.

Zuordnung von Dichtewerten

Überbauungsgrad in %	Bebauungsform
≤ 25 %	2.3
25 - 30 %	2.2
30 - 35 %	2.1
35 - 40 %	1.2, 2.4, 1.3
≥ 40 %	1.1

Tab. 11: Überbauungsgrade in den Wohngebieten des Untersuchungsgebietes

Überbauungsgrad	1/2-Familienh.	Mehrfamilienh.	
25 %	8,92 %	3,91 %	
25 - 30 %	21,06 %	7,70 %	
30 - 35 %	10,13 %	13,83 %	Anteile an der Wohnbebauung
35 - 40 %	1,80 %	15,21 %	
40 %	-	13,71 %	

Tab. 12: Überbauungsgrade in den Wohngebieten der Boustedt'schen Stadtregionen

SR	Ein- bzw. Zweifamilienhausbebauung				Mehrfamilienhausbebauung				
	25 %	25-30 %	30-35 %	35-40 %	25 %	25-30 %	30-35 %	35-40 %	40 %
1	7,2	11,4	4,1	1,6	4,9	5,4	13,0	26,0	25,4
2	7,7	25,0	19,9	2,5	1,1	8,9	18,6	8,4	1,3
3	9,4	42,7	10,7	0,2	7,3	12,0	6,6	1,7	4,3
4	28,9	25,6	5,3	4,1	0,0	10,7	16,3	0,0	1,1
H.	80,3	10,9	0,0	0,0	0,0	0,0	0,0	0,0	0,0

Anteile (in %) an der Wohnbebauung

War der Zwang zur Verdichtung in Heidelberg bereits aus Tabelle 7 ersichtlich geworden (hoher Anteil an Mehrfamilienhausbebauung), so wird er in Tabelle 12 noch einmal verdeutlicht. 51,4 % der Wohnbauflächen weisen einen Überbauungsgrad von mehr als 35 % auf. Das schwächt sich in der Stadtregionenzone 2 bereits etwas ab, und in Zone 3 dominiert schließlich die Ein- bzw. Zweifamilienhausbebauung geringster Dichte. Dieser Trend setzt sich auch nach Zone 4 fort. Die Zersiedlung scheint hier am weitesten fortgeschritten, und relativ gesehen ist das auch richtig. Da in den Zonen 3 und 4 keine Knappheit an Fläche bestand, wurde bei der Ausweisung von Baugebieten großzügig verfahren, so daß Wohngebiete geringer Dichte hohe Anteile einnehmen. In den Zonen 1 und 2 fallen solche zersiedelten Flächen relativ zwar nicht so ins Gewicht, nehmen aber absolut große Areale ein, insgesamt 368,08 ha (Wohngebiete mit Dichten unter 30 %).

Zusammenfassung

Zum Abschluß sollen die Ergebnisse der Untersuchung noch einmal kurz zusammengefaßt werden.
Die Arbeitshypothese des ersten Teiles konnte weitgehend bestätigt werden:

- hohe Korrelation zwischen dem Anteil der Siedlungsfläche an der Gemarkungsfläche und der Lage der Gemeinden im Boustedt schen Stadtregionensystem
- Kern-Rand-Gefälle des Anteils der Kernbebauung an der Hof- und Gebäudefläche
- Kern-Rand-Gefälle des Verhältnisses von Mehrfamilienhausbebauung zu Ein- bzw. Zweifamilienhausbebauung
- im großen und ganzen zeigen sich die Hof- und Gebäudefläche, die Verkehrs- und Freiflächen typisch in Bezug auf die Lage der Gemeinden im Stadtregionensystem

Zusätzlich brachte die Computerauswertung einen signifikant hohen Zusammenhang zwischen Siedlungs-, Hof- und Gebäudefläche.

Im zweiten Teil der Untersuchung konnten nur einige wenige Tendenzen ermittelt werden:

- die Dichtewerte der Wohnbebauung weisen ein Kern-Randgefälle auf
- ein Kern-Randgefälle des Angebotes an Bebauungsformen war nicht feststellbar (dies könnte ein Beweis für die im östlichen Rhein-Neckar-Raum weit fortgeschrittene Urbanisierung sein)

Auf jeden Fall bleibt festzuhalten, daß im Untersuchungsgebiet große Teile der Wohnbauflächen als zersiedelt bezeichnet werden können. Es ist zu hoffen, daß die Verantwortlichen die großen Gefahren, die davon ausgehen, erkennen und mit Gegenmaßnahmen nicht auf sich warten lassen.

Literaturverzeichnis

BADEN-WÜRTTEMBERG IN DEN 70er JAHREN (1980): Rückblick, Ausblick. Hrsg. Statistisches Landesamt Baden-Württemberg. Stuttgart

BERNT, O. (1964): Wochenend- und Ferienhäuser: ein aktuelles Problem. In: Mitteilungen des Österreichischen Instituts für Raumplanung. 67, S. 124 - 135

BOUSTEDT, O. (1970^2): Handwörterbuch der Raumforschung und Raumordnung, Bd. 3, Akademie für Raumforschung und Landesplanung Hannover, Sp. 3207 - 3237

FISCHER, K. (1977): Zum Aufbau eines Planungskatasters für Zwecke der Regional- und Flächennutzungsplanung. In: Der Landkreis, 47, S. 129 - 132

FRICKE, W. (1971): Sozialgeographische Untersuchungen zur Bevölkerungs- und Siedlungsentwicklung im Frankfurter Raum. In: Untersuchungen zur Bevölkerungs- und Siedlungsentwicklung im Rhein-Main-Gebiet, Rhein-Mainische Forschungen Heft 71, S. 5 - 74

GÖDERITZ, J., RAINER, R. & H. HOFFMANN (1957): Die gegliederte und aufgelockerte Stadt. (Archiv für Städtebau und Landesplanung, H. 4). Tübingen

KÖNIG, R. (1980): Die Wohnflächenbestände der Gemeinden der Vorderpfalz. Bestandsaufnahme, Typisierung und zeitliche Begrenzung der Flächenverfügbarkeit raumfordernder Wohnfunktionsprozesse. Heidelberger Geogr. Arb. Heft 68

KRAUS, O. (1964): Das Problem der Wochenendhäuser. In: Naturschutzparke, 32, S. 18 - 26

KRYSMANSKI, R. (1971): Die Nützlichkeit der Landschaft. Überlegungen zur Umweltplanung. (Beiträge zur Raumplanung, 9). Düsseldorf

MATTERN, H. (1964): Gras darf nicht mehr wachsen: 12 Kapitel über den Verbrauch der Landschaft. (Bauwelt-Fundamente, 13). Berlin

PAPP, A.v. (1973): Bilanzierung der Flächennutzung: Aufgabe und Probleme der Raumordnung. In: Institut für Raumordnung: Informationen. 23, S. 311 - 327

REINHARDT, W. & H. TRUDEL (1979): Wohndichte und Bebauungsformen: praktische Entscheidungshilfen für die kommunale Planung. (Veröffentlichungen der Forschungsgemeinschaft Bauen und Wohnen, Nr. 113). Stuttgart

SPITZER, H. (1974): Die Ansprüche der modernen Industriegesellschaft an den Raum, dargestellt an Beispielen der Landwirtschaft im Modellgebiet Rhein-Neckar. In: Forschungs- und Sitzungsberichte der Akademie für Raumforschung und Landesplanung. 90, S. 1 - 54

STADLER, R. (1979): Zum Problem des Landschaftsverbrauchs. In: Baden-Württemberg in Wort und Zahl. 27, S. 102 - 111

STREMPLAT, A. (1973): Die Flächenbilanz als neues Hilfsmittel der Regionalplanung: dargestellt am Beispiel von Oberhessen. Gießener Geogr. Schriften, 29, Gießen

TESKE, H.-D. (1979): Die Flächennutzungsentwicklung aus der Sicht der Landesplanung. Unveröffentliches Manuskript

DETERMINANTEN DES INNOVATIONSPROZESSES
AM BEISPIEL VON WINZERGENOSSENSCHAFTEN
IN SÜDWESTDEUTSCHLAND

Von Manfred SCHUMACHER (Sandhausen)

Mit 4 Figuren und 5 Tabellen

1. Einleitung

Die Analyse von Innovationsprozessen erfolgte bisher vor allem an Beispielen von Produkten und Verfahrenstechniken.
Der folgende Beitrag enthält einige Hinweise zur angewandten Innovationsforschung im sozialökonomischen Bereich. Im einzelnen sollen räumliche Probleme des Diffusionsprozesses am Beispiel einer Organisationsform nachgewiesen werden. Die Diffusion ist von sehr verschiedenen strukturellen, funktionalen und historisch-genetischen Bedingungen abhängig (vgl. SCHÄTZL, 1981, S. 105f.).

Untersuchungsobjekte sind die Winzergenossenschaften von zwei benachbarten Weinbaugebieten. Während in Baden ein hoher Grad der Ausbreitung erreicht worden ist, stagniert die Entwicklung in der Pfalz, ohne die Phase der Saturation erreicht zu haben. Diese interregionalen Unterschiede in der Geschwindigkeit, im Verlaufsmuster etc. galt es zu überprüfen.

Daraus ergab sich die Frage nach den Ursachen bzw. den ökonomischen und sozialpsychologischen Determinanten, die durch eine Befragungsaktion 1979 erforscht wurden.

In Anknüpfung an eine Arbeit von B. FELLHAUER (1978) über die Entwicklung der Genossenschaften als Innovationsprozeß in Baden, wurden im Rahmen eines agrargeographischen Forschungsprojektes von W. MIKUS die Probleme der Entwicklung in der Pfalz untersucht.

2. Der Diffusionsverlauf der Innovation Winzergenossenschaften in der Pfalz im Vergleich zu Baden

Um die Diffusion der Innovation Winzergenossenschaften darstellen zu können, wurden als Parameter die Anzahl der Genossenschaften, die Entwicklung der Mitgliederzahlen, die Verbreitung der genossenschaftlichen Rebflächen, sowie die Entwicklung des genossenschaftlichen Erfassungsanteils an der Gesamternte herangezogen (s. Tab. 1).

Tab. 1: Die Diffusion der Winzergenossenschaften in der Pfalz, gemessen an ausgewählten Parametern

Jahr	Anzahl WG's	Gen. Mitgl.	Rebfl. Mitgl. ha	Rebfl. insg. ha	%	Erfassg. WG's hl	Erfassg. insges. hl	%
1895	1							
1901	3							
1904	18							
1914	25							
1925	36	3954						
1933	51	3800						
1935	80							
1937	101	5448						
1940	96							
1942	74	6372				17700		
1945	73	6650				71246		
1950	69	6245				224739		
1954	73	6803	3763	14734	25	222480	890147	25
1957	71	7345	3500	13758	25	184936	844294	22
1958	74	7572	3662	14050	26	332037	1504639	22
1959	73	7963	4323	15464	29	307589	1264321	24
1960	72	8626	4324	16039	28	572740	2347217	24
1961	71	8542	4448	16466	28	296689	1022184	29
1962	64	8011	4237	16696	27	353810	1252507	28
1963	62	8479	4340	17070	27	453866	1802627	25
1964	58	8354	4354	17101	25	509459	2088045	24
1965	48	8087	4474	17681	25	390847	1491966	26
1966	43	7888	4305	17732	24	349966	1304773	27
1967	41	7711	4213	17937	23	391580	1778118	22
1968	39	7596	4320	18212	24	408269	1766832	23
1969	35	7610	4452	18462	24	432253	1742437	25
1970	35	7593	4600	18621	25	642318	2685003	24
1971	31	7987	5308	19303	27	379217	1649685	23
1972	29	7514	5057	12271	26	483250	2073648	23
1973	32	7525	5373	19823	27	701852	2847154	25
1974	32	7798	5377	20217	27	516866	2025330	26
1975	31	7325	5605	20457	27	568954	2375617	24
1976	31	7616	5724	20722	28	573709	2378966	24
1977	30	7634	5758	20920	27	632302	2482180	26
1978	29	7471	5827	21187	27	613162	2245336	27

Quelle: Daten aus den Jahresberichten des deutschen Raiffeisenverbandes Rheinpfalz, 1942 - 1978, sowie aus den statistischen Berichten Rheinland-Pfalz, Bad Ems, versch. Jahrgänge.

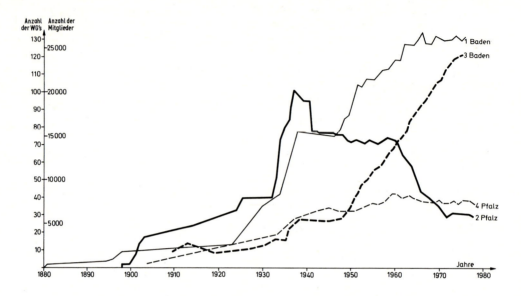

Fig. 1: Die Entwicklung der Winzergenossenschaften (1 und 2) und deren Mitglieder (3 und 4) in der Pfalz und in Baden

Ein Blick auf den Verlauf in der Rheinpfalz zeigt, daß die Diffusion der Winzergenossenschaften nach der ersten Gründung 1898 in Deidesheim zunächst rasch um sich griff (s. Fig. 1). 1904 bestanden in der Pfalz bereits 18 Winzergenossenschaften. Der Gründungsphase der "Innovatoren" folgte ein Zeitraum, in dem sich die Neuerung bis zum Maximum von 101 Genossenschaften (1937) weiter ausbreitete (Diffusionsphase). Diese Zunahme ist eine Konsequenz der Weltwirtschaftskrise. So schreibt H. KALINKE (1975, S. 457: "Wenn die Winzergenossenschaften als "Kinder der Not" bezeichnet werden, so trifft dies auch für die Gründungen in der Weltwirtschaftskrise von 1926-1934 zu."

Von diesem Zeitpunkt an folgt ein permanenter, wenngleich auch unregelmäßiger Rückgang, der, als Folge eines Konzentrationsprozesses, bis heute anhält (Stagnationsphase).

Vergleicht man nun die Kurve mit der von Baden, so ergibt sich bis zum Ende der Diffusionsphase ein ähnlicher Kurvenverlauf. Allerdings ging die Entwicklung in Baden stetig weiter und läßt annähernd die Modellkurve des kumulativen Wachstums nach E.M. ROGERS (1971) erkennen, so daß heute die Saturationsphase erreicht ist.

Der unterschiedliche Verlauf der beiden Kurven nach dem zweiten Weltkrieg legt die Vermutung nahe, daß in diesen Jahren entscheidende Ereignisse eingetreten sein müssen, die die unterschiedliche Entwicklung in den beiden Weinbaugebieten hervorgerufen haben. Das badische Weinbaugebiet soll durch die Zerstörungen des zweiten Weltkrieges weit stärker in Mitleidenschaft gezogen worden sein als das der Pfalz; ein Grund für die Zunahme der badischen Winzergenossenschaften. Dies ist jedoch ex post nur eine Erklärungsmöglichkeit.

Im folgenden werden weitere Determinanten für die unterschiedliche Verbreitung von Winzergenossenschaften am Beispiel der Pfalz untersucht.

Weit aussagekräftiger als die Zahl der Genossenschaften ist die Entwicklung der Mitgliederzahlen; denn durch Zusammenschlüsse verschiedener Genossenschaften sinkt zwar ihre Anzahl, die Mitgliederzahl hingegen braucht deshalb nicht abzunehmen. Außerdem ist zu berücksichtigen, daß die Größe der Genossenschaften bezüglich der Mitglieder sehr stark differiert.

Dennoch bestätigt ein Blick auf die Figur 1 der Mitgliederzahlen die oben aufgezeigte Entwicklung: einem annähernd gleichen Kurvenverlauf bis zum Jahre 1948 folgt ein starker Aufschwung der Mitgliederzahlen in Baden, während von nun an die Kurve für die Rheinpfalz nur noch einen geringen Anstieg bis 1960 zeigt. Diesem Kulminationspunkt mit 8626 Mitgliedern folgte ein leichter Rückgang, der in geringen Schwankungen bis heute anhält. 1978 zählen die Genossenschaften in der Pfalz 7471 Mitglieder. Allerdings wird der Trend der Kurve zwei in Figur 1 relativiert. Konnte noch deren Betrachtung den Eindruck vermitteln, mit dem Winzergenossenschaftswesen in der Pfalz gehe es rapide bergab, so verdeutlicht nun die Kurve der Mitgliederbewegungen, daß auch in der Pfalz die Genossenschaften ihre Mitgliederzahlen bis 1960 stetig erhöhen konnten. Es kann jedoch nicht übersehen werden, daß seit diesem Zeitpunkt eine Stagnation bzw. ein leichter Rückgang eingetreten ist.

Hingegen zeigt die Kurve für Baden auch bei der Entwicklung der Mitgliederzahlen einen der idealen S-Form angenäherten Verlauf, so daß man für dieses Weinbaugebiet wiederum einen modellhaft sich vollziehenden Diffusionsverlauf nachweisen kann.
Den Innovationsprozeß im Kraichgau hat B. FELLHAUER kartographisch dargestellt.

Weiteren Aufschluß über den Diffusionsgrad der Winzergenossenschaften gibt die Entwicklung der genossenschaftlichen Rebflächen und ihr Verhältnis zur Gesamtentwicklung.

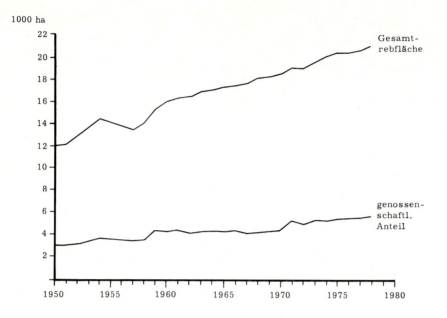

Fig. 2: Rebflächenentwicklung in der Pfalz

Trotz der stetigen Abnahme der Anzahl pfälzischer Weinbaubetriebe konnte die Rebfläche von 12.185 ha 1951 auf 21.197 ha 1978 erweitert werden. Ein leichter Rückgang war lediglich zwischen 1954-1957 zu verzeichnen. Erstaunlich parallel dazu verlief die Entwicklung der genossenschaftlichen Rebflächen. Die Genossenschaften konnten ihr Rebland von 3.103 ha 1951 auf 5.827 ha 1978 steigern. Damit bewegen sie sich zwischen 23,5% und 29% der gesamten Rebfläche. Nach dem Höchststand von 1959 mit 29,2% folgten in den 60er und 70er Jahren leichte Schwankungen. Eine Aufwärtsentwicklung ist also auch hier nicht zu erkennen, während in Baden ein hoher genossenschaftlicher Erfassungsanteil erreicht wird (s. Fig. 3).

Als letzter Parameter für die Diffusion der Innovation "Winzergenossenschaften" soll die Weinerfassung der Genossenschaften herangezogen werden.

Figur 4 verdeutlicht die immer noch starken Schwankungen der Erntemengen. Dennoch ist insgesamt ein beträchtlicher Zuwachs zu verzeichnen. Einer Erfassung von 746.731 hl im Jahre 1953 stehen 2.245.535 hl 1978 gegenüber.
Mit dieser Entwicklung konnten die Winzergenossenschaft zwar Schritt halten - sie steigerten ihre Weinerfassung von 165.159 hl im Jahre 1952 auf 613.162 hl 1978 - der Anteil an der Gesamterfassung der Pfalz wurde jedoch in den letzten Jahrzehnten nicht wesentlich erhöht und bewegte sich zwischen 21% - 29% (1969 - 1978).

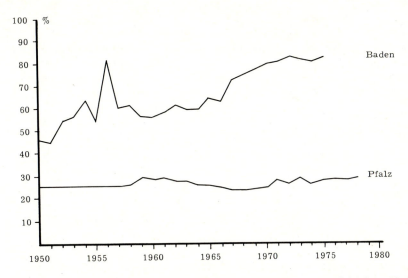

Fig. 3: Der prozentuale Anteil der genossenschaftlichen Rebfläche in Baden und der Pfalz

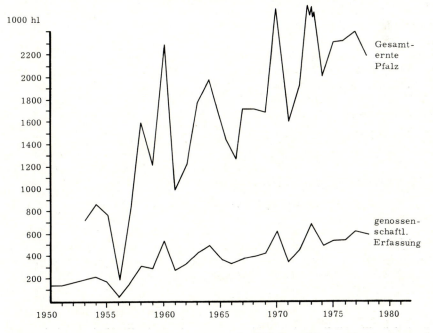

Fig. 4: Der Anteil der genossenschaftlichen Weinerfassung an der Gesamterfassung

Zusammenfassend läßt sich feststellen, daß nach einem lebhaften Anfang der Diffusion in der Pfalz die Anzahl der Winzergenossenschaften zurückgeht. Dieses ist einerseits auf die schon erwähnten Konzentrationsprozesse zurückzuführen. So zeichnet sich in der Pfalz - und hier speziell im Bereich "Südliche Weinstraße" - ein Trend zu übergebietlichen Großgenossenschaften ab, denen keine Ortsgenossenschaften vorgeschaltet sind.

Andererseits zeigen die weiteren Parameter eindeutig, daß das Winzergenossenschaftswesen hier in eine Phase der Stagnation eingetreten ist, ohne auch nur annähernd die Saturationsphase nach ROGERS erreicht zu haben.

Dies äußert sich in der Entwicklung der Mitgliederzahlen, die etwa seit 1960 leicht rückläufig sind, ebenso wie bei der genossenschaftlichen Weinerfassung und der Rebflächenentwicklung. Beide sind zwar absolut leicht gestiegen, im Vergleich zu der Gesamtentwicklung liegt jedoch eine Stagnation vor.

Diese Tatsache leitet über zum zweiten Teil der Arbeit, in dem Determinanten für oben gezeigte Entwicklung untersucht werden sollen.

3. Ökonomische Determinanten für die Diffusion der Innovation "Winzergenossenschaften"

Im Rahmen der Untersuchung wurden 150 Fragebogen in 13 Weinbaugemeinden der Rheinpfalz verteilt. Davon sind 104 (69%) mit Hilfe des SPSS-Programmes im Rechenzentrum der Universität Heidelberg ausgewertet worden.

3.1 Die Betriebsgröße

Die mittlere Betriebsgröße der Betriebe lag bei 4,0 ha Rebland. Dies entspricht jedoch nicht der durchschnittlichen Betriebsgröße der Weinbaubetriebe in der Rheinpfalz, die bei 1,24 ha liegt. Die große Differenz ergibt sich daraus, daß pro Ort jeweils vier Haupt- und vier Nebenerwerbswinzer befragt wurden. Der Anteil der Kleinbetriebe ist jedoch größer.

An diesem Punkt tritt schon eine entscheidende Abweichung gegenüber den Betrieben in Baden zutage. Die durchschnittliche Betriebsgröße beträgt dort nur 0,51 ha. Für die Bundesrepublik liegt der Durchschnitt bei 0,90 ha[1]. Die Besitzgröße liegt also in der Pfalz deutlich über, in Baden jedoch wesentlich unter dem Bundesdurchschnitt.

Aufgrund mündlicher Aussagen mehrerer Winzer ist darin ein Hauptgrund für die relativ und absolut geringere Mitgliederzahl der rheinpfälzischen Winzergenossenschaften zu sehen, denn bei einer gewissen Betriebsgröße sind hohe Investitionen für Fuhrpark, Kellereieinrichtungen, Gebäude, Kel-

---

[1] Land- und Forstwirtschaft, Fischerei: Fachserie B, R.2

ler, Lager, Instandhaltung der Weinberge u.a.m. erforderlich. Man kann also davon ausgehen, daß bei den gegebenen Besitzverhältnissen beider Weinbaugebiete in der Rheinpfalz kapitalintensiver gewirtschaftet werden mußte.

Da nun mit dem Eintritt in eine Winzergenossenschaft ein großer Teil dieser Investitionen, und zwar in der Hauptsache die Kellereieinrichtungen und -räume, nicht mehr genutzt werden können und quasi als totes Kapital den Betrieb belasten, versteht sich die geringe Bereitschaft einer Klasse von Betrieben, eben ab einer gewissen Größe, einer Winzergenossenschaft beizutreten.
Diese Tatsache spiegelt sich jedoch nur bedingt in der Beantwortung der Frage

"Ist die Größe Ihres Betriebes ein entscheidender Grund gegen einen Beitritt in eine Winzergenossenschaft?"

wieder. Immerhin haben nur 14 Probanden (13,5%) die Frage dahingehend beantwortet, daß ihr Betrieb für einen Beitritt in eine Winzergenossenschaft zu groß sei.

Das eigentlich Überraschende bei der Beantwortung dieser Frage sind jedoch die 38 Probanden (36,5%), die angeben, ihr Betrieb sei für einen Beitritt zu klein. Um diese Angaben zu differenzieren, wurden bei Probanden, bei denen dies möglich war, weitergehende Fragen gestellt. Ihre Beantwortung ergab folgendes:

a) Die jährliche Ernte sei weitaus zu gering, so daß es sich nicht lohnt, mit dieser kleinen Menge zur nächsten Sammelstelle der Winzergenossenschaft zu fahren.
b) Weil die Auszahlung der Genossenschaften in Raten erfolgt, würden sich sehr kleine Beträge ergeben, so daß man die Abgabe an den Weinhandel mit einmaliger Auszahlung vorzieht.
c) Als Hinderungsgrund wurde auch der Genossenschaftsbeitrag angegeben.

Die Betriebsgröße ist also für 50% der Befragten ein entscheidender Faktor bei der Abwägung des Betriebsinhabers für oder gegen einen Genossenschaftsbeitritt.

Tab. 2 bestätigt zwar, daß die Mehrzahl der Genossenschaftsbetriebe aus Klein- und Mittelbetrieben besteht, sie zeigt aber auch, daß nur ein Vergleich mit der Gesamtverteilung der Betriebe aussagekräftige Schlüsse zuläßt. So entkräftigt beispielsweise der relativ geringe Anteil der Kleinstbetriebe an den Genossenschaftsbetrieben obige Aussage mehrerer Winzer, die geringere durchschnittliche Betriebsgröße der badischen Weinbaubetriebe sei ein Hauptgrund für die höheren Mitgliederzahlen in Baden. Die Tabelle bestätigt im Gegenteil eindeutig die bei der Befragung zum Ausdruck gekommene geringe Neigung der Kleinstbetriebe, einer Genossenschaft beizutreten.

Tab. 2: Größenklassen und Verteilung der Genossenschaftsbetriebe sowie der gesamten Weinbaubetriebe in der Bundesrepublik auf diese Klassen

ha	Genossenschafts- betriebe %	Weinbaubetriebe gesamte BRD %
unter 0,1	2,3	7,9
0,1 - 0,25	18,6	30,9
0,25 - 0,50	19,3	21,4
0,50 - 1	17,6	17,0
1 - 2	15,9	12,5
2 - 5	21,7	8,4
5 - 10	4,4	1,6
10 - 20	0,2	0,2
über 20	0	0,1
	100	100

Quelle: Weinbauerhebung 1976

3.2 Ausstattung der Betriebe mit Kellereieinrichtungen und Maschinen

Als weitere ökonomische Determinanten wurden die Ausstattung der Betriebe mit Kellereieinrichtungen und sonstigen Maschinen sowie deren Einfluß auf die Entscheidung für oder gegen einen Beitritt in eine Winzergenossenschaft untersucht, denn nach KALINKE (1978) ist festzustellen, "daß ein starker Mitgliederzugang immer dann erfolgte, wenn große Ernten erwartet wurden und die eigene Lagerkapazität nicht ausreichte, um die Ernte insgesamt zu bergen."

Dazu ergaben sich mehrere Fragen, z.B.: "Besitzen Sie eigene Kellereieinrichtungen, die ausreichen, den Wein selbst auszubauen und zu lagern?"

Diese Frage beantworteten 79 Winzer (76%) mit ja, während 25 Probanden (24%) dies verneinten. Diese 25 setzen sich ausschließlich aus Nebenerwerbswinzern zusammen.

Wie das Ergebnis zeigt, scheint der Faktor Lagerkapazität bei den Haupterwerbswinzern keine Rolle mehr zu spielen. Hingegen könnte bei 24% der Nebenerwerbswinzer eine überdurchschnittliche Ernte, verbunden mit den gegebenen Einrichtungskapazitäten, potentiell eine neue Eintrittswelle hervorrufen.

Ähnlich wurde die Frage

"Ist Ihr Betrieb ausreichend mit Maschinen ausgestattet?"

beantwortet. Den 84 Ja-Stimmen (81%) stehen 20 Nein-Stimmen gegenüber.

Diese Nein-Stimmen rekrutieren sich ebenfalls aus den Nebenerwerbswinzern. Für diese "Feierabendwinzer" sind Investitionen für moderne Feldmaschinen einfach zu hoch und unrentabel, weil die Amortisationszeit zu lang und die Auslastung der Maschinen zu gering ist. Dadurch müssen viele dieser Nebenerwerbswinzer bei bescheidenen Erlösen unverhältnismäßig viel Arbeitszeit aufwenden. Eine genaue Aufwand/Ertragsrechnung könnte zur Aufgabe etlicher Kleinbetriebe führen. Bei vielen Winzern spielen jedoch noch andere Kriterien, die zur Weiterführung des Betriebes veranlassen, eine wesentliche Rolle. Dies wird noch gezeigt werden.

Die überwiegend gute Ausstattung der Betriebe ist bei Überlegungen für oder gegen einen Beitritt zu berücksichtigen. So ist für 28 Betriebsinhaber (26,9%) die Aufgabe der Kellereieinrichtungen ein Hauptgrund, nicht beizutreten.

3.3 Angaben zur Ernte

Der Trend zum qualitätsbewußten Anbau setzt sich auch in der Rheinpfalz immer mehr durch. 76% der Befragten geben dem Qualitätsanbau den Vorzug. Dadurch lassen sich, trotz der dann geringeren Erntemenge, höhere Erlöse erzielen.

Weiterhin kommen die katastrophal großen Schwankungen der Erntemengen heute durch verbesserten Anbau, Pflanzenschutz und neue Rebsorten nicht mehr vor.

Faßt man die Faktoren Betriebsgröße, Ausstattung und Ernte zusammen, so zeigt sich die relativ gesunde Struktur der untersuchten Betriebe. Berücksichtigt man dazu noch die relative Zufriedenheit der Winzer mit den gezahlten Preisen (79,8%) sowie die problemlose Vermarktungssituation - 98,1% der Winzer haben keine Schwierigkeiten beim Absatz - so wird allein aus den ökonomischen Gegebenheiten evident, daß die Voraussetzungen für die Diffusion der Innovation Winzergenossenschaften in der Pfalz nicht besonders günstig sind.

4. Sozialpsychologische Determinanten

Nicht nur ökonomische Bedingungen hemmen die Diffusion, sondern ebenso Barrieren, die im sozialpsychologischen Bereich liegen. Diese sind schwerer zu fassen, da nur die Ergebnisse der Befragung herangezogen werden konnten. Im folgenden sind nur die wichtigsten Aspekte genannt:

Um die latent vorhandene Innovationsbereitschaft irgendwie feststellen zu können, wurden die beiden Fragen "grundsätzliche bzw. traditionelle Ablehnung eines Genossenschaftsbeitrittes" gestellt, weil diese am wenigsten von gegenwärtigen innerbetrieblichen oder sonstigen Einflüssen abhängen. Es ergab sich eine grundsätzliche Ablehnungshaltung von 40,4% der Winzer, wobei überraschenderweise die Animosität bei den Nebenerwerbswinzern mit 46,2% höher lag als bei den Haupterwerbswinzern mit 34,6%.

11,5% der Winzer lehnen einen Beitritt aus traditionellen Gründen ab. Sie wiesen fast alle mit Stolz darauf hin, daß der Weinbau schon seit vielen Generationen in der Familie betrieben wird und daß es aus diesem Grund unvorstellbar für sie ist, einer Winzergenossenschaft beizutreten. Dieser eminent hohen, rational nicht begründbaren Ablehnungshaltung stehen lediglich 9,6% gegenüber, die grundsätzlich bereit wären beizutreten, wenn nur eine Genossenschaft am Ort bestünde.

Weiteren Aufschluß über das Adaptionsverhalten gibt die Frage nach der Furcht des Winzers vor dem Verlust der wirtschaftlichen Selbständigkeit. 39,4% hegen derartige Befürchtungen. So besteht z.B. Ablieferungspflicht der Ernte, ferner können es die Genossenschaften den Winzern zur Auflage machen, bestimmte Qualitätsrebsorten anzubauen, die Pflege der Weinberge wird überwacht und der Zeitpunkt der Ernte festgelegt u.a.m. Diese Auflagen bzw. Abhängigkeiten lassen es gerechtfertigt erscheinen, von einer Beschränkung der wirtschaftlichen Selbständigkeit beim Genossenschaftswinzer zu sprechen. Von seiten der Genossenschaften erscheinen diese Beschränkungen aber absolut notwendig, um ihr selbstgestecktes Ziel, die Gewinnung bestgepflegter Weine, erreichen zu können. Die Wirtschaftsweise des Genossen, der auf den eigenen Ausbau des Erntegutes bis zum fertigen, individuellen Wein verzichten muß, birgt die Gefahr in sich, daß sein sozialer Status bei der ländlichen Bevölkerung leidet. Tatsächlich fürchten 26% der untersuchten Betriebsinhaber, "vom Winzer zum Traubenbauer" zu werden. Auch glauben 46,2% der Probanden, der selbständige Winzer genieße in der Öffentlichkeit mehr Ansehen als der Genosse.

Ein Problem besonderer Art stellt die Manipulationsmöglichkeit des Erntegutes dar. Der selbständig wirtschaftende Winzer kann den Wein so "verbessern", daß er beispielsweise in eine höhere Güteklasse rutscht und dadurch wesentlich höhere Erträge erzielt werden können. Durch eine Fragebogenaktion läßt sich diese Tatsache natürlich nicht direkt ermitteln. Welcher Winzer gäbe schon zu, seinen Wein zu manipulieren (WERNER, K. 1979, S. 156/157)? Einige offizielle Zahlen zeigen aber, daß diese Praktiken weiterhin bestehen. So hatten im Vierjahresdurchschnitt 71-74 eine größere Anzahl von Winzergenossenschaftsbetrieben im Bereich SÜW 17,4% Tafelweinanteil an der Gesamternte, gegenüber 3,6% bei faßweinvermarktenden Betrieben. Oder: 7,7% Spätlesen und 1,5% Auslesen der Genossenschaftsbetriebe in Rheinhessen stehen bei faßweinvermarktenden Betrieben 20% Spät- und 3,2% Auslesen an der Gesamternte gegenüber. So sind die Manipulationsmöglichkeiten des Erntegutes ein wichtiger Faktor bei der Untersuchung über Motive, die für oder gegen einen Beitritt in eine Winzergenossenschaft sprechen, auch wenn er sich nicht in Prozentzahlen ausdrücken läßt.

Um feststellen zu können, welche der o.g. Determinanten bei den Winzern den höchsten Stellenwert einnehmen, wurde die offene Frage gestellt:

"Welche der o.g. Fragen spricht nach Ihrer Meinung in erster Linie gegen einen Beitritt in eine Winzergenossenschaft?"

Tab. 3: Stellenwert der einzelnen persönlichen Determinanten

Text	Nennungen Abs.	%
Furcht vor Verlust der Selbständigkeit	14	16,9
Höhere Erträge des Selbstvermarkters	13	15,7
Besserer Wein des selbständigen Winzers	13	15,7
Furcht, vom Winzer zum Traubenbauer zu werden	11	13,3
Aufgabe der Kellereieinrichtungen	9	10,8
Betriebsgröße als Entscheidungsfaktor	6	7,2
Mehr öffentliches Ansehen des selbständigen Winzers	5	6,0
Enttäuschung des Kundenstammes	3	3,6
Winzergenossenschaft als sozialistische Einrichtung	3	3,6
Zufriedenheit des Winzers mit den gezahlten Preisen	2	2,4
Sonstige	4	4,8
Summe	83	100

Quelle: Eigene Erhebung, 1979

Tabelle 3 zeigt vor allem, daß die sozialpsychologischen Diffusionsbarrieren durchaus gleichrangig mit den wirtschaftlichen Determinanten zu bewerten sind. Außerdem scheint tatsächlich der Betriebsgröße, die von Genossenschaftskreisen gerne als Hauptgrund für die geringere Ausbreitung der Winzergenossenschaften in der Pfalz genannt wird, nicht die Bedeutung zuzukommen.
Vielmehr zeigt auch die offene Frage

"Kennen Sie noch andere Gründe, die gegen einen Beitritt sprechen?",

daß an den Genossenschaften selbst herbe Kritik geübt wird (s. Tab. 4). Damit erweist sich, wie wichtig die Attribute einer Innovation für deren Diffusion sind.

Tab. 4: Kritik an den Winzergenossenschaften

Text	Häufigkeit	
	Abs.	%
Auszahlungsmodus der Winzergenossenschaften	31	37,4
Niedrigere Auszahlung der WG	8	9,7
Kritik an der Geschäftsleitung	7	8,4
Schlechte Verkaufspolitik der WG	5	6,0
Direkter Kontakt des Winzers zum Kunden	4	4,8
Zu lange Wartezeiten bei der Ablieferung der Ernte	3	3,6
Keine vollkommene Selbständigkeit des Genossenschaftswinzers	3	3,6
Zu großer Verwaltungsapparat der WG	3	3,6
Zu hohe Einstandssummen beim Beitritt	2	2,4
Zu große Entfernung zur Sammelstelle	2	2,4
Sonstiges	15	18,1
Summe	83	100

Quelle: Eigene Erhebung, 1979

Abschließend sollen unterschiedliche Einstellungen gegenüber den Winzergenossenschaften in den beiden Großbereichen Südliche Weinstraße (SÜW) und Mittelhaardt (MH) dargestellt werden.

Faßt man die Ergebnisse der Tabelle 5 zusammen, so zeigt sich deutlich eine regionale Differenzierung der Einstellungen: die Ablehnungshaltung der Winzer an der Mittelhaardt ist gegenüber der Innovation Winzergenossenschaften beträchtlich stärker als an der Südlichen Weinstraße. Während hier immerhin 16% der Winzer unter gewissen Voraussetzungen bereit wären, einer Winzergenossenschaft beizutreten, sind dies an der Mittelhaardt lediglich 3%, ein Beweis für regional modifiziertes Adaptionsverhalten.

Tab. 5: Regionale Differenzierung einzelner Determinanten

Text	SÜW %	MH %	ohne Aussage %
Grundsätzliche Ablehnung	39	42	19
Ablehnung aus traditionellen Gründen	11	13	76
Beitritt, wenn WG am Ort	16	3	81
Furcht, wirtschaftliche Selbständigkeit zu verlieren	33	54	13
Eigener Wein besser als WG-Wein	30	54	16
Furcht, vom Winzer zum Traubenbauer zu werden	27	25	48
Mehr Ansehen des selbständigen Winzers	45	54	1
WG als sozialistische Einrichtung	22	28	50

Quelle: Eigene Erhebung, 1979

5. Zusammenfassung

Mit der Arbeit wurde versucht, Gründe für die geringere Ausbreitung der Innovation Winzergenossenschaften in der Pfalz im Vergleich zu Baden aufzuzeigen.

Dabei fielen zunächst strukturelle Verschiedenheiten der beiden Weinbaugebiete auf. So ist zunächst einmal die Organisation der Genossenschaften grundverschieden. Während in Baden ein Verbundsystem von Orts- und Gebietswinzergenossenschaften und als integrierendes Element die Zentralkellerei in Breisach existieren (vgl. MIKUS, 1972), bestehen in der Pfalz einerseits große Gebietswinzergenossenschaften, andererseits kleinere Ortsgenossenschaften, die alle voneinander unabhängig wirtschaften. Daher konnten die Genossenschaften hier keine marktbeherrschende Stellung wie in Baden erreichen und zugleich die starke Position des Weinhandels zurückdrängen. Dieser schöpft so weiterhin einen großen Teil der Erntemengen auf dem freien Markt ab.

Bemerkenswert ist die beträchtliche Differenz in der durchschnittlichen Betriebsgröße. Diese wird von den Genossenschaften nahestehenden Kreisen gerne als stärkstes Argument für die geringere Ausbreitung der Winzergenossenschaften in der Pfalz herangezogen, vielleicht um von anderen Problemen abzulenken. Die Ergebnisse der Befragung entkräften dieses Argument jedoch weitgehend. Eher sprechen die durchweg gute Ausstattung der Betriebe, die bisher noch geringen Absatzsorgen und die, trotz allem, relative Zufriedenheit der Winzer mit den Preisen, gegen einen Genossenschaftsbeitritt.

Die Ergebnisse der Befragung haben aber auch gezeigt, daß neben den Attributen der Genossenschaften selbst und den ökonomischen Verhältnissen der Betriebe den soziologisch/psychologischen Determinanten zumindest der gleiche Stellenwert zugemessen werden muß. Auch C. WEICK (1976) bestätigt dies indem er schreibt: "Psychologische und soziologische Argumente treten nur dann in den Hintergrund, wenn ein betriebswirtschaftlicher Vorteil der einen oder anderen Vermarktungsform objektiv ablesbar ist." Dies scheint in den Augen vieler Winzer bei dem Auszahlungsmodus der Winzergenossenschaften einzutreten, ein herausragendes Argument bei der Ablehnungshaltung. Hier haben die Genossenschaften anzusetzen, wollen sie ihren Mitgliederbestand und damit ihren Einfluß erweitern. Hinzutreten müßte eine stärkere Informations- und Aufklärungspolitik über das Winzergenossenschaftswesen. Dies haben die Ergebnisse der Befragung gezeigt, denn oftmals beruht die Ablehnungshaltung auf Mißverständnissen und Fehlinformationen. Ein starkes Genossenschaftswesen ist aus vielerlei Gründen zu wünschen, ohne daß unbedingt Verhältnisse wie in Baden angestrebt werden müssen.

Ein sich modellhaft vollziehender Diffusionsprozeß der Winzergenossenschaften, wie er von B. FELLHAUER (1978) für Baden nachgewiesen wurde, konnte für die Pfalz nicht gezeigt werden. Hier ist nach einer durchaus lebhaften Innovations- und Diffusionsphase eine Stagnation in der Entwicklung eingetreten.
Die Ergebnisse der Befragung lassen nicht erwarten, daß eine Belebung der Innovation in der Pfalz eintreten wird. Somit bedarf es weiterer Untersuchungen, um auch bei Innovationsprozessen von sozioökonomischen Organisationen Modellansätze zu verifizieren.

Literaturverzeichnis

FELLHAUER, B. (1978): Die Entwicklung des Winzergenossenschaftswesens als Innovationsprozeß - aufgezeigt am Beispiel Badens. Zulassungsarbeit, Geogr. Institut, Universität Heidelberg

HAHN, H. (1956): Die deutschen Weinbaugebiete, ihre historisch-geographische Entwicklung und wirtschafts- und sozialgeographische Struktur. Bonn

KALINKE, H. (1975): Der Einfluß der Winzergenossenschaften auf den Weinmarkt der Bundesrepublik Deutschland. In: Die Weinwirtschaft, 17, S. 457-461

-- (1978): Wachstum und Konzentration bei den Winzergenossenschaften in der Bundesrepublik Deutschland. In: Der Deutsche Weinbau 25

LAND- UND FORSTWIRTSCHAFT, FISCHEREI: Fachserie B, R. 2, Gartenbau und Weinwirtschaft, III., Weinwirtschaft: Weinbauerhebung 1972/73. Stuttgart, Mainz

MIKUS, W. (1972): Beispiele zu räumlichen Interaktionssystemen in der Nahrungswirtschaft der Bundesrepublik Deutschland. In: Berichte zur dt. Landeskunde, Bd. 46, S. 223-240

ROGERS, E.M. (1962): Diffusion of Innovations; New York, London

-- (1971): Communication of Innovations; A Cross-Cultural Approach; 2. Auflage, New York

SCHÄTZL, L. (1981): Wirtschaftsgeographie 2; Paderborn

WEICK, C. (1976): Stand und Entwicklungsaussichten der kooperativen Vermarktung im rheinland-pfälzischen und hessischen Weinbau; Diss. Gießen

WERNER, K. (1979): Wettbewerbsverzerrungen geben den Grund zur Mahnung. In: Die Weinwirtschaft, 6, S. 156-158

WESSEL, K.H. (1959): Die deutschen Winzergenossenschaften. Karlsruhe

RAUMRELEVANZ DER WOCHENENDHAUSERHOLUNG IM WESTLICHEN RHEIN-NECKAR-RAUM[1]

Von Hans-Jürgen WEILAND (Böhl-Iggelheim)

Mit 11 Karten, 7 Figuren und 3 Tabellen

Inhaltsverzeichnis

1. Einleitung
1.1 Erholung und Freizeitgeographie
1.2 Aufgabenstellung und methodisches Vorgehen
2. Wochenendhauserholung im Interessenkonflikt
2.1 Formen des Freizeitwohnens
2.2 Entwicklung und Problematik der Wochenendhauserholung
3. Beispiele aus dem westlichen Rhein-Neckar-Raum
3.1 Das Wochenendhausgebiet an der "Blauen Adria" bei Altrip
3.2 Das Wochenendhausgebiet "Im Binsfeld" bei Speyer
3.3 Das Wochenendhausgebiet Iggelheim
3.4 Das Wochenendhausgebiet Wachenheim
3.5 Das Wochenendhausgebiet St. Martin
3.6 Das Wochenendhausgebiet Ramberg
4. Zusammenfassung
4.1 Die Wochenendhausbesitzer
4.2 Auswirkungen der Wochenendhausbebauung
4.3 Planerische Konsequenzen
    Literaturverzeichnis

---

[1] Der vorliegende Aufsatz ist die Kurzfassung einer 1979 bei Herrn Prof. Dr. W. Fricke am Geographischen Institut der Universität Heidelberg abgeschlossenen Dissertation mit gleichem Titel

1. Einleitung

1.1 Erholung und Freizeitgeographie

In zunehmendem Maße tritt in den letzten zweieinhalb Jahrzehnten neben den "Grunddaseinsfunktionen" (PARTZSCH, 1966) Arbeiten und Wohnen auch die des Sich Erholens immer stärker in den Vordergrund, wobei der Ausflugs- und Wochenendverkehr in der Raumbeanspruchung immer grössere Bedeutung erlangt.

Der Erforschung dieses Problembereichs nahm sich u.a. die Sozialgeographie an, die SCHAFFER (1968, S. 205) als die "Wissenschaft von den räumlichen Organisationsformen und raumbildenden Organisationsprozessen der Grunddaseinsfunktionen der menschlichen Gruppen und Gesellschaften" definiert. Die Geographie des Freizeitverhaltens als Teildisziplin der Sozialgeographie hat inzwischen aufgrund der nicht zu übersehenden Raumbeanspruchung dieser Daseinsfunktion und vor allem dank zahlreicher Arbeiten von RUPPERT und MAIER am Wirtschaftsgeographischen Institut der Universität München einen hervorragenden Platz innerhalb der sozialgeographischen Forschung eingenommen.

1.2 Aufgabenstellung und methodisches Vorgehen

"In zunehmendem Maße wird heute die Landschaft außerhalb der Siedlungsbereiche in der Freizeit in Anspruch genommen und zwar bevorzugt die Gebiete, die sich durch besondere landschaftliche Schönheit auszeichnen. Das trifft vor allem für das Freizeitwohnen zu" (DAVID, 1970, Sp. 819). Die diesem Aufsatz zugrunde liegende Untersuchung (WEILAND, 1979) richtet das Augenmerk auf Wochenendhäuser, weil sie im Gegensatz zu mobilen Freizeitwohnformen wie Zelt oder Wohnwagen eine irreversible Änderung des Landschaftsbildes[1] darstellen und deshalb von größerer raumrelevanter Bedeutung sind, wenn sie auch zahlenmäßig - vor allem in Naherholungsbereichen - hinter den Dauercampern zurückstehen mögen.

Grundlegende Aufschlüsse zur Bedeutung der Problematik der Wochenendhauserholung können dabei aus den Interessen und Verhaltensweisen der Wochenendhausbesitzer gewonnen werden.

Die dafür erforderlichen Befragungen der Pächter oder Grundstücksbesitzer wurden im Sommer 1975 und 1977 in den Wochenendhausgebieten durchgeführt. Die Ergebnisse wurden bestätigt oder teilweise korrigiert durch Unterlagen der Gemeinde- und Kreisverwaltungen sowie Grundbuchamt oder Bezirksregierung. Auch Zusammenstellungen von Privatpersonen konnten herangezogen werden.

---

[1] Hierauf hat bereits W. FRICKE (1961, S. 73) hingewiesen.

Die Auswertung von über 400 Fragebögen erfolgte im Rechenzentrum der Universität Heidelberg.

Um den aktuellen Bestand an Wochenendhäusern und die dadurch "gefährdeten" Gebiete im untersuchten Raum zu erfassen, wurden sämtliche Gemeinde- und Stadtverwaltungen angeschrieben mit der Bitte, den augenblicklichen Stand mitzuteilen. Dazu kommen aus der Feldarbeit gewonnene Ortskenntnisse, die erheblich zur Abrundung des Bildes beitrugen.

2. Wochenendhauserholung im Interessenkonflikt

2.1 Formen des Freizeitwohnens

DAVID grenzt den Begriff des Freizeitwohnens (1970, Sp. 181ff.) folgendermaßen ab: "Freizeitwohnen ist als eine Wohnform zu definieren, welche in allen Fällen eine Hauptwohnung voraussetzt und eine zweite, vornehmlich für Erholungszwecke, vorübergehend benutzt. Das Freizeitwohnen findet in beweglichen (mobilen) und in unbeweglichen (stationären) Unterkünften und Wohngelegenheiten statt." Für die mobile Form des Wohnens ist das Campingwesen typisch, wobei jedoch bereits Übergänge zum stationären Typ in Form der Dauercamper zu beobachten sind. "Die wichtigsten Arten der stationären Form ... sind: Gartenlauben, Wochenendhäuser, Ferien- und Zweithäuser" (DAVID, 1970, Sp. 823). Vor allem an Stadträndern haben Kleingärten oft die Funktion von Erholungsgärten in Form eines Zier- und Wohngartens (vgl. ARNHOLD, 1959/60). Häufig ist schon ein Übergang der Gartennutzung zum Wochenendgrundstück zu beobachten, je nach Ausbau der "Gartenwohnlaube".

Das Wochenendhaus ist die verbreiteste Form des stationären Freizeitwohnens. Die Zeitspanne seiner Benutzung reicht von stundenweisem Aufenthalt an Feierabenden bis zum mehrwöchigen Urlaubsaufenthalt, ja sogar bis zum eigentlich zweckentfremdeten zeitweisen Daueraufenthalt über die Sommermonate oder das Sommerhalbjahr. Legt man einer Definition also nur die Dauer des Aufenthalts zugrunde, wird man schnell feststellen, daß Wochenend-, Ferien- und Zweithaus meist nicht voneinander zu trennen sind. Deshalb sei auf WERNICKE s Definition (1969, S. 29) zurückgegriffen, die am zutreffendsten erscheint: "Ein Wochenendhaus ist jede Art von Gebäude, das überwiegend zum Zwecke des Wohnens während des Wochenendes errichtet wurde. Kriterium des Wohnens ist die Übernachtungsmöglichkeit. Der Besitzer oder Benutzer muß daneben über einen Hauptwohnsitz verfügen."

2.2 Entwicklung und Problematik der Wochenendhauserholung

2.2.1 Ursachen für den Trend zum Wochenendhaus

Die Ursachen für diese Entwicklung sieht I. EBERLE (1976, S. 23) in zunehmender "Industrialisierung und Verstädterung, Steigerung des Lebensstandards und der daraus erwachsenden Zunahme des Individualverkehrs sowie der Wochenend- und Urlaubsfreizeit." Gleichzeitig scheint die Berufstätigkeit aufgrund der Mechanisierung und Bürokratisierung dem einzelnen Menschen weniger Identifikationsmöglichkeiten zu bieten, so daß in Kompensation zu einem oft anonymen Arbeitsprozess Selbstverwirklichung während der frei verfügbaren Zeit gesucht wird. Ein Wochenendhaus in Eigenbesitz ist somit vielfach der Ort einer Hobby-Betätigung, wobei der Besitzer seine Vorstellungen von den "eigenen vier Wänden" wohl eher realisieren kann als in der Stadtwohnung. Außerdem hat der Erholungssuchende mit einem Wochenendhaus ein festes, sicheres Ziel für das Wochenende oder für den Urlaub, einen Platz, an dem auch die Kinder ungefährdet durch Straßenverkehr spielen können. Darüber hinaus weckt auch das wachsende Angebot der Freizeitindustrie und zunehmender Wohlstand das Bedürfnis nach Abwechslung.

"Diese Entwicklung bedingt einen größeren Bedarf an Flächen mit einem differenzierten, dem wachsenden Wohlstand angepaßten Angebot für Freizeitraum" (DAVID, 1970, Sp. 818). Deshalb muß einer individuelleren Freizeitbetätigung ein expansiver Charakter zugestanden werden.

Unterstützt wird die ganze Entwicklung dadurch, daß für die Landwirtschaft wenig ertragreiche Böden oft recht billig zum Verkauf angeboten werden. Besitzzersplitterung und daraus folgendes Brachfallen von Parzellen haben diesen Siedlungsvorgang begünstigt. SIEDENTOP (1961) sieht die Vorläufer des Wochenendhauses im Gartenhaus, das zur Lagerung von Gerätschaften wie auch als notdürftige Unterkunft diente, und in ehemaligen Weinberghütten. So sind auch heute noch in Gebieten, in denen die landwirtschaftliche Nutzung rückläufig ist, vielfach Übergangsformen von Geräteschuppen über Gartenhäuschen zu Wochenendhäusern zu beobachten.

2.2.2 Einzugsbereiche der Wochenendhausgebiete

"Für die landesplanerische Beurteilung ist die Lage zum Hauptwohnsitz von großer Bedeutung. Freizeitwohnsitze in geringer zeitlicher Entfernung weisen meist längere Aufenthaltsdauer und damit auch verstärkte Raumrelevanz auf" (RUPPERT, 1974, S. 26).

Der Anfahrtsweg, der für diese Art der Erholung in Kauf genommen wird, beträgt nach KRONEN (1962, S. 113) in Nordrhein-Westfalen zu zwei Dritteln unter 50 km, im allgemeinen ist der Hauptwohnsitz 15 - 50 km vom Wochenendhaus entfernt. Über 20 % der Wochenendhausbesitzer hatten ihren Freizeitwohnsitz zum Dauerwohnsitz zweckentfremdet.

Hier sei jedoch auch erwähnt, daß Wochenendhausbesitzer nicht nur aus Groß- und Mittelstädten stammen, sondern durchaus auch aus kleineren Orten (DIEKMANN, 1963, S. 44), wobei "die Anschaffung einer Zweitwohnung nicht aus der schlechten Wohnsituation am Hauptwohnsitz erklärt werden kann"(RUPPERT, 1973b, S. 24).

2.2.3 Sozialstruktur der Wochenendhausbesitzer

Die Personengruppe, für die diese Art der Erholung zugänglich wurde, erweiterte sich immer mehr. "Das Privileg einer begüterten Schicht wurde im Laufe der Zeit ein Verhaltensmuster weiterer Sozialgruppen" (RUPPERT/MAIER, 1971, S. 136). KRONEN ermittelte in Nordrhein-Westfalen in fünf Wochenendhausgebieten zwar noch 52 % Kaufleute und Fabrikanten, räumt jedoch ein, daß sich einzelne Gebiete in der Sozialstruktur erheblich voneinander unterscheiden. Auch DIEKMANN (1963, S. 112f.) unterscheidet zwei Gruppen von Wochenendhausbesitzern: eine Gruppe von Handwerkern, Gewerbetreibenden, Arbeitern, einfachen und mittleren Angestellten und Beamten und eine Gruppe von Kaufleuten und Unternehmern, selbständigen Akademikern, höheren Angestellten und Beamten, deren Siedlungsgebiete infolge der unterschiedlichen Art der Lebensweise und wirtschaftlicher Faktoren voneinander getrennt liegen.

Der Vergleich mehrerer Untersuchungen zeigt zweierlei: zum einen wurde eine Privilegierung einer sozialen Oberschicht erheblich gemindert (vgl. RUPPERT, 1974, S. 32), zum anderen ergeben sich doch deutliche Unterschiede zwischen den einzelnen Untersuchungsgebieten: es läßt sich belegen, daß in ausgesprochenen Fremdenverkehrsgebieten wie z.B. dem bayerischen Alpenvorland, dem Harz oder auch dem Pfälzer Wald (RUPPERT, 1973b; FISCHER, 1976; EBERLE, 1976) eine Privilegierung noch stärker ausgeprägt ist als in landschaftlich weniger attraktiven Räumen.

2.2.4 Rechtliche Grundlagen

Von zentraler Bedeutung für den Schutz der freien Landschaft ist § 35 des Bundesbaugesetzes (BBauG); er regelt die Zulässigkeit von Bauvorhaben zur Verhinderung unerwünschter Bautätigkeit. Dabei liegt ein Grundstück dann im Außenbereich, wenn es weder im Geltungsbereich eines Bebauungsplanes noch innerhalb eines im Zusammenhang bebauten Ortsteils liegt (§ 19, BBauG).

Von ähnlich zentraler Bedeutung ist § 10 der Baunutzungsverordnung (BauNVO), der konkrete Bestimmungen für Wochenendhausgebiete enthält:

> "In Wochenendhausgebieten sind ausschließlich Wochenendhäuser als Einzelhäuser zulässig. Ihre Grundfläche ist im Bebauungsplan, begrenzt nach der besonderen Eigenart des Gebietes unter Berücksichtigung der landschaftlichen Gegebenheiten, festzusetzen."

In § 17 wird das zulässige Maß der baulichen Nutzung festgelegt: die Zahl der Vollgeschosse darf höchstens eins betragen, und die Grundflächenzahl (GRZ), die den Anteil des Baugrundstücks angibt, der von baulichen Anlagen überdeckt werden darf, ist seit 1968 auf 0,2 festgesetzt, d.h. daß maximal 20 % eines Grundstücks bebaut werden dürfen. In der ursprünglichen Fassung von 1962 durften nur 10 % bebaut werden.

Nach § 129 BBauG hat die Gemeinde, die ein Wochenendhausgebiet ausweist, mindestens 10 % der erforderlichen Erschließungskosten zu tragen, wodurch z. T. erhebliche Belastungen entstehen können, gelingt es nicht, diesen Anteil auf die Wochenendhausbesitzer abzuwälzen.

Neben den bundesweit geltenden Regelungen und Gesetzen wurden in Rheinland-Pfalz in einem "Gemeinsamen Runderlaß" verschiedener Ministerien vom 31.3.1967 weitere Richtlinien zur "Planung und Ausweisung von Wochenendhausgebieten" aufgestellt, die allerdings rechtlich nicht bindend sind. Demnach dürfen sich Wochenendhausgebiete "nicht bandartig an Ufern von Flüssen und Seen (auch Baggerseen) entlangziehen". Gerade dieser Grundsatz wird an den Baggerweihern in den Rheinauen zwischen Ludwigshafen und Speyer häufig verletzt. Allerdings sind dort viele Wochenendhäuser älter als der Erlaß. Weiter heißt es: "Innerhalb von Wäldern oder unmittelbar an Waldrändern sind i. d. R. keine Wochenendhausgebiete auszuweisen" und "Wochenendhausgebiete sollen nicht mehr als 30 (!) Wochenendhäuser umfassen. Sofern ausnahmsweise größere Wochenendhausgebiete ausgewiesen werden, sollen sie durch ausreichend große land- oder forstwirtschaftlich genutzte Flächen voneinander getrennt werden."

Während in diesem Erlaß noch 30 bis 60 m^2 Grundfläche pro Wochenendhaus für ausreichend gehalten werden, wird diese Richtzahl in der Neufassung vom 23.3.1977 - m.E. bedauerlicherweise - auf 70 m^2 hochgeschraubt, wahrscheinlich um den Gemeinden eine Handhabe zu geben, begangene Bausünden zu sanktionieren. Im übrigen finden in der Neufassung auch Mobilheime Berücksichtigung: sie werden hier zu den Wochenendhäusern gerechnet, was den fließenden Übergang zwischen Wohnwagen und Wochenendhaus noch einmal mehr dokumentiert. " ... die Mindestgröße der zu bebauenden Grundstücke ... soll nicht weniger als 500 m^2 betragen". Außerdem dürfen Wochenendhäuser "nur einem zeitlich begrenzten Aufenthalt zum Zwecke der Erholung dienen" (Runderlaß, 1967) und "in Naherholungsgebieten, die in unmittelbarer Nachbarschaft von Mittel- und Großstädten gelegen sind, sollen keine Wochenendhausgebiete ausgewiesen werden". Betroffen von diesem Grundsatz ist vor allem der "Grüne Süden" zwischen Ludwigshafen und Speyer.

2.2.5 Zersiedlung oder sinnvolle Nutzung von Grenzertragsflächen?

Nach § 10 der BauNVO sind Wochenendhausgebiete "unter Berücksichtigung der landschaftlichen Gegebenheiten" in Bebauungsplänen festzusetzen. Diese Forderung steht meist den Wünschen der Interessenten für Wochenendhäuser entgegen, denn gerade die landschaftlich reizvollen Lagen sind am meisten begehrt. Allgemein werden Ufer von Seen (vgl. NEUBAUER, 1973), Flußufer, Waldränder und Anhöhen mit gutem Blick besonders bevorzugt. Bereits SIEDENTOP (1961, S. 107) erkennt, daß "stets zwei oder mehrere Kleinlandschaftselemente vergesellschaftet sein müssen, um als naturgegebene Grundlagen eine Aufstellung von Wochenendhäusern zu rechtfertigen: Wald - Wiese (Alm), Wald - Wasser, Wald - Feld, Wiese -

Wasser, Wiese - Feld". Diese Erkenntnis wurde später von KIEMSTEDT (1967, 1972) in seinem "Vielfältigkeitswert" weiter ausgebaut und folgende Bewertungstabelle ermittelt (1972, S. 112):

V-Wert	Erholungseignung
bis 2,3	für Freizeit- und Erholungsfunktion nicht, eventuell lokal geeignet
2,3 - 3,4	für Ausflugsverkehr bedingt geeignet, Mängel im einzelnen
3,5 - 4,4	für Ausflugsverkehr gut, auch bereits für Ferienaufenthalte geeignet
4,5 - 6,0	sehr gute Eignung für Ausflugsverkehr und Ferienaufenthalt
über 6,0	Spitzenwerte höchster landschaftlicher Attraktivität

Aus diesen Qualitätsbeurteilungen geht hervor, daß die Wochenendhausbewegung notwendig in Konflikt mit Interessen des Landschafts- und Naturschutzes geraten mußte. Kennzeichnend für die Einstellung vieler Naturschützer ist ein Ausspruch BRINKMANN's anläßlich des Deutschen Naturschutztages 1957 (nach KRAUS, 1958, S. 64): "Wochenendhäuser bedeuten an sich eine Schmälerung des der Gesamtheit zustehenden Eigentumsrechts an der Landschaftsschönheit." Daß jedoch Wochenendhäuser nicht grundsätzlich und in jedem Fall den Erholungsgenuß der Allgemeinheit schmälern, wird an Beispielen zu belegen sein. So vertreten schon KRÖCKER (1952), später auch BERGMANN (1971), GOLM (1970), HOERSTER/ SCHMEDT (1973), KOSCHNIK-LAMPRECHT (1971) und andere die Auffassung, periphere Grenzertragsflächen als Wochenendhausstandorte zu nutzen. Es sei zu überprüfen, ob es richtig ist, daß die Gesellschaft mit Steuermitteln Rückstandsgebiete subventioniert, Grenzertragsböden künstlich durch unrentable landwirtschaftliche Nutzung "offen" hält und Erholungsgebiete für den Massentourismus erschließt - zugleich aber dem einzelnen verwehrt, Grenzertragsflächen auf eigene Kosten zu Erholungsgebieten - freilich privater Natur - zu entwickeln (KOSCHNIK-LAMPRECHT, 1971, S. 178). "Die Freistellung von landwirtschaftlichen Grenzertragslagen für die Freizeitnutzung heißt also nicht unbedingt Landschaftsverbrauch durch Zersiedlung, sondern kann - richtig gelenkt - echte Landschaftsnutzung sein" (ebenda, S. 177)

Dieser Entwicklung kommt entgegen, daß gerade die von der Landwirtschaft als unrentabel aufgegebenen, brach liegenden und häufig verwilderten Flächen sich besonderen Zuspruchs durch die Städter erfreuen. Es ist also besser, Angebot und Nachfrage durch vorgreifende Planung und strenge Kontrolle aufeinander abzustimmen als im nachhinein in der Landschaft stehende "Schwarzbauten" durch Bebauungspläne zu sanktionieren, wie es gar zu häufig noch geschieht (vgl. WERNICKE, 1970, S. 157). Bezeichnend für das häufige "Nachhinken" der zuständigen Verwaltungsorgane ist die Tatsache, daß 27 % der Wochenendhausgebiete Sanierungen "schwarz entstandener Wochenendhausgebiete" sind, wie WERNICKE (1969 S. 56) für Bayern ermittelte.

2.2.6 Konsequenzen für die betroffenen Gemeinden

Mit großer Regelmäßigkeit wird von Wochenendhausbesitzern die Forderung nach Erschließungsmaßnahmen an die Gemeinde gerichtet, vor allem was die Wasserversorgung anbelangt. Eine Handhabe dagegen bietet der erwähnte Runderlaß von 1977, wo es heißt: "Eine zentrale Trinkwasserversorgung ist für Wochenendhausgebiete nicht erforderlich und im Hinblick auf die Schwierigkeiten der Abwasserbeseitigung in der Regel auch nicht erwünscht." Meist haben die Gemeinden bei der Ausweisung von Wochenendhausgebieten auch betont, daß auf Maßnahmen zur Erschließung kein Anspruch bestehe. "Hauptgewinner sind meist wenige Bodenbesitzer" (PAPP, 1972, S. 585). Während für den einzelnen Landwirt der Verkauf minderwertiger Agrarflächen und Ödländereien einen Gewinn darstellt, der ihm Neuinvestition und Rationalisierung ermöglicht, stellt diese "vierte Fruchtfolge" die Verwaltung gerade in Naherholungsgebieten vor nicht unerhebliche Probleme wegen der oft unerlaubten Bautätigkeit.

Ein anderer Mißstand ist der, daß Wochenendhäuser häufig zu Dauerwohnsitzen umfunktioniert werden, wobei der Anreiz zum zeitlich unbegrenzten Aufenthalt umso größer wird, je besser die Erschließung und je größer die erlaubte Grundfläche für Wochenendhäuser festgesetzt ist. Von daher ist es unverständlich, wenn in der Neufassung des Runderlasses zur "Planung und Ausweisung von Wochenendhausgebieten" vom 23.3.1977 die festzusetzende Grundfläche für Wochenendhäuser von bisher 30 bis 60 m^2 auf 70 m^2 hochgesetzt wurde, zumal eine Dauernutzung regelmäßig die Forderung an die Gemeinden nach besserer Erschließung nach sich zieht. In Dänemark soll der Übergang von Sommerhausgebieten zu Dauerwohnquartieren nur 15 bis 25 Jahre dauern (TAUBMANN, 1973, S. 94), eine Spanne, die dem in den Feldbergdörfern (Taunus) von KRÖCKER (1952, S. 48) beobachtetem Ablauf entspricht. Auch aus dem Rhein-Neckar-Raum sind dem Verfasser Beispiele für diesen Trend zum Dauerwohnsitz bekannt geworden.

2.2.7 Entwicklung und Stand der Wochenendhausbautätigkeit

Im Untersuchungsgebiet - vor allem in ausgesprochenen Naherholungsbereichen - begann der Wochenendhausbau Mitte der fünfziger Jahre. Damals stand man der Bewegung noch recht arglos gegenüber; man kümmerte sich zunächst mehr um die äußere Gestaltung der einzelnen Wochenendhäuser und wünschte sie sich gar als "bunte Farbkleckse in der Landschaft" (Die Rheinpfalz vom 11.5.1957), ohne die enorme Raumbeanspruchung bei deren massiertem Auftreten vorauszusehen. Jedoch schon 1959 gab Bezirksplaner MÜLLER in Rheinland-Pfalz erste Empfehlungen zur Einfügung der Wochenendhäuser in die Landschaft: bereits damals war das Wochenendhaus "ein Problem unserer Zeit" geworden.

Von geographischer Seite erörtert in dieser Zeit FRICKE 1961 (S. 68ff.) die Problematik der Wochenendhausbewegung: im Rahmen einer Erfassung der Bautätigkeit durch Ortsfremde im nördlichen Umland von Frankfurt wird u. a. auf die Tendenz der Gebäudevergrößerung und Dauernutzung von Wochenendhäusern als nicht wieder gut zu machende Nutzungsänderung hingewiesen.

Daß diese Form der Erholung nicht auf ein bestimmtes Wirtschaftssystem beschränkt ist, zeigt u. a. die Entwicklung in der CSSR. Schon jeder 22. Einwohner soll dort eine Wochenendhütte besitzen (NEUBAUER, 1973, S. 69). Als Standorte für die Zweitwohnsitze sind besonders die Moldau-Stauseen in der näheren Umgebung Prags begehrt. Zu Recht befürchtet man hier eine zu starke Zersiedlung der Landschaft durch die weitgestreute Lage der Unterkünfte - eine Erscheinung, die es auch bei uns zu vermeiden gilt.

In Österreich und in der Schweiz ist die Entwicklung z.T. schon älter. Bereits 1942 schrieb STRZYGOWSKY: "Zum Aufgabenbereich der Landesplanung gehört das bisher wenig beachtete Gebiet der "Erholungsplanung" " (S. 321). Schon damals tauchte die Problematik der Sommerfrischen der Wiener in den Alpenländern auf; "die Wiener wohnen dort viele Wochen lang, manchmal auch das ganze Sommerhalbjahr" (ebenda, S. 329). 1964 berichtet BERNT: "Der Bau von Wochenend- und Ferienhäusern hat in der näheren und weiteren Umgebung Wiens ein derartiges Ausmaß angenommen, daß mit ihm oft einschneidende Änderungen im Landschaftsbild und in der örtlichen Siedlungsstruktur verbunden ... sind" (S. 125).

In Frankreich sollen 1967 7,2 % aller französischen Haushalte Zweitwohnungen als Eigentum besessen haben, 11 % haben solche Wohnungen gemietet. Danach müßten über 1,1 Millionen "residences secondaires" existieren (nach RUPPERT/MAIER, 1971, S. 140).

Besonders beliebt und verbreitet ist der Wochenend- und Ferienhausaufenthalt in Skandinavien. So verbringen in Schweden 25 % der gesamten Urlauber ihren Urlaub in einem Freizeitwohnsitz; 1964 wurde die Zahl der Freizeithäuser auf 400 000 geschätzt, das hieße, daß jeder fünfte Stadthaushalt über ein Freizeithaus verfügte (ALDSKOGIUS, 1967; nach RUPPERT/MAIER, 1971, S. 139). Der Trend zum Freizeithaus ist in Fennoskandien auch schon viel älter als in Mitteleuropa.
Während dort die große Menge der Zweitwohnsitze in Bezug auf planlose Zersiedlung in den letzten Jahren problematisch zu werden begann, hat diese Entwicklung in anderen Ländern Europas aufgrund des geringeren Flächenangebots und der größeren Siedlungsdichte bereits früher Besorgnis erregt.
Exakte Zahlen für die BRD liegen leider nur aus der Gebäude- und Wohnungszählung von 1968 vor. Danach gab es im Bundesgebiet 1968 ca. 43 000 Wochenend- und Ferienhäuser. Über 8900 davon (21 %) lagen in Bayern, 8400 (20 %) in Niedersachsen und 6500 (15 %) in Schleswig-Hol-

stein. Diese Zahlen haben allerdings den Nachteil, daß nur die gemeldeten Fälle erfaßt sind und auch alle Arten von feststehenden Wohnwagen in der Zusammenstellung nicht enthalten sind. Der überwiegende Teil der Wochenend- und Ferienhäuser befindet sich in Gemeinden mit weniger als 2000 Einwohnern (63,5 %), 18,7 % in Gemeinden mit 2000 - 5000 Einwohnern und 8,6 % in Gemeinden mit 5000 - 10000 Einwohnern. Dasselbe Verhältnis spiegelt sich noch deutlicher in Rheinland-Pfalz wider. Hier liegen sogar 68,9 % von insgesamt 5281 Wochenend- und Ferienhäusern in Gemeinden mit weniger als 2000 Einwohnern, 16,7 % in Gemeinden mit 2000 - 5000 Einwohnern und nur noch 4,7 % in Gemeinden mit 5000 - 10000 Einwohnern. Diese Zahlen belegen, daß gerade die kleinen ländlichen Gemeinden, deren alte Dorfkerne häufig genug durch Entleerung und Zerfall bedroht sind, eine oft erhebliche Neubautätigkeit für Freizeitwohnsitze aufzuweisen haben.

Im Raumordnungsplan des Raumordnungsverbandes Rhein-Neckar wird der Bedarf an Wochenendhäusern in der BRD derzeit auf 5-6 % geschätzt; daraus wird für Mitteleuropa ein Endbedarf von 10 % der Haushalte prognostiziert. Das würde für den Rhein-Neckar-Raum ca. 30 000 Wochenendhäuser bedeuten oder 3000 ha Flächenbedarf, wenn man pro Wochenendhausparzelle eine Größe von 1000 m^2 zugrunde legt. Um die Entwicklung im Untersuchungsgebiet zu verdeutlichen, wurde in den folgenden Karten der Bestand an Wochenend- und Ferienhäusern von 1968 mit 1976/77 verglichen. Als Quelle für die jüngeren Zahlen dienten eine schriftliche Anfrage bei den in Frage kommenden Gemeinde- oder Stadtverwaltungen sowie Unterlagen der Kreisverwaltungen und eigenen Erhebungen.

1968 (Karte 1) kommt bereits deutlich eine Konzentration der Wochenendhäuser am Rand des Pfälzer Waldes (Bobenheim a. Bg., Bad Dürkheim, Wachenheim, St. Martin, Burrweiler) und im Pfälzer Wald (Carlsberg, Altleiningen, Elmstein, Ramberg, Eußerthal, Vorderweidenthal) zum Ausdruck (vgl. Tab. 1). In den Rheinauen zwischen Ludwigshafen und Speyer zeichnet sich die Entwicklung im "Grünen Süden" ab. Auf der ebenen Fläche des Vorderpfälzer Tieflandes bildet das Wochenendhausgebiet Iggelheim die einzig nennenswerte Ausnahme.

Karte 2 von 1976/77 verdeutlicht nicht nur die Zunahme der Wochenendhäuser, sondern auch deren weitere Konzentration im und am Rand des Pfälzer Waldes und vor allem an Baggerseen in den Rheinauen südlich Ludwigshafens. Auch im Süden, im Einzugsbereich von Karlsruhe, beginnt sich die Entwicklung bemerkbar zu machen. Eine Zunahme der Freizeitwohnsitze ist darüber hinaus auch in den Waldrandlagen Iggelheims und Haßlochs zu verzeichnen. Als "stark gefährdete Gebiete" mit "starker Entwicklung von Wochenendhausgebieten" wird im Landschaftsplan Landkreis Bad Dürkheim (1974, S. 68) der gesamte Haardt-Rand von der BAB Mannheim-Kaiserslautern bis an die Grenzen Neustadts ausgewiesen. Vor allem die Gemarkungen der Stadt Bad Dürkheim und ihrer Nachbargemeinden er-

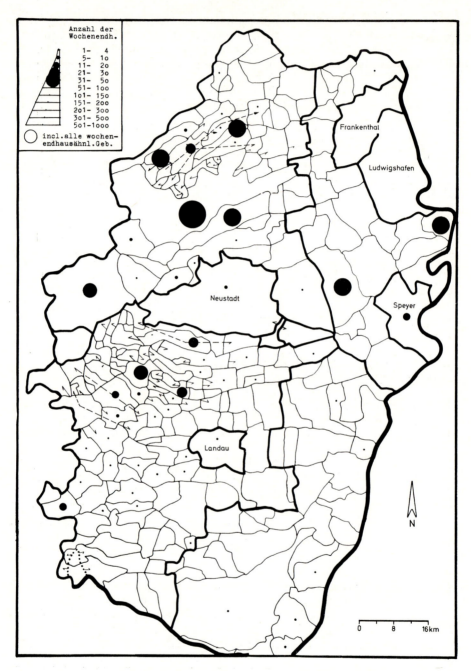

Karte 1: Bestand an Wochenendhäusern in den Regionen Vorder- und Südpfalz

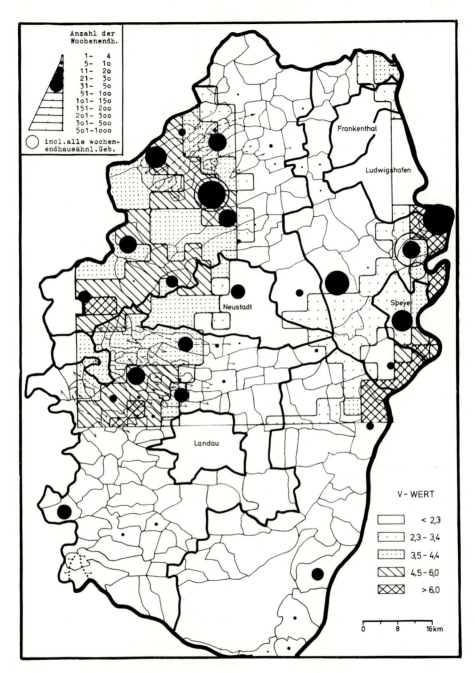

Karte 2: Bestand an Wochenendhäusern in den Regionen Vorder- und Südpfalz - V-Werte

leben aufgrund der guten Erreichbarkeit vom Zentrum des Rhein-Neckar-Raums aus (vgl. Karte 3) eine enorme Nachfrage nach Wochenendparzellen, so daß sich die Verwaltung gezwungen sah, im nachhinein Bebauungspläne aufzustellen, um die Entwicklung einigermaßen unter Kontrolle zu bekommen.

Tab. 1: Bestand an Wochenendhäusern in den Regionen Vorder- und Südpfalz 1968 - 1976/77 (vgl. Karte 1)

		1968[1]	1973[2]	1974[3]	1976/77[4]			1968[1]	1973[2]	1974[3]	1976/77[4]
	Albersweiler	4			6		Altleiningen	26	45	8	ca. 10
	Queichhambach	1					Bad Dürkheim, Stadt	207		227	(ca. 800)
	Annweiler	1					Battenberg	2		6	
	Arzheim	1					Bobenheim a. Bg.	52		90	ca. 80
	Bad Bergzabern-	-			ca. 8		Carlsberg	98	129		147
	Blankenhorn	1					Deidesheim	1			ca. 10
	Burrweiler	28			ca. 40		Elmstein	32	34	29	ca. 30
	Dernbach	5	7		6		Esthal	4		2	
	Edenkoben	1					Freinsheim				ca. 10
	Edesheim	2			ca. 5	Landkreis Bad Dürkheim	Haßloch	4		19	
	Eschbach	1					Kirchheim/Wstr.	1			
	Eußerthal	17	19		16		Lambrecht	5	20		23
	Frankweiler	3					Lindenberg	3			
Landkreis Landau - Bad Bergzabern	Gleisweiler	3					Neuleiningen	1			
	Gleiszellen-						Quinheim	1			
	Gleishorbach	4					Ungstein	1			
	Göcklingen	1					Wachenheim +	62			93
	Gommersheim	1			ca. 5		Wattenheim	9			14
	Gosserweiler	3					Weidenthal	10	83		ca. 60
	Gräffenhausen	9	8		8		Weisenheim a. Bg.	1		38	
	Hergesweiler	1					Berg	-			2
	Kirrweiler	-			1		Büchelberg	1			
	Kleinfischlingen	1				Krs. Germersh.	Germersheim, Stadt	-			ca. 15
	Klingenmünster	1					Hagenbach	1			5
	Landau, Stadt	1					Neuburg	1			8
	Maikammer	-			ca. 5		Sondernheim	1			
	Pleisweiler-				ca. 6		Westheim	1			
	Oberhofen	-					Wörth	1			ca. 30
	Ramberg +	41	63		63		Altrip +	56			ca. 320
	Rhodt	1					Birkenheide	-			3
	St. Martin +	30			38		Bobenheim-Roxheim	2			
	Venningen	3				Krs. Ludwigshfn.	Böhl-Iggelheim +	77			154
	Vorderweidenthal	16	26		ca. 32		Fußgönheim	-			1
	Waldrohrbach	3					Maxdorf	-			3
	Wernersberg	1					Neuhofen	-			4
	Weyher	3			ca. 5		Otterstadt	-			(ca. 94)
	Speyer +	16			124		Schifferstadt	-			2
	Neustadt/Wstr.	6			ca. 40		Waldsee	-			88

+ untersuchte Wochenendhausgebiete

Quellen: [1] Statistik von Rheinland-Pfalz, Bd. 220, 1970
[2] EBERLE, 1976
[3] Landschaftsplan Landkreis Bad Dürkheim, 1974
[4] Befragung der Gemeinden, eigene Erhebungen

Das Deckblatt zu Karte 2 belegt die weitgehende Deckung von Wochenendhausgebieten mit Bereichen höherer landschaftlicher Attraktivität.

3. Beispiele aus dem westlichen Rhein-Neckar-Raum

Die sechs untersuchten Wochenendhausgebiete wurden nach folgenden Kriterien ausgewählt:

a) nach der Lage in verschiedenen naturräumlichen Einheiten des Rhein-Neckar-Raums

   - in den Rheinauen zwischen Ludwigshafen und Speyer,
   - auf der ebenen Fläche des Vorderpfälzer Tieflandes,

- an der Haardt am Rande des Pfälzer Waldes und
- im Innern des Pfälzer Waldes,

wobei mit dem Lagekriterium auch eine Änderung des V-Wertes einhergeht, und

b) nach der unterschiedlichen Verkehrszugänglichkeit der Gebiete vom Zentrum des Ballungsraumes aus.

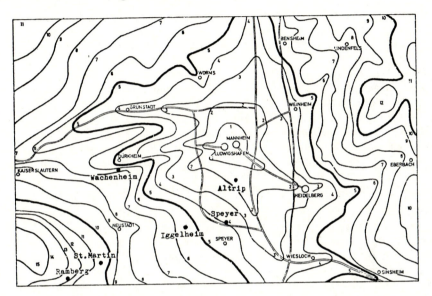

Karte 3: Zonen der Verkehrszugänglichkeit (nach AMMANN, 1974, S. 151)

Die ausgewählten Gebiete sind (vgl. Karte 3):

- Die "Blaue Adria" im "Grünen Süden" der Städte Ludwigshafen und Mannheim auf der Gemarkung der Gemeinde Altrip;
- das "Binsfeld im Norden der Stadt Speyer, wie die "Blaue Adria" an Baggerseen der Rheinauen gelegen;
- ein umfangreiches Wochenendhausgebiet am Waldrand auf der Gemarkung der Gemeinde (Böhl-) Iggelheim;
- ein Wochenendhausgebiet bei Wachenheim am Rande des Pfälzer Waldes zum Rheingraben hin;
- ein Wochenendhausgebiet des Erholungsortes St. Martin ebenfalls an der Haardt, dem Randgebirge des Pfälzer Waldes
- und ein Wochenendhausgebiet im Pfälzer Wald bei der Gemeinde Ramberg.

Die angeführten Beispiele gehören zu den größten Wochenendhausgebieten des Untersuchungsraums und stellen für die vorgegebenen Auswahlkriterien der Lage und der Entfernung vom Zentrum des Ballungsraums jeweils typische Vertreter dar (vgl. Karte 1 und 2). Von den untersuchten Gebieten sollen zwei, die sich in ihrer Struktur stark unterscheiden, hier näher behandelt werden.

3.1 Das Wochenendhausgebiet an der "Blauen Adria" bei Altrip

3.1.1 Lage und Erholungsqualität des Gebiets

Das erste Wochenendhausgebiet liegt im unmittelbaren Naherholungsbereich der Städte Mannheim und Ludwigshafen in den Rheinauen südlich des Ballungszentrums. Es zeichnet sich durch "Spitzenwerte höchster landschaftlicher Attraktivität" aus (nach KIEMSTEDT, 1972) und soll als solches exemplarisch hier vorgestellt werden (Karte 4). Ehemalige Flußmäander prägen als Altrheinarme das Landschaftsbild, teils sind sie schon verlandet, teils durch Kiesbaggerung erheblich erweitert. Der nördliche Teil des Altrheinarms westlich der "Blauen Adria" wurde seit 1954 bis auf ca. 27 ha Wasserfläche vergrößert (STAMPFER, 1975) und stellt heute einen Teil des öffentlich zugänglichen Badebereichs dar. Neben diesem ausgebaggerten Altrheinarm sind vier weitere Wasserflächen von ca. 45 ha Größe rein anthropogener Natur; sie entstanden zwischen den Jahren 1920 und 1969 ebenfalls durch Kiesausbeute.

Klimatisch gehört das Gebiet zum günstigen Beckenklima der Oberrheinebene mit mehr als 10°C Jahresmitteltemperatur, mit nur 500-600 mm Niederschlägen/Jahr und langer Sonnenscheindauer. Nachteilig wirkt sich jedoch bei ungenügender thermischer Konvektion und geringer Windgeschwindigkeit die hohe relative Luftfeuchte in den Sommermonaten aus und die Zugehörigkeit zur bioklimatischen Stufe der "belastenden Verdichtungsräume" (BECKER, 1972). Diese klimatischen Verhältnisse bedingen neben der unmittelbaren Nachbarschaft zum Zentrum des Ballungsraums die starke Nachfrage nach Bademöglichkeiten an offenen Wasserflächen. Letztere sind bei Altrip zwar ausreichend vorhanden, jedoch stehen sie aus verschiedenen Gründen nicht alle der Allgemeinheit zur Freizeitgestaltung zur Verfügung.

Neben den zahlreichen Wasserflächen spielen auch Waldränder der Auewälder und die verschiedenen Nutzungsarten eine Rolle für die hohe Erholungseignung dieses Gebiets. Bezüglich der infrastrukturellen Ausstattung bleiben jedoch noch Wünsche offen. STAMPFER (1975, S. 20) hat errechnet, daß insgesamt "nur ca. 4 ha Liegeflächen vorhanden" sind, "die sich auf 3,5 km Uferlänge verteilen, d.h. an weniger als einem Viertel (23 %) der Seeufer von insgesamt 15 km Länge befinden sich Liegeflächen für Badebesucher."

Während die naturräumlichen Bedingungen als hervorragend bewertet werden können, hat die starke Inanspruchnahme durch Erholungssuchende Formen angenommen, die eine erhebliche Minderung der Erholungsqualität darstellen. Dazu sind zu rechnen die starke Lärm- und Geruchsbelästigung durch den Badeverkehr an heißen Sommerwochenenden. Erholungs-

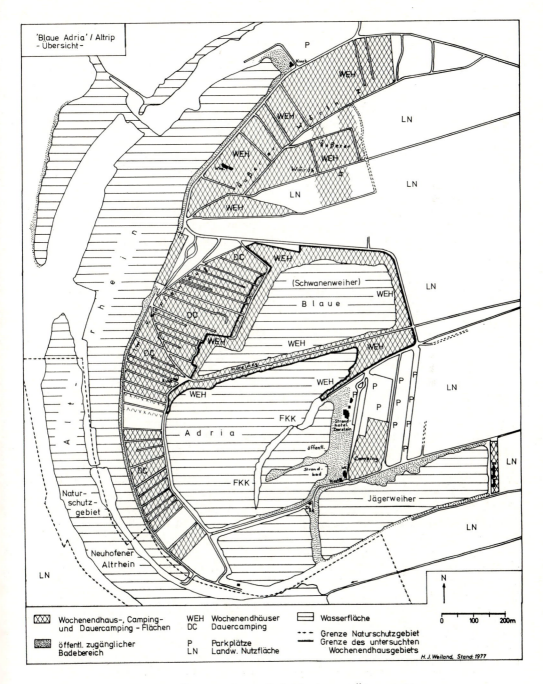

Karte 4: "Blaue Adria" / Altrip - Übersicht -

qualität und Naturgenuß dürften auch in dem recht eng besiedelten 14 ha umfassenden Dauercamping-Bereich nicht mehr uneingeschränkt sein. Eine weitere Beeinträchtigung erfolgt durch die Privatisierung von Seeufern, sei es durch Wochenendhäuser oder durch einen Angelsport-Verein am Ost-Ufer des erwähnten Altrheinarms.

3.1.2 Die Wochenendhausbebauung - Entwicklung und Erschließung

Neben dem Dauercamping-Gebiet gibt es an der "Blauen Adria" zwei Wochenendhausgebiete. Eines davon ist ein Mischgebiet aus Wohnwagen, Gartenhäuschen und Wochenendhäusern. Die Parzellen wurden z.T. mit Ausnahmegenehmigungen bebaut, z.T. ohne Genehmigung, aber von den Behörden bislang geduldet. Insgesamt befinden sich hier auf etwa 12 ha bereits 220 Wochenendhäuser oder ähnliche Baulichkeiten.
Näher untersucht wurde ein zweites Wochenendhausgebiet, da es in seinen raumrelevanten, landschaftsverändernden Auswirkungen bedeutsamer ist als das erste. Es erstreckt sich rund um die 1,5 km Uferlänge des "Schwanenweihers" (Karte 5) und nimmt knapp 900 m des Nord-Ufers des südlich angrenzenden Baggerweihers ein; es umfaßt insgesamt ca. 8 ha, die sich 117 Parzellenbesitzer aufteilen. Hier stehen neben einigen Unterstellhütten oder kleineren Lauben 102 Wochenendhäuser.

Für keines der beiden Wochenendhausgebiete besteht eine Verordnung oder ein Bebauungsplan, die die bauliche Entwicklung hätten regeln können. Die Wochenendhäuser wurden jeweils im Einzelfall genehmigt, nicht genehmigte wurden meist geduldet. Erst die jüngste Entwicklung, die unerlaubte Bautätigkeit auf dem "Äußeren Wörth II", wo bereits 45 Wochenendhäuser aus Holz stehen, soll gebremst werden. Dafür spricht nicht nur die Tatsache, daß ein solch attraktives Naherholungsgebiet der Allgemeinheit erhalten bleiben sollte, sondern auch der Umstand, daß das Gebiet seit 1971 zu dem ausgedehnten Landschaftsschutzgebiet "Pfälzische Rheinauen" gehört, nachdem es bereits früher unter vorläufigen Landschaftsschutz gestellt worden war. Landschaftsschutz und intensive Erholungsnutzung sind hier jedoch recht schwer miteinander vereinbar geworden. 14 ha Dauercamping-Flächen, ca. 20 ha Wochenendhausbebauung und die noch im Gang befindliche Kiesausbeute lassen dem Landschaftsschutzgedanken wenig Raum. Offensichtlich erfüllt Landschaftsschutz hier eher die Funktion, die Nachfrage nach privaten Naherholungsflächen, die sich bereits seit Mitte der fünfziger Jahre abzeichnet, notdürftig unter Kontrolle zu bekommen.
Die beiden Baggerseen, an denen heute die Wochenendhäuser stehen, entstanden seit 1930 durch Kiesausbeute, die bis 1950 im Falle des umbauten "Schwanenweihers" bzw. bis 1958 andauerte. Die Flächen waren in Privatbesitz einer Kiesbaggerfirma. Noch während der Baggerungsarbeiten und vor allem danach wurde die Wasserfläche durch Badegäste aus der näheren Umgebung frequentiert. Allerdings wurden dabei sowohl die umliegenden Anbauflächen in Mitleidenschaft gezogen als auch Baggergerät beschädigt. Außerdem mußte nach jedem Badewochenende das Gelände

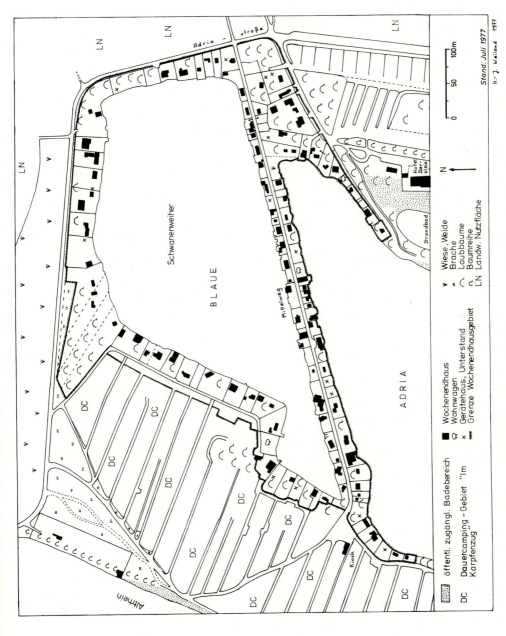

Karte 5: Wochenendhausgebiet "Blaue Adria" / Altrip (Schwanenweiher)

von Unrat gesäubert werden. Das veranlaßte den Besitzer um 1953/54, das Ufergelände an interessierte Badegäste zu verpachten mit der Auflage, die Parzellen einzuzäunen, um weiteren Flurschäden und Verunreinigungen entgegenzuwirken. Innerhalb eines kurzen Zeitraums um 1955 war das Seeufer nahezu vollständig parzelliert und eingezäunt. So hatte sich die Öffentlichkeit nach Darstellung mehrerer Pächter selbst das "Baderecht verwirkt". Es dauerte nicht lange, bis neben Zelten Umkleidekabinen, kleine Badehütten und erste Wochenendhäuschen errichtet wurden. Seit 1956 erteilt die Kreisverwaltung sogenannte "Ausnahmegenehmigungen zum Bau von Bade- und Wochenendhäusern", die aber innerhalb von zwei Jahren eher zur Regel wurden. Schon 1960 wurden erste Änderungs- und Erweiterungsanträge der Wochenendhausbesitzer genehmigt. Bis 1958 standen schon viele kleine Holzhäuschen um den See. Nach einem Artikel in der "Rheinpfalz" vom 11.5.1957 war man bemüht, "den richtigen Weg zwischen den Interessen der erholungssuchenden Bevölkerung allgemein und jenen der Pächter, die ihre Wochenendhäuschen an das klare Wasser der "Adria" bauten, zu finden". "Der nahezu restlos umbaute erste Weiher (1957 (!); d. Verf.) und das an den Verbindungsweg angrenzende Ufer des großen Mittelweihers bis hinüber zur Halbinsel bleibt den Pächtern vorbehalten. Alle übrigen Pachtplätze am Mittelweiher mußten wieder geräumt werden". Wie zu erfahren war, wurden die Pächter, die ihre Parzellen räumen mußten, u.a. nach Iggelheim verwiesen, wo sie offensichtlich als nicht so störend empfunden wurden. Nachdem der "Schwanenweiher" also bereits 1960 fast vollständig mit Holzhäuschen umbaut gewesen sein muß, beschränkte sich die Bautätigkeit in den Jahren 1960 bis 1970 hauptsächlich auf Erweiterungsarbeiten oder auf den Neubau von massiven Wochenendhäusern, die die alten kleinen Häuschen ersetzten.

Das Wochenendhausgebiet umfaßt heute ca. 8 ha, rechnet man jedoch die 10,6 ha des "Schwanenweihers" hinzu, die ja ausschließlich den Anliegern zur Verfügung stehen, kommt man auf knapp 19 ha. Dagegen nehmen sich die insgesamt ca. 4 ha öffentlicher Liegeflächen recht bescheiden aus. Allerdings muß an dieser Stelle betont werden, daß es noch beträchtliche Uferstrecken gibt, die weder privat noch von der Allgemeinheit genutzt werden, weil sie weitgehend unzugänglich sind, so daß sie als öffentliche Liegeflächen nicht in Frage kommen. Es darf davon ausgegangen werden, daß die Ufer des umbauten Sees heute wohl ähnlich aussähen, hätten sie nicht aus privater Hand diese Inwertsetzung und Kultivierung erfahren. Die starke Frequentierung durch den öffentlichen Badeverkehr machte es nötig, die Zufahrtswege entsprechend auszubauen und ausreichend große Parkplatzflächen anzulegen. Davon profitieren auch die Wochenendhausbesitzer an der "Blauen Adria". Ein Anschluß an die öffentliche Wasserversorgung besteht nicht, jedoch verfügen 87 % der befragten Wochenendhausbesitzer über Trinkwasser aus selbstgebohrten Brunnen. Ebenso fehlt ein Anschluß an das Kanalnetz der Gemeinde Altrip; ein solcher wäre in unmittelbarer Nachbarschaft zum stark frequentierten Strandbad jedoch wünschenswert und liegt auch im Rahmen der weiteren Planung. Die Stromversorgung ist seit 1965 sichergestellt. Ein Viertel der Wochenendhäuser verfügt sogar über einen Telefon-Anschluß.

Der in der Befragung ermittelte Durchschnittswert der Parzellengröße liegt bei 560 m^2. Wenn jedoch die kleinsten Grundstücke mit 63 bzw. 70 m^2 (!) sogar unter 100 m^2 liegen, ist es nicht verwunderlich, daß sich Grundflächenzahlen (GRZ) von über 0,5 ergeben, während die BauNVO Maximalwerte von 0,2 vorsieht. Die Mehrzahl der Grundstücke ist kleiner als 500 m^2: vor allem an den steilen Ufern beiderseits des Mittelwegs sind sie kaum breiter als 10 m und deshalb oft terrassenartig angelegt und befestigt. Die starke Parzellierung erfolgte u.a., seit die Grundstücke zum Verkauf angeboten wurden.

Die enorme Nachfrage bestimmte auch die Preise, als das Gelände incl. der Seefläche 1977 von der Erbengemeinschaft der Kiesbaggerfirma verkauft wurde. Am vollständig umbauten "Schwanenweiher" mußten für die ersten 12 m vom Seeufer entfernt 70,- DM/m^2 bezahlt werden, für das dahinter gelegene Land 56,- DM/m^2. Das führte in manchen Fällen zur weiteren Parzellierung des Ufers. Die Grundstücke am anderen Baggerweiher sind dadurch, daß der See nach Süden hin für Badegäste offen ist, in ihrem Wert offenbar gemindert und wurden deshalb billiger verkauft - für 59,50 bzw. für 56,- DM/m^2. Parzellen ohne eigenen Zugang zum Wasser kosteten 49,- DM/m^2. Dabei ist zu bemerken, daß die Inwertsetzung der Parzellen, die anfangs meist verwildert waren, eigentlich erst durch die Pächter und Wochenendhausbesitzer erfolgte; vor allem am Mittelweg waren die steilen, fast unzugänglichen Ufer z.T. mit recht hohen Eigeninvestitionen befestigt und rekultiviert worden. Der "Schwanenweiher" ist dadurch zwar für die Nutzung durch die Allgemeinheit ausgeschlossen, auf der anderen Seite ist jedoch auch die Frage berechtigt, ob er ohne diese Privatisierung für die Allgemeinheit nutzbar wäre, betrachtet man sich die restlichen Uferstreifen, die sich weder privater noch kommunaler Betreuung erfreuen.

Die Wochenendhäuser sind i.d.R. 20 bis 50 m^2 groß; daneben gibt es eine Zahl kleinerer Übergangsformen, die aber der Definition eines Wochenendhauses mit Übernachtungsmöglichkeit noch genügen. 11 % der erfaßten Wochenendhäuser sind aufgrund der Größe von 80 bis 120 m^2 sogar als potentielle Wohnhäuser anzusprechen. Fast die Hälfte der Freizeitwohnsitze (44 %) sind Holzhäuser, was im Vergleich zu allen anderen untersuchten Gebieten den höchsten Anteil bedeutet.

3.1.3 Die Wochenendhausbesitzer - Motive, Herkunft, Sozialstruktur

An gesuchten Erholungsqualitäten wurden vor allem die Wassernähe genannt, daneben Ruhe und frische Luft, wobei offen bleibt, inwieweit letztere Wünsche an der "Blauen Adria" wirklich befriedigt werden können, denn auffällig häufig wurden Verkehr und Lärm des Erholungsbetriebs als störend empfunden. Neben Arbeiten am Wochenendhaus oder an der Außenanlage wurden hauptsächlich sportliche Betätigungen als Freizeitbeschäftigung angegeben. Es wird also nicht der Müßiggang gesucht, sondern ein aktiver Ausgleich zum Alltag, wozu offenbar auch Arbeit am Wochenendhaus oder im Garten zählt.

Es sind jedoch nicht vorwiegend die Bewohner der "Betonburgen" oder der Altstadtwohnungen, die am ehesten ein Wochenendhaus bauen oder kaufen. So gab fast die Hälfte der Befragten als Erstwohnsitz ein Ein- oder Zweifamilienhaus an. Über drei Viertel der Befragten beurteilten die Wohnlage des Erstwohnsitzes als zufriedenstellend bis sehr gut; 22 % nannten sogar sehr ruhige oder sehr gute Wohnverhältnisse, häufig war auch ein Garten vorhanden. Dies bestätigt, daß die Wohnverhältnisse am Erstwohnsitz bestenfalls eine untergeordnete Rolle für den Wunsch nach einem Wochenendhaus spielen - nur 24 % beklagten sich über eine schlechte Wohnlage, im Vergleich zu den anderen untersuchten auffallend wenig.

Die Mehrzahl der Anlieger kommt nicht aus dem nahen Ludwigshafen, sondern mit 45 % aus dem rechtsrheinischen Mannheim (vgl. Karte 6). Der Rhein übt hier also keine Grenzfunktion aus, nicht zuletzt dank der Fähre Mannheim - Altrip. Insgesamt kommen drei Viertel der Parzelleninhaber aus dem Zentrum des Ballungsraums Ludwigshafen/Mannheim. Dörfliche Gemeinden oder kleinere Städte spielen als Quellgebiet für dieses so attraktive Wochenendhausgebiet nur eine untergeordnete Rolle.

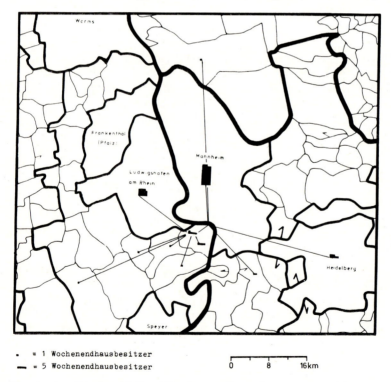

. = 1 Wochenendhausbesitzer
— = 5 Wochenendhausbesitzer

Karte 6: Herkunft der Wochenendhausbesitzer in Altrip

Die zurückgelegten Entfernungen vom Erstwohnsitz zum Wochenendhaus betrugen in 56 % der Fälle nicht mehr als 15 km, ca. 86 % fuhren nicht weiter als 30 km. So betrugen die Anfahrtszeiten i.d.R. auch nicht mehr als 30 Minuten.

Berücksichtigt man den Umstand, daß die Parzellen seit 1977 für Quadratmeter-Preise zwischen 50,- und 70,- DM verkauft werden, so ist es nicht verwunderlich, daß in diesem Wochenendhausgebiet eine finanziell besser gestellte Schicht stark vertreten ist. 58,6 % (!) der Befragten waren Selbständige oder freiberuflich tätig: Ärzte, Zahnärzte, selbständige Kaufleute und Bau-Unternehmer waren am häufigsten vertreten. Knapp ein Viertel der Befragten waren Angestellte in meist leitender Position. Arbeiter waren mit nur zwei Vertretern weit unterrepräsentiert. Wenn RUPPERT die These vertritt (1974), die Entwicklung der Freizeitwohnsitze unterliege einer deutlichen "Demokratisation", so mag das im allgemeinen zutreffen, wie andere Beispiele noch zeigen werden, für dieses Gebiet jedoch nicht.

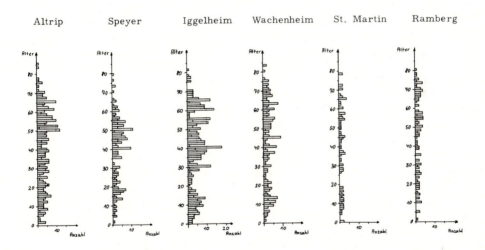

Fig. 1: Altersaufbau der Wochenendhausbesitzer und deren Familien

Was das Alter der Wochenendhausbesitzer anbelangt, so konnte DIEKMANNs Aussage (1963, S. 116), daß die Gruppe der 50- bis 60-Jährigen überwiege, hier Bestätigung finden (vgl. Fig. 1). Während aber in anderen Gebieten (Iggelheim, St. Martin, Wachenheim) die Gruppe der 20- bis 30-Jährigen deutlich unterrepräsentiert ist, scheint in Altrip das Angebot an Freizeitbetätigung in Form der Wasserflächen groß genug zu sein, um auch auf diese Altersgruppe Anziehungskraft auzuüben.

3.1.4 Auswirkungen auf Landschaft und Gemeinde

Was die ökologische Belastung anbelangt, steht der Wochenendhausbereich wesentlich günstiger da als die öffentlich zugänglichen Flächen, wo häufig "Vegetationsschäden und Verunreinigungen durch Müllablagerungen beobachtet werden konnte" (AMMANN, 1976, S. 143), während "die Parzellen des Dauercamping- und Wochenendhausbereichs gut gepflegt und die Müllbeseitigung organisiert ist" (ebenda). Den Wochenendhausbesitzern darf in diesem Sinn sogar eine gewisse landschaftspflegerische Tätigkeit zugute gehalten werden, wenngleich diese unter Ausschluß der Öffentlichkeit erfolgt.

Auswirkungen auf Handel und Gewerbe von Altrip beschränken sich auf ein Minimum - nicht zuletzt, weil das Gebiet 3-4 km vom Ortskern entfernt liegt. Lediglich das nahe Hotel Darstein wird gelegentlich aufgesucht, oder man versorgt sich am Kiosk im Dauercamping-Gebiet mit Lebensmitteln, die man vergessen hat, von zu Hause mitzubringen. Das meiste (87 %) wird bereits am Hauptwohnsitz eingekauft und ins Wochenendhaus mitgebracht. Auch Handwerksbetriebe erfreuen sich nur gelegentlich der Nachfrage aus dem Wochenendhausgebiet, weil vieles in Eigenleistung bewerkstelligt wird.

Von der Dauer des Aufenthalts her, einer Umfunktionierung der Wochenendhäuser zum festen Wohnsitz, ergeben sich in Altrip noch vergleichbar geringe Probleme: es wurden nur sechs "Dauerwohner" bekannt: z.T. sind es ältere Familien, die hier ihren Lebensabend verbringen. Darüber hinaus scheint der Anreiz, das Wochenendhaus als Dauerwohnsitz zu nutzen, aufgrund der relativ guten Erreichbarkeit des Freizeitwohnsitzes hier nicht so groß zu sein wie in anderen untersuchten Gebieten. Die Nähe zum Erstwohnsitz läßt für viele Wochenendhausbesitzer sogar einen gelegentlichen Aufenthalt am Feierabend als lohnend erscheinen.

3.1.5 Ausblick

Während die Bautätigkeit am "Schwanenweiher" weitestgehend abgeschlossen ist und sich auf Umbau und Erweiterung von bestehenden Wochenendhäusern beschränkt, dehnt sich das andere Wochenendhausgebiet Altrips seit einigen Jahren auf dem "Äußeren Wörth II" durch unerlaubtes Bauen in die bisherige landwirtschaftliche Nutzfläche aus; erste Räumungen wurden bereits vollzogen. Das Wochenendhausgebiet im "Äußeren Wörth I" ist von den Behörden geduldet, die Wochenendhäuser sind größtenteils genehmigt. Von überdachten Wohnwagen oder Gartenlauben bis zu als Dauerwohnsitz genutzten Wochenendhäusern ist hier die ganze Variationsbreite der Freizeitwohnsitze vertreten.

Während man Mitte der fünfziger Jahre zu Beginn der Entwicklung gegen die Bebauung von Uferstreifen durch einige Städter keine Einwendungen hatte, sind von Wochenendhäusern umbaute Seen in solch einem stark frequentierten Naherholungsgebiet heute nicht mehr zu befürworten, da sie nur das Privileg einiger weniger darstellen.

Umso unverständlicher ist es, daß noch in jüngster Vergangenheit Wochenendhausgebiete an Baggerseen in Naherholungsgebieten entstanden sind und noch weitere ausgewiesen werden sollen. So sind in den letzten Jahren an einem Baggersee bei Waldsee 88 Wochenendhäuser gebaut worden und auf Speyerer Gemarkung sollen neben schon über 120 vorhandenen Wochenendhäusern weitere ausgewiesen werden.

Darüber hinaus ist auch die jüngste Entwicklung des Campingwesens besorgniserregend. VÖLKSEN beobachtet auf niedersächsischen Dauercampingplätzen einen "Trend zu immer größeren und unbeweglicheren Behausungsformen" (1974, S. 298), so daß durch die immer geringere Mobilität der sog. "Mobilheime" eine "schleichende Umwandlung in Wochenendhausgebiete" zu befürchten ist. Behausungsformen dieser Art stehen auch bereits vereinzelt auf den Campingplätzen in den Rheinauen zwischen Waldsee und Otterstadt.

3.2 Das Wochenendhausgebiet "Im Binsfeld" bei Speyer

Ein vergleichbares Wochenendhausgebiet liegt am nördlichen Rand der Gemarkung der Stadt Speyer in dem Gewann "Im Binsfeld" knapp einen Kilometer südlich der Gemeinde Otterstadt. Unmittelbar östlich des dort deutlich ausgebildeten Rhein-Hochufers befindet sich im Bereich der Rheinauen ein Naherholungsgebiet besonderer Attraktivität. Von einem Parkplatz der linksrheinischen Autobahn A 61, die das Gebiet nach Süden hin abgrenzt, kann man gut Einblick in die Wochenendhausbebauung nehmen.
Laut Erläuterungsbericht des Vereins "Erholungsgebiet in den Rheinauen e.V." aus dem Jahre 1973 soll dieser Bereich in wenigen Kilometern Entfernung von Speyer, in dem durch Kiesausbaggerungsarbeiten mehrere Seen entstanden sind, für 15 000 Badegäste ausgebaut werden. Für die an heißen Tagen mehrere tausend Besucher steht bis jetzt jedoch nicht eine einzige Toilette zur Verfügung. Im Gegenteil sind die Erholungsmöglichkeiten für die Allgemeinheit eher eingeschränkt, denn mindestens 1,3 km Uferlänge an zwei Seen sind durch Wochenendhausbebauung bzw. verpachtete Campingplätze für die Erholung der Allgemeinheit ausgeschlossen. Weitere Uferbereiche sind außerdem durch die noch stattfindende Kiesausbeute schwer oder nicht zugänglich. Die vorgesehene Erweiterung des Wochenendhausbereichs wird weitere Strandfläche beanspruchen.
Das Wochenendhausgebiet selbst ist auf einer Fläche von ca. 8 ha so engmaschig angelegt, daß von Anwohnern schon die Entwicklung zu einem "Wochenend-Slum" befürchtet wird.
Bei 60 m^2 überbaubarer Fläche wird bei kleinen Grundstücken die Grundflächenzahl von 0,2 überschritten. Das steht in Widerspruch zu § 17 BauNVO. Außerdem steht die Ausweisung eines Wochenendhausgebiets im "Binsfeld" weder im Einklang mit dem Gemeinsamen Runderlaß von 1967, wo es eindeutig heißt: "Wochenendhausgebiete dürfen sich nicht bandartig an den Ufern von Flüssen und Seen (auch Baggerseen) entlangziehen", noch im Einklang mit den Zielvorstellungen des Vereins "Erholung in den Rhein-

auen e. V.", dem auch die Stadt Speyer angehört. Es gibt Hinweise, daß in Einzelfällen kommunalpolitische Anliegen und Privatinteressen nicht eindeutig voneinander getrennt worden sind: nicht zufällig trägt einer der Baggerseen im Volksmund den Namen "Rotes Meer"!

Da die meisten Grundstücke unter Erbpacht nur an Speyerer Bürger vergeben worden waren, stellen die Einheimischen auch drei Viertel der Wochenendhausbesitzer. Die Anfahrtszeit beträgt nur in einem Fall mehr als 30 Minuten.

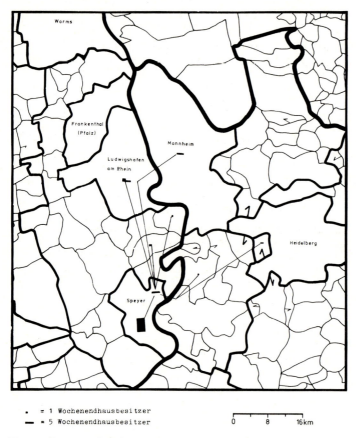

. = 1 Wochenendhausbesitzer
— = 5 Wochenendhausbesitzer

Karte 7: Herkunft der Wochenendhausbesitzer in Speyer

Von Privilegierung einer sozialen Schicht kann hier kaum gesprochen werden. Angestellte machen knapp die Hälfte der Wochenendhausbesitzer aus, auch Arbeiter sind mit 21 % relativ stark vertreten.

Ansätze zum Trend zum Dauerwohnen sind bereits zu erkennen; eine Entwicklung hin zum Wohngebiet sollte auf jeden Fall unterbunden werden. Die geplante Festsetzung der überbaubaren Fläche auf 65 m^2 scheint dafür

allerdings ein wenig geeignetes Mittel zu sein. Gleichfalls bedeutet die
Erweiterung des Wochenendhausbereichs, wie sie ein im Entwurf befindlicher Bebauungsplan vorsieht, einen weiteren Rückschlag für die
Bedürfnisse der Allgemeinheit nach freien Erholungsflächen.

3.3 Das Wochenendhausgebiet Iggelheim

Ein weiteres Wochenendhausgebiet liegt im südwestlichen Einzugsbereich
der Ballung Mannheim-Ludwigshafen bei Iggelheim, einer knapp 6000 Einwohner zählenden Arbeiterwohngemeinde. Der Ort liegt am Rande der Niederterrasse des Oberrheingrabens am Nordrand des Speyerbachschwemmkegels, aus dessen Waldgebiet 1828 das sog. "Ludwigsfeld" gerodet wurde. Mit dem Rückgang der Landwirtschaft, die vielfach nur im Nebenerwerb betrieben wurde, fielen hier weite Flächen am Waldrand brach.

3.3.1 Lage und Erholungsqualität des Gebiets

Bei vorherrschenden Westwinden liegt dieser Raum in der Lee-Lage des
Haardt-Gebirges, so daß die jährlichen Niederschlagsmengen gerade in
und nördlich von Iggelheim die 500 mm-Grenze kaum übersteigen, so
daß hier mehr stilles, heiteres Wetter herrscht als in der Rheinniederung.
Nach AMMANN s Zusammenstellung (1973) besitzt Iggelheim nur geringen Freizeitwert. Auch nach KIEMSTEDT hat das Gebiet nur "geringe,
eventuell lokale Eignung" für Erholungszwecke. Es ist zwar richtig, daß
die Bundesautobahn A 61 ein zusammenhängendes Waldgebiet durchschnitten hat, das zudem Landschaftsschutzgebiet ist, jedoch sind durch
die erforderlichen Aufschüttungsarbeiten für die Trasse der Autobahn
zwischen Schifferstadt, Iggelheim und Speyer mehrere Baggerweiher entstanden, von denen einer sogar zu einem Naherholungszentrum überörtlichen Charakters ausgebaut werden soll und ein anderer zum Anziehungspunkt für Angler geworden ist. Außerdem sind mehrere Waldwege zum
Transport von Aufschüttungsmaterial ausgebaut worden, so daß dieses
Landschafts- und Vogelschutzgebiet für den Spaziergänger besser erschlossen worden ist.

3.3.2 Die Wochenendhausbebauung - Entwicklung und Erschließung

Die teilweise vollkommen verwilderten Brachflächen vor allem am Waldrand im Süden der Gemarkung wurden z.T. spottbillig verkauft, da sie
landwirtschaftlich mit ihren Grenzertragsböden nur geringen Wert hatten.
Einige Parzellen waren zu Sandgruben für örtliche Bauzwecke umfunktioniert worden, andere, die etwas tiefer lagen, versumpften infolge des
hohen Grundwasserspiegels.
In den Jahren zwischen 1950 und 1960 entdeckten einzelne Städter das Gebiet aufgrund seiner "Nähe zur Natur" für Erholungszwecke. Zum Teil
waren sie sogar von der Kreisverwaltung von der "Blauen Adria", wo

sie ihre Parzellen räumen mußten, hierher verwiesen worden. Man errichtete sich bald neben Gerätehäuschen kleine Unterkünfte, so daß es 1961 bereits notwendig wurde, eine Baupolizeiverordnung für das Gebiet zu erlassen, die die Bebauung und die dafür vorgesehenen Abgrenzungen regeln sollte.

1965 wurde die Regelung der Baupolizei-Verordnung durch einen Bebauungsplan für je zwei Gewanne im "Maxfeld" und "Im Lustjagen" neu gefaßt. In der "Begründung zum Teilbebauungsplan "Wochenendgebiet" " heißt es: "Zur Schaffung individueller Erholungsstätten wurden in den Jahren 1959/60 im Gebiet entlang des Iggelheimer Waldrandes vereinzelt Wochenendhäuser errichtet, wodurch gleichzeitig die meist brachliegenden, fast wertlosen Grundstücke bewirtschaftet wurden. Mit Genehmigung der Bezirksregierung der Pfalz wurde am 15.5.1961 zur Regelung der Bebauung eine Baupolizei-Verordnung für das Wochenendgebiet erlassen. Inzwischen hat sich jedoch wegen der regen Bautätigkeit die Aufstellung eines Bebauungsplans als notwendig erwiesen. Der aus Teil I und II bestehende Bebauungsplan sieht 293 (!) Bauplätze für eingeschossige Wochenendhäuser vor, von denen jedoch ein größerer Teil" - heute etwa die Hälfte - "schon bebaut ist."

Da das Gebiet schon vor dem Gemeinsamen Runderlaß von 1967 als Wochenendhausgebiet ausgewiesen worden war, sind zahlreiche Normen und Richtlinien dieses Erlasses hier nicht berücksichtigt. So erstreckt sich das Gebiet beispielsweise auf einer Länge von fast 2 km entlang eines Waldrandes und befindet sich z.T. sogar im Wald selbst. Außerdem umfaßt das Gebiet nicht nur 30 Parzellen sondern fast das Zehnfache auf einer Fläche von ca. 40 ha. Auch sind die einzelnen Wochenendhäuser nur deshalb "durch ausreichend große land- oder forstwirtschaftlich genutzte Flächen voneinander getrennt", weil noch nicht alle Parzellen bebaut sind.

Die Versorgung mit Strom erfolgte 1966 für das früher erschlossene "Im Lustjagen" und für das "Maxfeld" im Jahre 1972. Die Wasserversorgung wurde 1969 bzw. 1974 fertiggestellt, und die Erschließungskosten zahlten alleine die Wochenendhausbesitzer; die Gemeinde hat eine Beteiligung an diesen Kosten in der "Begründung zum Teilbebauungsplan Wochenendgebiet" ausgeschlossen. Die Versorgung kann inzwischen trotzdem als abgeschlossen betrachtet werden. Allein Kanalisation existiert in diesem Gebiet noch nicht; alle Abwässer sollen in dichten Gruben abgefangen werden. Jedoch drängt zur Zeit das zuständige Wasserwirtschaftsamt aufgrund der vielen Dauerwohnungen auf einen Anschluß des Gebiets an die Iggelheimer Kanalisation.

In dem Wochenendhausgebiet standen zum Zeitpunkt der Untersuchung (April/Mai 1975) 140 Wochenendhäuser, davon waren 12 noch im Bau. Die Kapazität des Gebiets war damit erst zu knapp 50 % ausgenutzt. Die Größe der Wochenendhäuser ist laut textlicher Festsetzungen zum Bebauungsplan auf 60 m^2 überbauter Fläche begrenzt, d.h. daß bei einer durchschnittlichen Größe der Parzellen von 1300 m^2 die nach § 17 BauNVO maximal erlaubte Grundflächenzahl von 0,2 nicht erreicht wird, was für eine recht lockere Anordnung der Wochenendhäuser spricht. Es wurde eine durchschnittliche Grundflächenzahl von 0,05 ermittelt. Die meisten Wochenendhausbesitzer nutzten die erlaubte maximale Fläche voll aus; einige der Häuser sind sogar größer als erlaubt, wobei das Maximum bei 97 m^2 liegt. Letzteres Haus wurde allerdings schon vor der Gültigkeit des Bebauungsplans errichtet. Nach einer Schätzung des Bürgermeisters haben ca. 80 Wochenendhausbesitzer die genehmigten Baupläne nicht eingehalten, indem sie entweder den Keller, den Dachraum oder die Garage zu Wohnzwecken ausbauten oder sonst die 60 m^2 nicht einhielten, was natürlich bei der guten Versorgungslage des Gebiets den Trend zum Dauerwohnen unterstützt. Abrißverfügungen oder ähnlich einschneidende Maßnahmen wurden bisher nur in einem besonders extremen Fall verhängt, wo ein Bauherr ein 107 m^2 großes Wochenendhaus errichten wollte.

3.3.3 Die Wochenendhausbesitzer - Motive, Herkunft, Sozialstruktur

Unter den Motiven für den Bau oder Erwerb eines Wochenendhauses steht der Wunsch, "aus der Stadt heraus" zu kommen, mit 29 % der gegebenen Antworten an erster Stelle. Dabei scheinen die Wohnverhältnisse in der Stadt wiederum keine dominierende Rolle zu spielen, denn fast die Hälfte der Befragten gab als Erstwohnsitz ein Ein- oder Zweifamilienhaus an. Über 70 % - im Vergleich zu den anderen Wochenendhausgebieten weitaus die meisten - beklagten sich jedoch über eine schlechte Wohnlage des Erstwohnsitzes, vor allem über Verkehrslärm und schlechte Luft. In dieser Beziehung ist eine Privilegierung bestimmter Bevölkerungsschichten in Iggelheim nicht nachzuweisen.

Beachtenswert ist die Tatsache, daß 15 % der befragten Wochenendhausbesitzer ihr Wochenendhaus u.a. als Alterswohnsitz betrachten, was bedeutet, daß in Zukunft mit einer Verstärkung des bereits vorhandenen Trends zum Dauerwohnen zu rechnen ist. Die Attraktivität dieses Wochenendhausgebiets beruht weniger in landschaftlichen Qualitäten als in wirtschaftlichen: so gaben 43 % der Wochenendhausbesitzer besonders den Preis als ausschlaggebend für ihre Wahl an. Zwei Fünftel der Befragten sähen die Erschließung gerne verbessert. Diese Unzufriedenheit ist jedoch im Zusammenhang zu sehen mit den Anforderungen, die an das Gebiet als Wohngebiet gestellt werden.

Die bedeutende Rolle, die dabei die Anlage und Pflege der Grundstücke einnehmen, ist aus der Tatsache ersichtlich, daß 103 Wochenendhausbesitzer spontan "Gartenarbeit" oder "Arbeit" als Hauptfreizeitbeschäftigung nannten. In gewissem Umfang hat das Wochenendgrundstück also Schrebergartenfunktion übernommen. Gesucht wird körperliche Betätigung als Ausgleich und Gegenpol zur Betätigung am Arbeitsplatz. Dafür spricht auch, daß Selbstarbeit beim Hausbau mit 85 % weitaus dominiert. Einen Beleg dafür, daß die Wochenendhauserholung für eine breitere Bevölkerungsgruppe erschwinglich geworden ist - mit der Einschränkung des neuerlichen Grundstückpreisanstiegs und der jüngsten Wirtschaftsentwicklung -, erhält man aus der Berufsstruktur dieses Wochenendgebiets. Im Gegensatz zu Altrip mit fast drei Fünfteln Selbständigen und Freiberuflichen sind es hier nur ein Sechstel. RUPPERT s These der "Demokratisation" kann mit diesem Beispiel belegt werden. So überwiegen hier die Nicht-Selbständigen unter den Wochenendhausbesitzern mit über 61 %; alleine Arbeiter und Angestellte machen mit fast 57 % schon über die Hälfte der genannten Berufe aus. Rentner und Pensionäre, aus denen sich viele Dauerwohner rekrutieren, machen gut ein Fünftel der Befragten aus.

In diesem Gebiet ist die Gruppe der 30- bis 55-Jährigen mit Spitzen bei 40-Jährigen besonders stark repräsentiert. Offenbar kann man sich hier infolge der preislichen Entwicklung und der hohen Eigenbeteiligung beim Bau ein Wochenendhaus früher leisten. Neben dieser Gruppe fällt auch die der 60- bis 70-Jährigen ins Gewicht - ein Beleg für die Funktion des Wochenendgebiets als Aufenthaltsort für das Alter. Die Gruppe der 20- bis 30-Jährigen ist stark unterrepräsentiert, wofür der Grund in mangelndem Bedarf und Kapital für einen Zweithaushalt zu suchen sein dürfte. Die Regressionsgerade (s. Fig. 2) der folgenden Abbildung verdeutlicht den raschen Preisanstieg. Während 1959 noch Grundstücke für ,-25 oder ,-30 DM/m² zu erhalten waren, mußten 1964 schon 5,- bis 8,- DM/m²

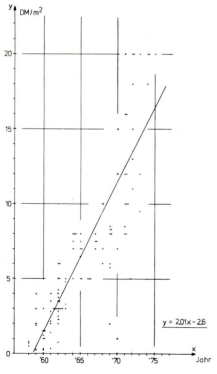

Fig. 2:
Grundstückspreisentwicklung (DM/m²) im Wochenendhausgebiet Böhl-Iggelheim

bezahlt werden. Durch die Erschließung mit Strom stieg der Preis um
1970 enorm an, so daß heute Preise zwischen 25,- und 35,- DM/m² verlangt werden. In zwei Fällen ist bekannt, daß Anfang 1975 je ein Grundstück für 20,- bzw. 22,- DM/m² den Besitzer wechselte. So war denn auch die Hauptsiedlungstätigkeit zwischen 1960 und 1965, nachdem das Gebiet in der Baupolizei-Verordnung ausgewiesen worden war, und um 1973, nachdem die Versorgung mit Strom und Wasser weitgehend abgeschlossen war.

Zu 55 % kommen die Wochenendhausbesitzer aus Ludwigshafen und Mannheim (s. Karte 8); die Einheimischen sind mit 12 Besitzern an dritter Stelle vertreten; es folgen Gemeinden der Umgebung bis maximal 50 km Entfernung. Diese Grenze wird in 97 % der Fälle nicht überschritten. Nur drei Wochenendhausbesitzer fahren über 150 km.

So überschreiten auch die genannten Anfahrtszeiten 30 Minuten i. d. R. nicht; nur die drei Ausnahmen fahren 2,5 bis 3 Stunden. Diese Zahlen rechtfertigen es durchaus, dieses Gebiet als Naherholungsgebiet des Raumes Ludwigshafen/Mannheim anzusprechen, zumal es durch die Autobahn A 61 mit einer Abfahrt zwischen Iggelheim und Schifferstadt gut zu erreichen ist. Außerdem ist der bisher recht niedrige Freizeitwert durch die Baggerweiher, die im Verlaufe des Autobahnbaus entstanden sind, beträchtlich gestiegen.

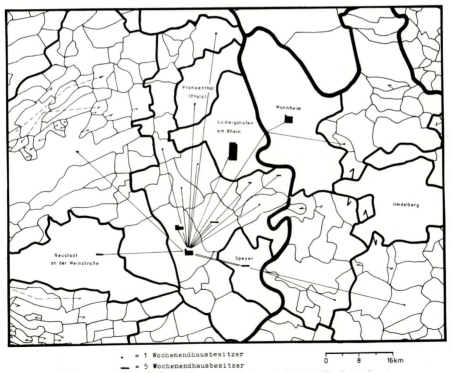

Karte 8: Herkunft der Wochenendhausbesitzer in Iggelheim

3.3.4 Auswirkungen auf Landschaft und Gemeinde

Da das Gebiet schon vor Inkrafttreten der BauNVO, die eine Beteiligung der Gemeinden von mindestens 10 % der Erschließungskosten vorsieht, als Wochenendgebiet ausgeschrieben war, und da sich die Gemeinde im Bebauungsplan von jeder Kostenbeteiligung ausgeschlossen hat, obliegen die ganzen Erschließungskosten den Eigentümern selbst, die zu diesem Zweck eine "Wochenendgemeinschaft" gegründet haben, die zum Ziel hat, die "Erschließung dieses Gebiets durch Bau von Strom- und Trinkwasserversorgungsleitungen" zu fördern. Als Belastung für die Gemeinde kann also nur der allerdings recht umfangreiche Verwaltungsaufwand angesehen werden.

Abgesehen davon hat das Wochenendgebiet durchaus auch positive Auswirkungen: ein Streifen brachliegenden Landes ist in Eigeninitiative kultiviert worden, worauf etliche Wochenendhausbesitzer nicht ohne Stolz verweisen. Das Gebiet ist sogar zum Ziel für den sonntäglichen Spaziergang Iggelheimer Bürger geworden. Es dürfte sich hier also um einen Fall handeln, wo ein Wochenendhausgebiet der Erholung der Allgemeinheit nicht im Wege steht.

Geringfügig dürfte sich das Wochenendhausgebiet auch auf Handel und Gewerbe des Ortes auswirken. So profitiert der Lebensmittelhandel von den Wochenendhausbesitzern, denn zwei Drittel von ihnen gaben an, sich u.a. am Ort mit Lebensmitteln und Gebrauchsgegenständen für den Alltag zu versorgen. Auch dem Gastgewerbe kommt das Wochenendhausgebiet zugute: drei Fünftel der Befragten besuchten wenigstens gelegentlich eine nahegelegene Gaststätte. Insgesamt hat das gesamte Gebiet am Waldrand durch die Wochenendsiedlung als Erholungsraum eine Aufwertung erfahren, was sich bis auf das ortsansässige Handwerk auswirkt; vor allem auf dem Gebiet der Elektro- und Heizungsinstallation und auch für Zimmermannsarbeiten werden von einem Drittel der Wochenendhausbesitzer örtliche Handwerksbetriebe in Anspruch genommen.

Das Hauptproblem dieses Gebiets beruht jedoch in der Dauer des Aufenthalts. Bei der Umfrage konnten mindestens 16 "Wochenendler" ermittelt werden, die ihren ersten Wohnsitz hier haben. Die Gemeindeverwaltung bestätigte, daß 10 Familien sogar ihren Erstwohnsitz hier gemeldet hätten, und daß deren Kinder hier zur Schule gingen. Außerdem bestätigte man mir 27 bzw. 28 Dauerwohner, die zwar einen ersten Wohnsitz anderswo nachweisen könnten, diesen aber nicht als solchen benutzten. Man habe von seiten der Verwaltung keinerlei Handhabe, dies zu unterbinden. Insgesamt war es ein Drittel der Wochenendhausbesitzer, die ihr Wochenendhaus zumindest zeitweise, etwa über das Sommerhalbjahr, als Wohnsitz benutzen. Diese Tendenz einzudämmen, ist unter den gegebenen Umständen - 60 m^2 bebaubare Fläche, erster Wohnsitz woanders gemeldet, aber nicht als solcher benutzt - nicht einfach. Außerdem will man älteren Bürgern den lang ersehnten Alterswohnsitz außerhalb der Stadt in erholsamer Umgebung nicht streitig machen.

Der Eindruck eines Wohngebietes in diesem "Noch-Wochenendhausgebiet" wird dann noch wesentlich verstärkt werden, sind erst einmal alle 300 Parzellen wie geplant bebaut. Zur Zeit befinden sich noch relativ große Wald- bzw. landwirtschaftliche Nutzflächen zwischen den einzelnen Wochenendhäusern.

3.4 Das Wochenendhausgebiet Wachenheim

In landschaftlich reizvoller Lage am Abfall des Pfälzer Waldes in die Rheinebene liegt zwischen Wachenheim und Bad Dürkheim das Wochenendgebiet "Mundhardter Hof", das laut der noch gültigen Baupolizei-Verordnung aus dem Jahre 1959 auf einer Fläche von ca. 15 ha etwa 110 Wochenendhausparzellen aufweist, von denen 93 bereits bebaut sind. Typisch für dieses Gebiet ist eine enge Durchmischung von kleinen zu Wochenendhäusern ausgebauten Gerätehäuschen und größeren stattlichen Wochenendhäusern.

74 % der Befragten dieses Gebiets kommen aus Ludwigshafen und weitere 7 % aus Mannheim, so daß 30 Minuten Anfahrtszeit nur selten überschritten werden. Hier liegt also eine eindeutige Orientierung nach dem Zentrum des Ballungsraums Rhein-Neckar vor, was u.a. auf die gute Verkehrsverbindung zurückzuführen ist (vgl. Karten 3 und 9).

Bei den Freizeitbeschäftigungen rangiert Gartenarbeit wie in Iggelheim an erster Stelle. Man sucht den körperlichen Ausgleich zum Berufsleben in der Stadt.

Die Ausgeglichenheit bezüglich der Sozialstruktur ist hier nicht so ausgeprägt wie in Iggelheim: 46 % Nicht-Selbständigen stehen immerhin 26 % Selbständige und Freiberufliche gegenüber; Arbeiter machen nur 8 % aus. Eine Ursache ist zweifelsohne darin zu sehen, daß die Grundstücke in den Anfangsjahren der Wochenendhausentwicklung in Wachenheim nie so preisgünstig waren wie beispielsweise in Iggelheim, wo noch 1965 der durchschnittliche Quadratmeterpreis bei 6,50 lag (Wachenheim: 12,- DM). Infolge der noch fehlenden Wasserver- und Wasserentsorgungsleitungen ist es bislang in Wachenheim gelungen, den Trend zum Dauerwohnsitz zu unterbinden. Für die Zukunft kommt es nun darauf an, diesen Trend weiterhin einzuschränken, indem z.B. die überbaubare Fläche klein gehalten wird - 30 m^2 sind im neuen Bebauungsplan vorgesehen. Außerdem ist das Wasserschutzgebiet von schädlichen Einflüssen frei zu halten, und es wird darauf zu achten sein, daß das Landschaftsbild bei der geplanten Vergrößerung des Wochenendgebiets nicht stärker beeinträchtigt wird, als es bisher der Fall gewesen ist, was bei dem Ausmaß der vorgesehenen Erweiterung problematisch erscheint.

3.5 Das Wochenendhausgebiet St. Martin

Ein Wochenendhausgebiet bei St. Martin, das wie das Wachenheimer am Rand des Haardt-Gebirges und bereits innerhalb des Naturparks Pfälzer Wald liegt, umfaßt auf ca. 15 ha Fläche nur 36 Wochenendhäuser, die

größtenteils vor 10 bis 15 Jahren erbaut wurden. Der überwiegende Teil
des Gebiets wird von Wald eingenommen. Als nachteilig für die Attraktivität hat sich die Lage an einem relativ steilen Nordhang mit geringer
Sonneneinstrahlung ausgewirkt. Bezüglich der Herkunft der Wochenendhausbesitzer zeichnet sich bereits ab, daß die Streuung mit zunehmender
Distanz vom Ballungszentrum bzw. mit schlechterer Verkehrszugänglichkeit steigt; trotzdem stellt Ludwigshafen noch die meisten Wochenendhausbesitzer. Entsprechend nehmen auch die zurückgelegten Entfernungen zum Freizeitwohnsitz und die Anfahrtszeiten zu, wenngleich eine
Stunde nicht überschritten wird.
Ein Viertel der Wochenendhausbesitzer sind Selbständige und Freiberufliche, ein Viertel Rentner und ein Drittel Angestellte meist in höheren
Positionen. Arbeiter sind wieder weit unterrepräsentiert.
Eine landschaftliche Beeinträchtigung konnte aufgrund der lockeren Bebauung und der Ortsrandlage weitestgehend vermieden werden. Der Anteil an
Dauerwohnern ist mit etwa 20 % der höchste in den untersuchten Gebieten.
Diese Entwicklung wurde begünstigt durch mangelnde Einhaltung der Bauvorschriften und durch die gute Erschließung.
Offenbar hat man in St. Martin die langsame Entwicklung des Wochenendhausgebiets zum Wohngebiet stillschweigend einkalkuliert. Eine geplante
Umgehungsstraße, die direkt an der Wochenendhausbebauung vorbeiführen
soll, und die damit einhergehende vollständige Erschließung des Gebiets
werden ein weiteres dazu beitragen, den Charakter als Wochenendhausgebiet zu verwischen. Vor allem werden durch den Verkehrslärm die gesuchten Erholungsqualitäten verlorengehen.
Außerdem werden nach der geplanten Verkleinerung des Gebiets ohnehin
nur noch sehr wenige Parzellen zur Bebauung zur Verfügung stehen. Die
durchaus noch vorhandene Nachfrage nach Wochenendhausparzellen wird
also bei dem begrenzten Angebot andernorts gedeckt werden müssen.

3.6 Das Wochenendhausgebiet Ramberg

In einem 1961 ausgewiesenen Wochenendhausgebiet bei Ramberg im Pfälzer Wald stehen auf insgesamt ca. 29 ha Fläche 56 Wochenendhäuser,
dazu kommen sieben weitere Bauten dieser Art in der Umgebung auf Ramberger Gemarkung. Mit 3200 m^2 ist die Parzellengröße überdurchschnittlich groß. Die Bebauung ist entsprechend locker; sie vermittelt das Bild
einer Streusiedlung. Es sind fast ausschließlich sonnenzugewandte Süd-
und Südwest-Hänge des Dernbachtales und einiger Seitentäler, die von
der Wochenendhausbebauung eingenommen werden.
Die Mehrzahl der Wochenendhausbesitzer kommt aus Landau, gefolgt von
Ortschaften des Landkreises Südliche Weinstraße; an dritter und vierter
Stelle folgen die Städte Mannheim und Speyer. Darin spiegelt sich nicht
nur die periphere Lage Rambergs zum Rhein-Neckar-Raum wider, sondern
auch die Tatsache, daß auch kleinere Gemeinden Wochenendhausbesitzer
stellen. Es bestätigt sich, daß bei der randlichen Lage dieses Zielgebiets
die regionale Streuung bezüglich der Herkunft der Wochenendhausbesitzer

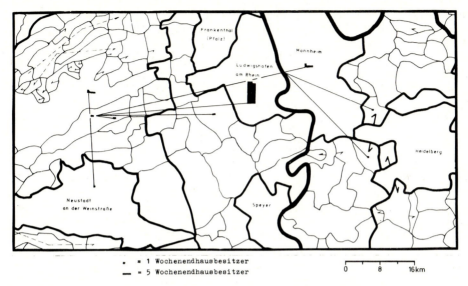

Karte 9: Herkunft der Wochenendhausbesitzer in Wachenheim

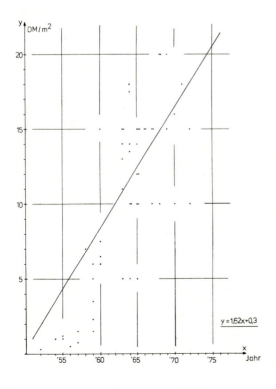

Fig. 3:
Grundstückspreisentwicklung (DM/m2) im Wochenendhausgebiet Wachenheim

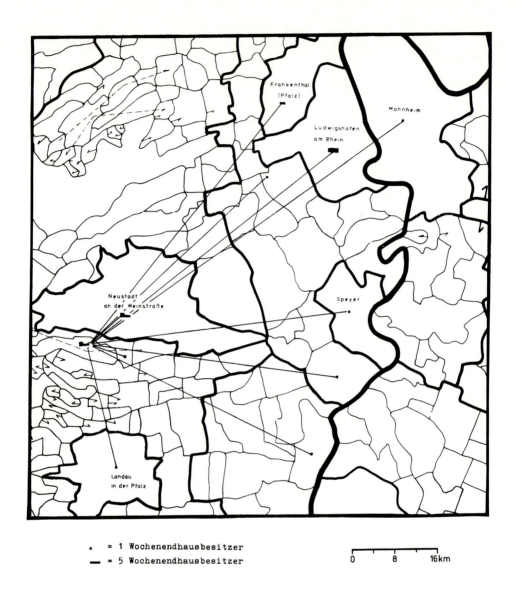

. = 1 Wochenendhausbesitzer
— = 5 Wochenendhausbesitzer

Karte 10: Herkunft der Wochenendhausbesitzer in St. Martin

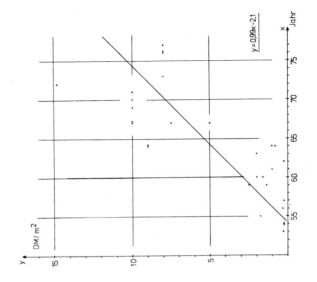

Fig. 5: Grundstückspreisentwicklung (DM/m²) im Wochenendhausgebiet Ramberg

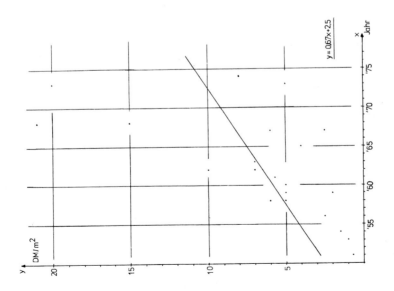

Fig. 4: Grundstückspreisentwicklung (DM/m²) im Wochenendhausgebiet St. Martin

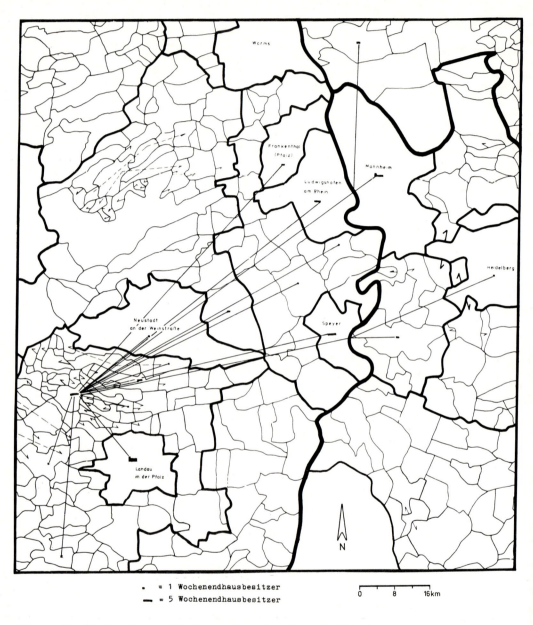

Karte 11: Herkunft der Wochenendhausbesitzer in Ramberg

zunimmt (Karte 11). Die durchschnittlich zurückgelegte Entfernung vom
Hauptwohnsitz zum Freizeitwohnsitz war die größte von allen untersuchten
Gebieten: bei einem Drittel der Befragten wurde die 50 km-Grenze überschritten.

Mit 41,5 % nahmen die Selbständigen und Freiberuflichen wiederum einen
überdurchschnittlich großen Anteil ein (vgl. Altrip). Es konnte nachgewiesen werden, daß die Sozialstruktur der Wochenendhausbesitzer mit der
Attraktivität der Erholungsgebiete insofern korreliert, als mit steigendem
V-Wert der Wochenendhausgebiete der Anteil der Selbständigen und Freiberuflichen zunimmt.

Die Größe vieler Häuser und die Tatsache, daß fast alle an eine Wasserquelle angeschlossen sind, haben das Dauerwohnen ermöglicht. Die äußerst
ungünstige bandartige Anordnung der Wochenendhäuser v. a. in dem Gewann
"Am Drenselberg" macht eine Erschließung von seiten der Gemeinde unwirtschaftlich teuer. Es ist daher fraglich, ob das ganze Gebiet in näherer Zukunft an Ver- und Entsorgungsanlagen angeschlossen werden kann.
Auf der einen Seite bietet Ramberg Beispiele dafür, wie auf großen Wochenendparzellen Landschaftspflege auf Privatinitiative betrieben werden
kann. Andererseits gibt es auch zahlreiche Fälle, wo Wochenendhäuser
an von weither einsehbaren Hängen als störend empfunden werden müssen.

4. Zusammenfassung

4.1 Die Wochenendhausbesitzer

Während RUPPERT (1974, S. 31) die These vertritt, die Entwicklung der
Freizeitwohnsitze unterliege einer deutlichen "Demokratisation", es handle
sich nicht nur um das Problem einer privilegierten Gruppe, kommt EBERLE (1976, S. 236) zu dem Schluß, Wochenendhäuser seien "auch heute
noch weitgehend als Privileg begüterter Bevölkerungskreise anzusehen".
Beide Aussagen sind nach der vorliegenden Untersuchung differenziert
zu sehen: bereits 1963 unterscheidet DIEKMANN (S. 112f) bezüglich der
Sozialstruktur zwei Gruppen von Wochenendhausbesitzern, deren Siedlungsgebiete infolge der unterschiedlichen Art der Lebensweise und wirtschaftlicher Faktoren voneinander getrennt lägen. Diese Feststellung scheint
auch im Untersuchungsgebiet den Sachverhalt am ehesten zu treffen, wenngleich mittlerweile eine gewisse soziale Durchmischung unverkennbar geworden ist.

Daß eine gewisse Privilegierung der Selbständigen vorliegt, konnte in
mehrfacher Hinsicht nachgewiesen werden. Sie ist außer am relativ hohen
Anteil der Selbständigen unter den Wochenendhausbesitzern auch daraus
abzuleiten, daß ihre Wochenendhäuser meist in Gebieten mit höherem
V-Wert stehen: 60 % der Wochenendhäuser in Gebieten mit höchstem
V-Wert über 6,0 gehören Selbständigen, 62 % der Wochenendhäuser mit
niedrigeren V-Werten zwischen 2,3 und 3,4 gehören Arbeitnehmern.

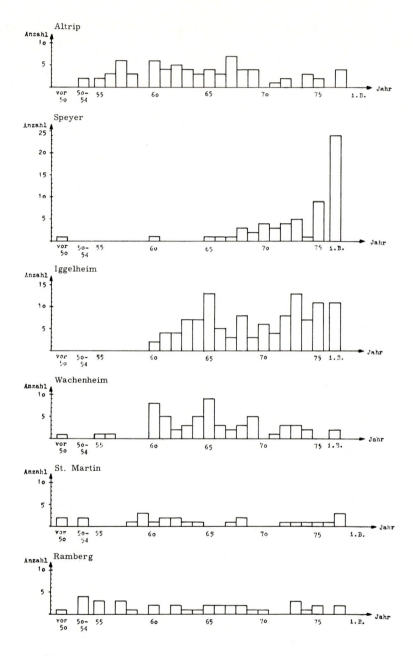

Fig. 6: Bautätigkeit in den Wochenendhausgebieten

Dementsprechend korreliert im Untersuchungsgebiet in auffälliger Weise die Attraktivität der Wochenendhausgebiete - gemessen an KIEMSTEDT s V-Wert - mit den Angaben über die Berufszugehörigkeit der Wochenendhausbesitzer. So hat die "Blaue Adria" mit dem höchsten Vielfältigkeitswert (über 6,0) auch den weitaus höchsten Anteil an Selbständigen und Freiberuflichen (58,6 %). Auch Ramberg mit hoher Attraktivität beherbergt überdurchschnittlich viele selbständige und freiberuflich tätige Wochenendhausbesitzer, während in Iggelheim mit dem niedrigsten V-Wert die "Demokratisation" am weitesten fortgeschritten scheint (vgl. Fig. 6). Damit konnte die eingangs ausgesprochene Hypothese, eine Privilegierung einer sozialen Schicht sei in ausgesprochenen Erholungsgebieten noch ausgeprägter als in landschaftlich weniger attraktiven Räumen, im Untersuchungsgebiet bestätigt werden.

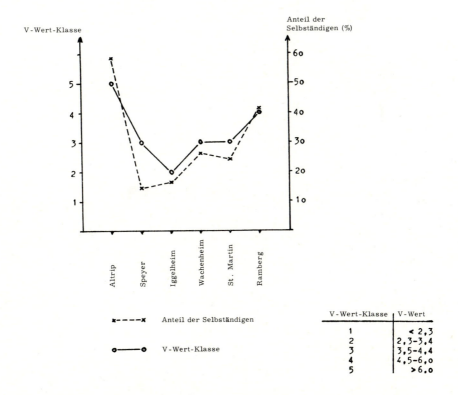

Fig. 7: Beziehungen zwischen V-Wert der Wochenendhausgebiete und Anteil der Selbständigen

Darüber hinaus konnte eine Privilegierung insofern nachgewiesen werden,
als sich ungenügende Wohnverhältnisse am Hauptwohnsitz als nicht ausschlaggebend für den Bau oder Erwerb eines Wochenendhauses erwiesen
- im Gegenteil: fast die Hälfte der Wochenendhausbesitzer beurteilte die
Wohnlage des Erstwohnsitzes als gut bis sehr gut. Je besser die Wohnlage des Wohnsitzes erachtet wurde, desto höher war auch der V-Wert
des Wochenendgebietes, in dem der Betreffende ein Wochenendhaus hat.
Die untersuchten Wochenendhausgebiete zeichnen sich durch relative
Nähe zum Zentrum des Rhein-Neckar-Raums aus, das als Hauptquellge-
biet der Wochenendhausbesitzer in diesem Raum zu gelten hat. Fast drei
Fünftel der Wochenendhausbesitzer kommen aus den Städten Mannheim
und Ludwigshafen. 11 % kommen aus Gemeinden bis 10 000 Einwohner.

Die zum Wochenendhaus zurückzulegende Entfernung betrug in 96 % der
Fälle nicht mehr als 50 km, zu 73 % sogar weniger als 25 km, nahm je-
doch mit zunehmend peripherer Lage des Wochenendhausgebiets zu.
Desgleichen kann im Untersuchungsgebiet eine Anfahrtszeit von einer
Stunde als oberste Grenze angesehen werden.
Unter den Dauerwohnern nehmen Rentner und Pensionäre den höchsten An-
teil ein. Mit mehr als 35 % stellen sie über ein Drittel der Dauerwohner.
Damit benutzt fast jeder vierte Rentner sein Wochenendhaus als Wohnsitz.
Die Anzahl der im Wochenendhaus verbrachten Wochenenden pro Jahr be-
läuft sich bei den Arbeitern auf knapp 40. Sie halten sich damit am häufig-
sten in ihrem Freizeitdomizil auf, während die Selbständigen im Durchschnitt
10 Wochenenden weniger pro Jahr in ihrem Wochenendhaus verbringen.
Ob dies auf eine größere Bedürftigkeit der Arbeiter nach Wochenenderho-
lung oder geringere Verfügbarkeit über oder andere Verwendung von
Freizeit der Selbständigen zurückzuführen ist, kann hier nicht entschie-
den werden.
Im Gegensatz zu zahlreichen anderen Untersuchungen (vgl. u.a. MAI,
1971, S. 122) war im Untersuchungsgebiet keine Abnahme der Zahl der
Reisen mit zunehmenden Entfernungen des Wohnsitzes vom Wochenendhaus zu verzeichnen, was mit Sicherheit auf die relativ kurzen Anfahrts-
wege von weniger als 25 km im Durchschnitt zurückzuführen ist.

4.2 Auswirkungen der Wochenendhausbebauung

Die bei der Ausweisung von Wochenendhausgebieten von den Gemeinden
erhofften positiven Auswirkungen auf Handel und Gewerbe haben sich in der
Regel nicht eingestellt. Dafür waren die Wochenendhausgebiete mit der
Ausnahme Iggelheims meist zu klein oder zu weit von den entsprechenden
Ortschaften entfernt.
Daß sich sämtliche untersuchten Wochenendhausgebiete in Landschafts-
schutzgebieten befinden, ist kein Zufall. Vielmehr belegt das einmal mehr
die Tatsache, daß gerade landschaftlich attraktive Gebiete der Verbauung
durch Wochenendhäuser besonders ausgesetzt sind. Karte 2 belegt plas-
tisch, wie sich Gebiete höherer V-Werte mit solchen einer verstärkten

Tab. 2: Herkunft der Wochenendhausbesitzer

	Altrip		Speyer		Iggelheim		Wachenheim		St. Martin		Ramberg	
	Anzahl	%	Anzahl	%	Anzahl	%	Anzahl	%	Anzahl	%	Anzahl	%
Dauerwohnsitz	6	5,1	5	8,1	16	11,7	2	2,4	7	19,4	5	8,9
LU	34	29,1	7	11,3	54	39,4	63	74,1	10	27,8	4	7,1
MA	53	45,3	4	6,5	21	15,3	6	7,1	1	2,8	6	10,7
SP	-	-	40	64,5	5	3,6	-	-	1	2,8	5	8,9
DÜW	-	-	-	-	2	1,5	6	7,1	-	-	-	-
NW	-	-	-	-	4	2,9	1	1,2	7	19,4	1	1,8
LD	-	-	-	-	-	-	-	-	1	2,8	11	19,6
GER	-	-	-	-	-	-	-	-	1	2,8	-	-
FT	-	-	-	-	1	0,7	-	-	3	8,3	2	3,6
HD	8	6,8	-	-	-	-	-	-	-	-	1	1,8
Altrip	4	3,4	1	1,6	-	-	-	-	-	-	-	-
Böhl-Iggelheim	1	0,9	-	-	12	8,8	-	-	-	-	-	-
Wachenheim	-	-	-	-	-	-	2	2,4	-	-	-	-
LU-Land (sonst.)	3	2,6	2	3,2	15	10,9	2	2,4	2	5,6	2	3,6
DÜW-Land (sonst.)	-	-	-	-	-	-	-	-	-	-	2	3,6
LD-Land	-	-	-	-	-	-	-	-	1	2,8	7	12,5
Rhein-Neckar-Kr.	2	1,7	3	4,8	3	2,2	2	2,4	-	-	2	3,6
Sonstige	6	5,1	-	-	4	2,9	1	1,2	2	5,6	8	14,3
	117	100,0	62	100,0	137	99,9	85	100,3	36	100,1	56	100,0

Tab. 3: Entfernung vom ersten Wohnsitz

	Altrip		Speyer		Iggelheim		Wachenheim		St. Martin		Ramberg	
	Anzahl	%	Anzahl	%	Anzahl	%	Anzahl	%	Anzahl	%	Anzahl	%
Dauerwohnsitz	5	5,7	5	8,1	16	11,7	2	3,0	7	22,6	5	11,4
1 - 15 km	49	55,7	43	69,4	24	17,5	3	4,5	6	19,4	9	20,5
16 - 30 km	27	30,7	12	19,4	73	53,3	57	85,1	4	12,9	7	15,9
31 - 50 km	6	6,8	2	3,2	20	14,6	4	6,0	13	41,9	9	20,5
51 - 80 km	-	-	-	-	1	0,7	-	-	-	-	12	27,3
81 - 150 km	1	1,1	-	-	-	-	-	-	1	3,2	1	2,3
über 150 km	-	-	-	-	3	2,2	1	1,5	-	-	1	2,3
	88	100,0	62	100,1	137	100,0	67	100,1	31	100,0	44	100,2

Wochenendhausbebauung decken. Von der Erholungsqualität der betreffenden Gebiete hängt auch in hohem Maße der Kaufpreis für die Grundstücke ab. Die jüngste Entwicklung in und um Bad Dürkheim mit einer besonders hohen Rate an unerlaubter Bautätigkeit im Außenbereich hat gezeigt, daß auch der Landschaftsschutzgedanke nur bedingt geeignet ist, die Wochenendhausbewegung in Grenzen zu halten, denn viele Kreisverwaltungen sehen sich vom Verwaltungsaufwand her kaum in der Lage, die Schwarzbautätigkeit zu kontrollieren, geschweige denn von vornherein zu unterbinden.

Neben der Gefahr der Zersiedlung landschaftlich attraktiver Gebiete steht der Trend zum Dauerwohnsitz. Gelingt es nicht, dieser Tendenz Einhalt zu gebieten, so läßt sich absehen, daß verschiedene Wochenendhausgebiete immer mehr die Funktion von Wohngebieten annehmen werden, worunter natürlich auch die Erholungsqualitäten der Ruhe und Ungestörtheit leiden werden, was zur Folge hat, daß sich Interessenten für Wochenendhauserholung wieder nach anderen Räumen umsehen werden, weil die ursprünglich dafür vorgesehenen Gebiete diesen Zweck des Wochenendaufenthalts in möglichst großer Naturnähe nicht mehr in der Form erfüllen, wie es gewünscht wurde. Iggelheim und St. Martin haben bereits 12 % bzw. 19 % Dauerwohner. Der aus anderen Gebieten berichtete Trend zur Umwandlung von Wochenend- in Dauerwohngebiete (KRÖCKER, 1952, S. 49; TAUBMANN, 1973, S. 94) ist auch im Rhein-Neckar-Raum festzustellen: so schrieb z.B. die Verbandsgemeindeverwaltung Freinsheim Ende 1976 auf Anfrage: "Wegen der vielen Probleme der Ver- und Entsorgung und des Straßenbaus, außerdem aufgrund der Tatsache, daß etliche Gebäude bereits zu Dauerwohnzwecken umfunktioniert sind bzw. die Fläche von 50 m^2 Wohnfläche übersteigen, hat der Ortsgemeinderat Bobenheim a. Bg. die Umwandlung in ein Dauerwohngebiet beschlossen. Ein entsprechender Bebauungsplan befindet sich im Aufstellungsverfahren." Lediglich in Wachenheim scheint es gelungen zu sein, nicht nur die landschaftliche Beeinträchtigung in Grenzen zu halten, sondern auch infolge fehlender Wasserversorgung den Trend zum Dauerwohnen.

4.3 Planerische Konsequenzen

"Die Ausweisung von Wochenendhausgebieten geht nur in den seltensten Fällen auf kommunale Initiativen zurück. Normalerweise ist der Zwang zur Legalisierung und Sanierung von Schwarzbauten die Ursache" (FISCHER, 1973, S. 264). So sind auch im Untersuchungsgebiet fast sämtliche Wochenendhausgebiete im nachhinein genehmigt worden. In Wachenheim und Bad Dürkheim wurden und werden aufgrund der starken Schwarzbautätigkeit alte Wochenendhausgebiete vergrößert bzw. neue ausgewiesen.

Es bleibt daher bei weiter bestehender Nachfrage Aufgabe der Planungsbehörden, einer wilden Verbauung des Außenbereichs durch Zuweisung von geeigneten Flächen zuvorzukommen, wie es beispielsweise die Gemeinde Eußerthal 1973 getan hat. Allerdings hat man dort m.E. den Fehler begangen, die erlaubte bebaubare Fläche mit 30 m² nur nach unten (!) hin zu begrenzen, um Primitivbauten zu verhindern. Einer Dauernutzung der Wochenendhäuser steht damit bei vorhandener Ver- und Entsorgung bestenfalls die Abgelegenheit Eußerthals im Wege.

Es hat sich gezeigt, daß der Trend zum Dauerwohnen durch große Wochenendhäuser mit 50 bis 60 m² Grundfläche oder mehr und durch gute Erschließung begünstigt wird. Also ist es sinnvoll, die zulässige Größe der Wochenendhäuser zu beschränken, um den Anreiz zum Dauerwohnen zu mindern. Überbaubare Flächen von 30 bis 50 m² erscheinen ausreichend, dem Bedarf nach einem "Häuschen im Grünen" Genüge zu tun. Von daher ist es unverständlich, wenn die Landesregierung in ihren Richtlinien zur "Planung und Ausweisung von Wochenendhausgebieten" vom 23. März 1977 die "festzusetzende Grundfläche für feste Wochenendhäuser" von bisher 30 bis 60 m² auf 70 m² hochsetzt (Min. B. d. Landesreg. v. Rhl.-Pf., Nr. 6, 1977, Sp. 219f). Eine diesbezügliche schriftliche Anfrage blieb unbeantwortet.

Um eine ausreichende Auflockerung durch Pflanzenbestand zu gewährleisten, dürften die Wochenendparzellen 500 bis 1000 m² nicht unterschreiten. Wenn im Untersuchungsgebiet fast ein Viertel der erfaßten Grundstücke kleiner als 500 m² sind, ist dies vor allem auf die ungünstige Parzellierung in Altrip und Speyer zurückzuführen. Da Wochenendhäuser nur dem vorübergehenden Aufenthalt dienen sollen, erscheint eine zentrale Trinkwasserversorgung "nicht erforderlich und im Hinblick auf die Schwierigkeiten der Abwasserbeseitigung in der Regel auch nicht erwünscht" (Runderlaß vom 23.3.1977, Sp. 222). Ver- und Entsorgungsleitungen werden von den Wasserwirtschaftsämtern allerdings dann gefordert, wenn bereits Dauerwohnsitze errichtet worden sind; das wiederum betrifft die meisten Wochenendgebiete.

Die Frage "Wohin mit den Wochenendhäusern" läßt sich leichter beantworten, wenn man mit einem Negativ-Katalog beginnt. Von Wochenendhausbebauung freigehalten werden sollten in Zukunft im Untersuchungsgebiet:
- Ufer von Gewässern jeder Art, v.a. Baggerseen (Altrip, Waldsee, Speyer) - leider sieht die Planung in Speyer entgegen aller Empfehlungen und Richtlinien weitere Verbauung von Uferstreifen vor;
- Naherholungsgebiete, die der Allgemeinheit vorbehalten bleiben sollten (Altrip, Speyer);
- exponierte Hänge und Höhenrücken (Burrweiler, Ramberg);
- Profillinien von Bergrücken (Burrweiler) und
- Wälder (Carlsberg-Hertlingshausen, St. Martin).

Ein eindrucksvolles Beispiel, wie man es nicht machen soll, stellt die noch junge, behördlich genehmigte (!) Entwicklung im "Binsfeld" bei Speyer dar: bandartige Verbauung von Uferbereichen an Baggerseen im Naherholungsbereich, dazu auf viel zu enger Parzellierung.

Was bleibt, sind von der Landwirtschaft aufgegebene, unrentable Grenzertragsflächen, die durch Wochenendhausbebauung einer neuen Nutzung zugeführt werden können. Diese Flächen können auch an Waldrändern liegen (Iggelheim, Wachenheim, St. Martin, Ramberg), sofern durch ihre Bebauung für das Landschaftsbild keine erhebliche Beeinträchtigung zu befürchten ist. Solche Flächen gibt es am Haardt-Rand, wo schwer zu bewirtschaftende oder unrentable Rebflächen aufgegeben wurden, durchaus noch, beispielsweise westlich und südwestlich von Bad Dürkheim-Leistadt, wo z.Z. auch Wochenendflächen ausgewiesen werden. Auch auf den Brachflächen am Waldrand zwischen Mußbach und Haßloch wäre eine weitere Bebauung durch kleine Wochenendhäuser vertretbar.
Es wird darauf ankommen, der Nachfrage durch vorgreifende Planung zuvorzukommen, um eine ungewünschte Bautätigkeit zu verhindern. Entsprechend umsichtig geplante Wochenendhausgebiete wurden bereits aus dem Harz beschrieben (FISCHER, 1976, S. 235ff).

Literaturverzeichnis

AMMANN, F. (1973): Analyse der Angebotsseite des räumlichen Erholungspotentials im Rhein-Neckar-Raum. Unveröff. Examensarbeit am Geogr. Inst. Universität Heidelberg

-- (1974): Das räumliche Erholungspotential im Modellgebiet. In: Forsch.- u. Sitzungsberichte der Akad. f. Raumf. u. Landespl. Bd. 90, S. 141-173. Hannover

-- (1976): Analyse der Nachfrageseite der motorisierten Naherholung im Rhein-Neckar-Raum; Diss. Heidelberg

ANDRITZKY, W. (1977): Freizeit - nutzen oder genießen? In: Bild der Wissenschaft, H. 8, S. 74 - 83

ARNHOLD, H. (1959/60): Funktionswandel des Kleingartens - ein funktionales und soziales Problem. In: Ber. z. dt. Landeskunde, Bd. 24, S. 86 - 93

BBauG (Bundesbaugesetz); Beck-Texte, dtv, 1975

BECKER, F. (1972): Bioklimatische Reizstufen für eine Raumbeurteilung zur Erholung. In: Forschungs- u. Sitzungsberichte d. Akad. f. Raumf. u. Landespl.,Bd. 76, Raum und Fremdenverkehr 3, Hannover, S. 45 - 61

BERGMANN, H. (1971): Zum Problem der "Zersiedlung" der Landschaft. In: Raumforschung und Raumordnung, Jg. 29, H. 2, S. 70 - 74

BERNT, D. (1964): Wochenend- und Ferienhäuser - ein aktuelles Problem. In: Mitteilungen d. Österr. Inst. f. Raumpl. Nr. 67, Wien, S. 124 - 135

DAVID, J. (1970): Freizeitwohnen. In: Handwörterbuch d. Raumforsch. u. Landespl. Hannover, Sp. 818 - 830

DIEKMANN, S. (1963): Die Ferienhaussiedlungen Schleswig-Holsteins - eine siedlungs- und sozialgeographische Studie. Schriften des Geogr. Inst. d. Universität Kiel, Bd. 21, Kiel

EBERLE, I. (1976): Der Pfälzer Wald als Erholungsgebiet; Arbeiten aus dem Geogr. Inst. d. Universität d. Saarlandes, Bd. 22, Saarbrücken

FISCHER, E. (1976): Freizeitwohnsitze im Harz. In: Neues Archiv für Niedersachsen, Jg. 25, H. 3, S. 221 - 240

FISCHER, ? (1973): Zeitgemäße Ortsplanung - Wochenendhausbebauung. In: Der Landkreis, Jg. 43, H. 7, S. 264 - 265

FRICKE, W. (1961): Lage und Struktur als Faktoren des gegenwärtigen Siedlungswachstums im nördlichen Umland von Frankfurt. In: Rhein-Mainische Forschungen, H. 50, S. 45 - 83

GEBÄUDE- UND WOHNUNGSZÄHLUNG vom 25.10.68; ausgewählte Strukturzahlen nach Ländern, Gemeindegrößenklassen und Großstädten; hrsg. v. Bundesamt f. Statistik, Fachserie E, H. 3, 1971

GÖRGMAIER, D. (1973): Zweitwohnungen - Krebszellen der Kulturlandschaft? In: Politische Studien, Jg. 24, S. 275 - 290

GOLM, H. (1970): Grenzertragsflächen für Freizeit und Erholung? In: Innere Kolonisation, Jg. 19, H. 9, S. 265 - 267

HELMFRID, S. (1968): Zur Geographie einer mobilen Gesellschaft - Gedanken zur Entwicklung in Schweden. In: Geogr. Rdsch. Jg. 20, H. 12, S. 445 - 451

HOERSTER, T. & K. SCHMEDT (1973): Großparzellierte Wochenendhausgebiete auf peripheren Grenzertragsstandorten. In: Structur, Nr. 10/11, S. 223 - 229

KIEMSTEDT, H. (1967): Zur Bewertung der Landschaft für die Erholung. In: Beiträge zur Landespflege, Sonderheft 1, Stuttgart

-- (1972): Bewertung der natürlichen Landschaftselemente für Freizeit und Erholung im Modellgebiet. In: Forschungs- u. Sitzungsberichte d. Akad. f. Raumf. u. Landespl. Bd. 74, Raum und Natur 2, Hannover, S. 105 - 119

KOSCHNIK-LAMPRECHT, B. (1971): Die Funktion des ländlichen Raumes aus der Sicht wachsender Freizeitbedürfnisse. In: Forschungs- u. Sitzungsberichte d. Akad. f. Raumf. u. Landespl. Bd. 66, Hannover, S. 169 - 185

KRAUS, C. (1958): Wie stehen wir zur Planung von Wochenendhausgebieten. In: Naturschutz im Wandel der Zeit, Bericht über den Dt. Naturschutztag in Kassel, 1957 hrsg. v. Poenicke u. Kragh, S. 64 - 68

KRÖCKER, U. (1952): Die sozialgeographische Entwicklung der fünf Feldbergdörfer im Taunus in den letzten 150 Jahren. Rhein-Mainische Forschungen H. 37

KRONEN, H.J. (1962): Wochenendhausgebiete untersucht an Beispielen in Nordrhein-Westfalen. Diss. Aachen

LANDSCHAFTSPLAN LANDKREIS BAD DÜRKHEIM (1974): Dt. Ges. f. Landesentwicklung, Bad Homburg

MAI, U. (1971): Der Fremdenverkehr am Südrand des Kanadischen Schildes. In: Marburger Geogr. Schr. H. 47

NEUBAUER, T. (1973): Probleme der Naherholung für die Prager Bevölkerung im mittleren Moldautal. In: Erdkunde, 27, S. 69 - 75

PAPP, A. von (1972): Freizeit und Erholung; Stadt-Land-Gegensatz in Neuauflage? In: Informationen, Inst. f. Raumordnung, Jg. 22, S. 577 - 588

PARTSCH, D. (1966): Funktionsgesellschaft. In: Handwörterbuch d. Raumforschung u. Raumordnung, Hannover, Sp. 516 - 522

RUPPERT, K. (1973 a): Der Zweitwohnsitz im Freizeitraum; wirtschaftsgeographische Aspekte eines Raumproblems. In: Berichte zur Raumforschung u. Raumplanung, Jg. 17, Nr. 4, S. 3 - 8

-- (1973 b): Der Zweitwohnsitz - geographisches Faktum und landesplanerisches Problem. In: WGI-Berichte zur Regionalforschung, H. 11, München, S. 1 - 54

-- (1974): Freizeitwohnsitze in der Diskussion. In: Mitteilungen u. Berichte d. Salzb. Inst. f. Raumforschg. H. 1, S. 21 - 35

RUPPERT, K. & J. MAIER (1971): Der Zweitwohnsitz im Freizeitraum - raumrelevanter Teilaspekt einer Geographie des Freizeitverhaltens. In: Informationen, Inst. f. Raumordng., Jg. 21, H. 6, S. 135 - 157

SCHAFFER, F. (1968): Untersuchungen zur sozialgeographischen Situation und regionalen Mobilität in neuen Großwohngebieten am Beispiel Ulm-Eselsberg. In: Münchener Geogr. Hefte, 32

SIEDENTOP, I. (1961): Das Zweithaus als Landschaftsproblem. In: Ztschr. f. Wirtschaftsgeogr. 5, H. 4, S. 105 - 112

STAMPFER, G. (1975): Das Nutzungsgefüge eines Naherholungsgebietes am Beispiel der "Blauen Adria" bei Mannheim/Ludwigshafen und daraus resultierende planerische Perspektiven. Examensarbeit am Geogr. Inst. d. Universität Heidelberg

STRZYGOWSKY, W. (1942): Erholungsräume und Reiseziele der Bevölkerung Wiens. In: Mitt. d. Geogr. Ges., Wien, Bd. 85, S. 321 - 333

TAUBMANN, W. (1973): Freizeitwohnsitze in Dänemark - Regionale Aspekte eines skandinavischen Problems. In: WGI-Berichte zur Regionalforschung, H. 11, München, S. 84 - 124

VÖLKSEN, G. (1974): Mobilheime in Niedersachsen. In: Neues Archiv f. Niedersachsen, Bd. 23, H. 3, S. 296 - 306

WEILAND, H.-J. (1979): Raumrelevanz der Wochenendhauserholung im westlichen Rhein-Neckar-Raum. Unveröffentl. Diss. Heidelberg

WERNICKE, R. (1969): Die Wochenendhauserholung in Bayern - ein raum- und landschaftsplanerisches Problem. Diss. München

-- (1970): Die Wochenendhauserholung. In: Der Landkreis, Jg. 40, H. 5, S. 154 - 157

WGI-BERICHTE ZUR REGIONALFORSCHUNG (1973): Heft 11: Geographische Aspekte der Freizeitwohnsitze, München

SCHUTTPRODUKTION UND SCHUTTTRANSPORT IN DER MÄDELEGABEL-GRUPPE (ALLGÄUER ALPEN)

Von Karl LÜLL (Wiesloch)

Mit 1 Karte, 3 Figuren und 1 Tabelle

1. Zielsetzung und Arbeitsmethoden

Es ist wohl unbestritten, daß die größten Leistungen der mechanischen Verwitterung in den Mittelbreiten in der Hochregion der Gebirge erreicht werden. Eindrucksvolle Beweise dafür liefern die schutterfüllten Kare und die zahlreich auftretenden Sturzhalden des Arbeitsgebietes. Der größte Teil des Schuttes entsteht dabei durch die Wirkung der Frostsprengung. Diese wiederum hängt von der Wasserpräsenz und der Frostwechselhäufigkeit ab. Eine interessante Fragestellung ergibt sich nun aus der Intensität dieser Prozesse in Abhängigkeit von der Exposition. Es sind ja gerade hier in der Literatur sehr unterschiedliche Auffassungen vorhanden, was die Bevorzugung bzw. Benachteiligung bestimmter Expositionen anbelangt (vgl. KARRASCH, 1974a, 1974b und 1977). Stellt sich die Frage nach der Aktivität der Sturzhalden, so sind auch hier durchaus Meinungsunterschiede vorhanden.

Das Ziel der eigenen Arbeit läßt sich dabei wie folgt umreißen:
- Kartierung der Sturzhalden im Gelände, um die Verbreitung der Sturzhalden zu erfassen
- Auswertung dieser Ergebnisse im Hinblick auf die Exposition
- Ermittlung des Neigungswinkels der einzelnen Sturzhalden
- Feststellen der die Oberfläche der Sturzhalden überprägenden Erscheinungen wie Murgänge, Lawinen, Vegetationsbedeckung, Wasserrinnen und Solifluktionsvorgänge
- Typisierung verschiedener Schuttablagerungsformen
- Beurteilung der Bildungsaktivität der Schuttakkumulationsformen
- Kartierung anderer auftretender Formen der periglazialen Höhenstufe wie Wanderblöcke und Vegetationsgirlanden
- Auswirkung des Substratfaktors
- Vergleich der eigenen Ergebnisse mit den Untersuchungen, die bisher aus der Literatur bekannt sind.

Als Kartengrundlage dienten Ausschnittvergrößerungen (1:10000) der TK 1:25000, Bl. 8627 Einödsbach und Bl. 8727 Biberkopf. Das Hauptaugenmerk wurde bei der Kartierung auf die Verbreitung der Sturzhalden gelegt. Daneben wurden jedoch auch noch auftretende Solifluktions- und Strukturbodenformen kartiert, sofern diese überhaupt vorhanden waren, da das Arbeitsgebiet keine günstigen Voraussetzungen für das Auftreten von Solifluktions- und Strukturbodenformen bietet. Es sind ganz klar die Felswände und die mit ihnen vergesellschafteten Sturzhalden, die den

Landschaftscharakter des Arbeitsgebietes bestimmen. Problematisch ist die Darstellung quantitativ und qualitativ unterschiedlicher Formenvorkommen bzw. Formenausprägung bei einer Kartierung der Solifluktionsformen (vgl. BOESCH, 1969, S. 65). Bleiben qualitative Formenunterschiede bei der Kartierung unberücksichtigt, so werden quantitative Unterschiede durch die Anzahl der in der Karte eingetragenen Symbole angedeutet, die auf eine überschaubare Fläche bezogen werden (vgl. Karte 1). Es entspricht dabei:

1 Symbol dem Vorkommen einzelner Exemplare
(etwa 1-3; bis 30 qm bzw. kleine Fläche),

2 Symbole dem Vorkommen mehrerer Exemplare
(etwa 3-5; 30-80 qm bzw. mittlere Fläche),

3 Symbole dem Vorkommen zahlreicher Exemplare
(mehr als 5; größer als 80 qm bzw. große Fläche).

Bei den Sturzhalden wurden außer der Erfassung in der Karte noch folgende Faktoren ermittelt:

a) Neigungswinkel[1]
b) Exposition
c) Grad der Vegetationsbedeckung
d) Höhe der Basis der Sturzkegel und der Kegelspitze.[2]

Zusätzlich wurden noch Luftbilder des Arbeitsgebietes herangezogen.

2. Das Arbeitsgebiet

Das Arbeitsgebiet liegt in den Allgäuer Alpen. Es umfaßt einen Teil des Allgäuer Hauptkammes. Beginnend am Biberkopf (2600 m)[3], erstreckt es sich zum Hohen Licht (2652 m) und von dort aus entlang des Heilbronner Weges über die Mädelegabel (2645,7 m) zum Oberen Mädele Joch (2033 m). Hier endet der Teil, der sich entlang des Allgäuer Hauptkammes erstreckt, und es schließt sich im Westen das Gebiet um den Großen Krottenkopf, mit 2657 m der höchste Berg der Allgäuer Alpen, und das Hermannskar an. Dieser Teil gehört zu der Hornbachkette, dem längsten Seitenkamm des Allgäuer Hauptkammes. Im Norden wird das Arbeitsgebiet begrenzt durch das Rappenalptal und das Trettach Tal, und im Süden durch das Lechtal, Hochalptal, Schochenalp Tal und Höhenbach Tal.

---

[1] Die Bestimmung des Neigungswinkels erfolgte mit einem Neigungswinkelmesser der Firma Meridian/Schweiz.

[2] Die Höhen wurden ermittelt mit einem barometrischen Höhenmesser der Firma Thommen.

[3] Die Höhenangaben sowie sämtliche Namen wurden aus der Alpenvereinskarte Nr. 2/1, 1:25000, Allgäuer-Lechtaler Alpen, Westblatt, 4. Auflage 1979, entnommen.

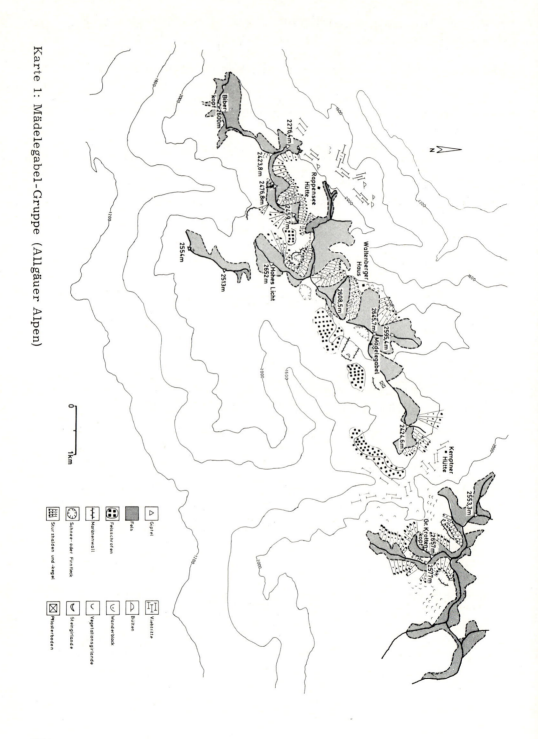

Karte 1: Mädelegabel-Gruppe (Allgäuer Alpen)

Die geologischen Verhältnisse werden geprägt und bestimmt vom Hauptdolomit der Lechtaler Decke und von den der Allgäuer Decke angehörigen Allgäuer Schichten. Der Hauptdolomit bildet im gesamten Arbeitsgebiet das fels- und gipfelbildende Gestein (Allgäuer Hauptkamm mit Biberkopf, Mädelegabel und die Hornbachkette). Man findet eine mächtige graue bis bräunliche Dolomitserie, die meist gut gebankt und von gleichartiger Zusammensetzung ist. Ein typisches Merkmal für den Hauptdolomit sind die großen Sturzhalden am Fuße der Steilwände.

Die Großformen, wie sie sich heute darbieten, sind das Ergebnis der geologisch-tektonischen Verhältnisse und der glazialen Überformung im Pleistozän. Das bearbeitete Gebiet wurde von zwei großen Gletschern durchzogen. Im Süden vom Lechgletscher, und im Westen und Norden vom Illergletscher. Zwischen beiden bestand eine Eistransfluenz am Schrofenpaß südlich von Oberstdorf. Glaziale Endmoränen von Nachwürm-Alter entstanden bei kleinen Eisvorstößen während des Rückzuges der Gletscher. Die jüngeren stadialen Endmoränen befinden sich dann schon in den Talhintergründen sowie am Ausgang der Kare. Heute sind keine Gletscher mehr vorhanden. Man findet jedoch an begünstigten Stellen, in hochgelegenen Karen und steilen Rinnen, immer wieder perennierende Schneeflecken. Hier sind die Trettachrinne, das Bacher Loch und der Schwarzmilz Ferner zu nennen. Der Schwarzmilz-Ferner zeigt heute nicht mehr die Merkmale eines Gletschers. Gut zu erkennen sind noch die Gletscherschrammen auf dem Hauptdolomit, die Ufermoränenwälle sowie die Endmoränen vom Gletscherhochstand um 1850.

Entlang des Allgäuer Hauptkammes und der Hornbachkette ist auf beiden Seiten eine große Anzahl von Karen angeordnet. Sie befinden sich alle im Hauptdolomit. Charakteristisch für alle Kare sind die Sturzkegel, die sich an der Felsumrahmung ausgebildet haben. Unmittelbar an die Karschwelle schließt sich meist das Steilrelief der Talflanken an. Entlang dieser Talflanken haben sich ebenfalls mit dem Rückzug des Eises im Spätglazial und Postglazial mächtige Sturzkegel ausgebildet, die jedoch heute mit üppiger Vegetation bestanden sind. Einige dieser Halden weisen an vereinzelten Stellen auch heute noch eine frische Schuttzufuhr auf: durch immer wieder an der gleichen Stelle niedergehende Lawinen und Murgänge.

3. Zum Verlauf der Schnee- und Vegetationsgrenzen

Die klimatische Schneegrenze der Allgäuer Alpen wird von KLEBELSBERG (1947, S. 12) mit 2600 m angegeben. Die Waldgrenze liegt nach eigenen Beobachtungen bei ungefähr 1650 m, wobei dies lediglich die aktuelle Waldgrenze sein dürfte, die durch anthropogene Einflußnahme herabgedrückt wurde. Als Hinweis dafür können die zahlreichen Almen im Untersuchungsgebiet dienen. Die potentielle Waldgrenze ist 200 bis 300 Meter höher zu vermuten (vgl. KRAL, 1972). HÖLLERMANN (1967, S. 183) gibt die obere Waldgrenze mit 1800 - 1900 m an, wobei er die

Werte allerdings mit einem Fragezeichen versieht. Größte Schwierigkeiten treten bei dem Versuch der Ermittlung einer Obergrenze der geschlossenen alpinen Rasendecke auf, wie dies in kalkalpinen Gebieten häufig der Fall ist (vgl. HÖLLERMANN, 1967, S. 18 und STINGL, 1969, S. 28). Versucht man trotzdem, mit aller gebotenen Vorsicht einen Wert anzugeben, so erscheinen 2350 m am sinnvollsten.

4. Zur vertikalen Gliederung der periglazialen Höhenstufe

Eine Solifluktionsflecken-Region im Sinne von KLAER (1962a, S. 24; 1962b, S. 20) ist oberhalb der Waldgrenze in einer Höhe zwischen 1800 und 1900 m ausgebildet. Man findet - inselhaft verbreitet - ein solifluidales Mikrorelief und vereinzelt Vegetationsgirlanden. Bei diesen Formen kann der Viehtritt als auslösender Faktor der Bodenbewegung angenommen werden, da die obengenannten Formen alle in Gebieten auftreten, die der Beweidung unterliegen.

Darüber folgt der untere Abschnitt der eigentlichen Periglazialregion, geprägt durch das Vorherrschen der Formen der gehemmten (halbgebundenen) Solifluktion, wie es für Gebiete in Verbindung mit Kalk- und Dolomitschutt üblich ist. Die Untergrenze dieser Stufe liegt bei 2050 m, wie dies das Auftreten zahlreicher Vegetationsgirlanden und Wanderblöcke in und oberhalb dieser Höhe beweist (vgl. Abb. 4). Begrenzt wird diese Höhenstufe nach oben von der klimatischen Obergrenze des alpinen Rasens, sofern sich die alpine Pflanzendecke ungestört bis zu dieser Höhe entwickeln kann. Nur stellenweise erreicht jedoch der alpine Rasen seine klimatisch mögliche Obergrenze; und als Folge tritt ein Übergangsgürtel auf, in dem sich der zu Inseln, Flecken und Streifen aufgelöste Rasen und unbewachsener Schutt kleinräumig durchdringen.

Oberhalb der klimatischen Rasengrenze, die im Arbeitsgebiet um 2350 m liegen dürfte, schließt sich eine Höhenstufe mit vorherrschenden Erscheinungen der ungebundenen Solifluktion und mit Strukturböden an. Erfahrungsgemäß fällt dabei die Untergrenze der Strukturböden mit der Untergrenze der ungebundenen Solifluktionserscheinungen zusammen. Da im Arbeitsgebiet aufgrund des Reliefs, oberhalb 2350 m sind keine Verebnungen mehr anzutreffen, keine Strukturböden ausgebildet sind, ist es nicht möglich, eine Untergrenze derselben anzugeben, so daß man sich mit dem Wert der klimatischen Rasenobergrenze zufrieden geben muß. Überhaupt ist festzustellen, daß die obere periglaziale Höhenstufe im untersuchten Gebiet nur sehr spärlich ausgebildet ist. Der Grund liegt im Vorherrschen der steilen Felswände des Hauptdolomits in diesem Höhenbereich. So finden sich gut ausgebildete Steingirlanden nur auf der Endmoräne von 1850 des Schwarzmilz Ferners in einer Höhe von 2310 m, womit man dieses Vorkommen wohl als extrazonal bezeichnen muß.

5. Die Sturzhalden des Arbeitsgebietes

Alle untersuchten Sturzhalden sind aus Hauptdolomit aufgebaut, was für die Vergleichbarkeit der Daten untereinander günstig ist. Die überwiegende Zahl der Sturzhalden gruppiert sich um einen Höhenbereich von 2200 m bis 2500 m. In diesem Höhenbereich liegen entweder die verhältnismäßig flachen Karböden oder, wie es in der Umgebung der Rappensee Hütte der Fall ist, das Flachrelief einer Altlandschaft (RICHTER, 1966, S. 37), womit gute Voraussetzungen für die Schuttakkumulation bestehen.

5.1 Verbreitung der Sturzhalden

Insgesamt 63 Sturzhalden wurden genauer untersucht, zunächst einmal nach ihrer Exposition und nach ihren mittleren Neigungswinkeln. Besondere Beachtung fand natürlich auch die Auslage der Wände. Die Ergebnisse sind in den Fig. 1a und b sowie Fig. 2 dargestellt.

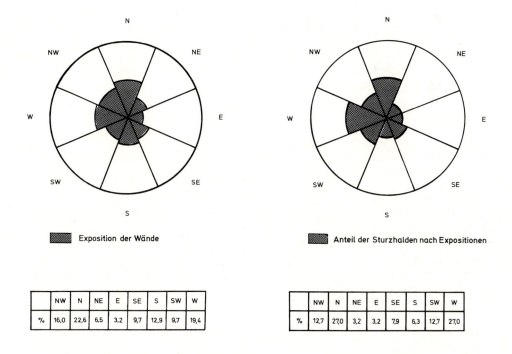

	NW	N	NE	E	SE	S	SW	W
%	16,0	22,6	6,5	3,2	9,7	12,9	9,7	19,4

	NW	N	NE	E	SE	S	SW	W
%	12,7	27,0	3,2	3,2	7,9	6,3	12,7	27,0

Fig. 1a: Exposition der Wände

Fig. 1b: Anteil der Sturzhalden nach Expositionen

Eine Interpretation der Befunde ist nicht ganz einfach, da eine Vielzahl von Faktoren zu berücksichtigen ist. Aus Fig. 1b läßt sich ein gehäuftes Auftreten der Sturzhalden in West- und Nordexposition ablesen, was wiederum gut mit der Exposition der Wände in Einklang zu bringen ist (vgl. Fig. 1a). Das bevorzugte Vorkommen der Sturzhalden in Nordexposition, wie dies FROMME (1955, S. 32) und DÜRR (1970, S. 40) aus ihren Arbeitsgebieten berichten, kommt hier nicht so deutlich zum Ausdruck.

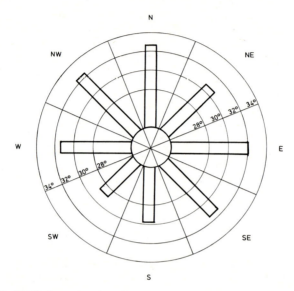

Fig. 2: Mittelwerte der Neigungswinkel der Sturzhalden nach Expositionen

Aus Fig. 2 wird ersichtlich, daß die Sturzhalden in Nordexposition einen größeren Böschungswinkel besitzen als diejenigen in Süd- oder Südwestexposition. Da die Sturzhalden in Süd- bzw. Südwestexposition eine stärkere Vegetationsbedeckung aufweisen als diejenigen Sturzhalden in Nordexposition, könnte man annehmen, die Ursache für die geringeren Neigungswinkel der süd- bzw. südwestexponierten Sturzhalden sei in der stärkeren Vegetationsbedeckung zu suchen. Diese Interpretation ist jedoch zu verwerfen, da bereits PIWOWAR (1903) festgestellt hat, daß die Bewachsung die Haldenneigung nicht wesentlich beeinflußt; ja es ist sogar die Böschung bei Kalkgestein eher größer, wohl bedingt durch die Verfestigung durch Wurzeln und Humus.

Eine andere Interpretationsmöglichkeit wäre die Annahme einer verstärkten Steinschlagaktivität in Nordexposition. So gibt VORNDRAN (1969, S. 79) die Neigung der Halde und die Begrünung als Beobachtungskriterien an, die es ermöglichen, den Aktivitätsgrad von Sturzhalden zu bestimmen. Auf dieses Problem der Bildungsaktivität wird später noch genauer einzugehen sein.

5.2 Neigungswinkel der Sturzhalden

Vergleicht man die Neigungswinkel der grau-grünen Sturzhalden, so ergibt sich ein Mittelwert von 31,7° ± 2,0 ° (vgl. Tab. 1). Nimmt man auch noch die grünen Halden dazu, beträgt der Mittelwert 31,1° ± 2,28°. Dagegen haben die grünen Halden einen mittleren Neigungswinkel von 29,5° ± 2,97°. FROMME (1955, S. 21) und DÜRR (1970, S. 39) geben die mittlere Neigung aktiver Sturzhalden im Hauptdolomit rsp. DÜRR im Schlern- und Dachsteindolomit mit 34° an. Für grau-grüne Halden kommt DÜRR (1970, S. 35) in der Sellagruppe auf 32,1° und in den westlichen Dolomiten auf 31,8°. Diese Werte stimmen recht gut überein mit dem von 31,7° für das Gebiet um die Mädelegabel-Gruppe in den Allgäuer Alpen.

Tab. 1: Neigung der Sturzhalden, differenziert nach dem Grad der Vegetationsbedeckung

	min.	max.	Mittelwert
grau-grüne Halden	27°	36,5°	31,7° ± 2,06°
grüne Halden	23°	33,5°	29,5° ± 2,97°
Gesamtzahl der Halden	23°	36,5°	31,1° ± 2,28°

Die Abnahme des Neigungswinkels in der Reihe weiße, grau-grüne und grüne Halden ist nach DÜRR (1970, S. 36) darin zu sehen, daß mit dem zunehmenden Alter der Halden (dies kommt durch den Grad der Vegetationsbedeckung zum Ausdruck), der potentielle Betrag der Wasseraufnahme wächst, und damit Sturzhalden eines älteren Entwicklungsstadiums schon bei einem normalen Wasserangebot weit häufiger Einflüssen unterliegen, die zu einer Verflachung der Haldenneigung führen können. Er stützt sich dabei auf Untersuchungen von GERBER und SCHEIDEGGER (1966, S. 24ff), die bestätigen, daß sich in verdichteten Sturzhalden über längere Zeiträume hinweg tatsächlich meßbare Bewegungen abspielen, wobei die Auslösung solcher Bewegungen wiederum sehr stark vom Klima, besonders den Niederschlägen, abhängt (KNOBLICH, 1967, S. 297ff).

5.3 Vegetationsbedeckung

Der Grad der Vegetationsbedeckung einer Sturzhalde wird gern als Kriterium für ihre Aktivität verwendet (vgl. FRIEDEL, 1935; LEIDLMAIR, 1953; HÖLLERMANN, 1964; VORNDRAN, 1969), da inaktive Sturzhalden einer pflanzlichen Besiedlung unterliegen. FRIEDEL (1935, S. 32) gibt für die Sukzessionsreihe vom Stadium der weißen Halde bis zum Latschendickicht eine Zeitdauer von 190 Jahren an. Grüne, grau-grüne und weiße Sturzhalden zeigen somit eine Altersabstufung, gleiche lithologische und klimatische Verhältnisse vorausgesetzt. Man darf dabei jedoch nicht vergessen, daß die Vegetation als Anzeiger einer rezenten Schuttaktivität nur in tieferen Lagen eine größere Bedeutung besitzt. Weiterhin ist die

pflanzliche Besiedlung der Halden stark von den lithologischen Gegebenheiten abhängig. So erwähnt DÜRR (1970, S. 37), daß grober, locker gepackter Dolomitschutt dem Pflanzenwuchs selbst dann noch ungünstige Voraussetzungen bietet, wenn die Schuttaktivität schon lange eingestellt ist. Auf sterilem Dolomitschutt ist die pflanzliche Besiedlung offensichtlich wesentlich verlangsamt, so daß eine gewisse Schuttaktivität durchaus vorgetäuscht sein kann. Ein frisches Aussehen der Sturzhalde kann auch durch eine langanhaltende Schneebedeckung verursacht werden (vgl. SCHWEIZER, 1968, S. 37).
Im Arbeitsgebiet haben die Sturzhalden überwiegend eine geringe Vegetationsbedeckung, die meist auf das Vorhandensein von sogenannten Erdflecken beschränkt ist. Der Grund hierfür dürfte sowohl lithologisch als auch klimatisch bedingt sein, da die Basis aller Sturzhalden in einem Höhenbereich zwischen 2100 m und 2350 m liegt.

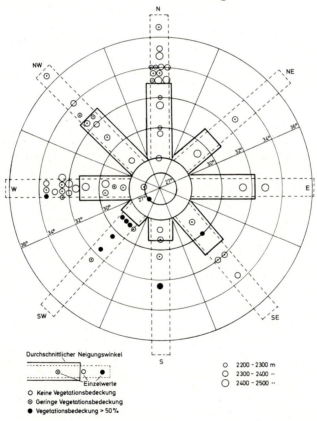

Fig. 3: Anteil der Sturzhalden, differenziert nach Expositionen, Vegetationsbedeckung und mittlerer Wandhöhe

Interessant ist die Beobachtung, die man im Gebiet um die Rappensee Hütte auf den Sturzkegeln unterhalb der Rotgund Spitze (2485 m) und der Hochgund Spitze (2458,7 m) machen kann. Der Haldenfuß der beiden Sturzkegel liegt um 2150 m, so daß ein Vergleich möglich erscheint. Vergleicht man nämlich den Grad der Vegetationsbedeckung mit der Exposition des entsprechenden Sturzkegels, so kommt man zu folgender Aussage: Ist die Vegetation auf den nordexponierten Halden nur sehr spärlich, so nimmt der Bedeckungsgrad über west- zu südwestexponierten Sturzkegeln erheblich zu (vgl. Fig. 3). Die südwestexponierten Sturzkegel zeigen nur dort keine Vegetationsbedeckung, wo frische Murgänge die Oberfläche der Halde überprägt haben. Es wäre allerdings gefährlich, hieraus nun eine verstärkte Schuttaktivität in Nordexposition abzuleiten; hierzu müssen mehrere Untersuchungskriterien zur Anwendung kommen.

5.4 Oberflächengestaltung

Ein auffallendes Merkmal ist die vorhandene Sturzsortierung. In der Regel liegen die kleinen Bruchstücke im Bereich der Kegelspitze, die großen Blöcke am Haldenfuß. Besonders große Blöcke können über den Haldenfuß hinausrollen. Weitverbreitet sind auch frische Erosionsanrisse, die meistens unmittelbar unter ausmündenden Steinschlagrinnen oder Wasserrinnen der Wände ihren Anfang nehmen. Firnmoränen bzw. Schneeschuttwälle, wie sie aus vielen Teilen der Alpen beschrieben werden, sind im Arbeitsgebiet nur vereinzelt beobachtet worden. Ein Grund dafür ist wohl die sehr starke Überformung vieler Sturzhalden durch immer wieder auftretende Murgänge und Lawinen, die für die Oberflächengestaltung von größter Bedeutung sind, da ihnen in der Gegenwart eine starke Aktivität zukommt. Ein weiterer Faktor ist die doch verhältnismäßig geringe Schuttaktivität in der Gegenwart. So fanden sich auf der Oberfläche der im Arbeitsgebiet vorhandenen Firnreste oder perennierenden Schneeflecken nur ganz vereinzelt frische Gesteinsbruchstücke, so daß eine rezente Bildung von Schneeschuttwällen nur sehr langsam ablaufen kann. Sofern die Haldenoberfläche bewachsen ist, kann es zur Ausbildung von Vegetationsgirlanden kommen. Durch oberflächliche Schuttrutsche entstehen Kleinformen an der Haldenoberfläche.

6. Die Bildungsaktivität der Sturzhalde

Will man zu einer Bewertung der Aktivität der Sturzhalden kommen, so ist man meist gezwungen, indirekte Kriterien heranzuziehen. Als solche können dienen:

- die Vegetationsbedeckung,
- die Schuttfarbe,
- die Neigung der Halde,
- der Grad der oberflächlichen Zerstörung.

In der Literatur findet sich meist eine Unterteilung in verschiedene Aktivitätstypen (vgl. LEIDLMAIR, 1953; VORNDRAN, 1969). Will man die untersuchten Sturzhalden verschiedenen Aktivitätstypen zuordnen, so sollten alle die obengenannten Beobachtungskriterien angewandt werden können. Ein Kriterium allein darf als nicht ausreichend angesehen werden. VORNDRAN (1969) zeigt eine wichtige Beziehung auf zwischen dem Vorhandensein aktiver Sturzhalden und dem Verlauf der klimatischen Schneegrenze. Nach ihren Beobachtungen kommen aktive Sturzhalden nur dort vor, wo die Wände noch über die klimatische Schneegrenze hinausragen. Da in dem untersuchten Gebiet um die Mädelegabel-Gruppe nach meinen Beobachtungen kaum aktive Sturzhalden anzutreffen sind, liegt die Vermutung nahe, daß der Grund dafür in der oben erwähnten Beziehung zwischen der klimatischen Schneegrenze und dem Vorhandensein aktiver Sturzhalden zu suchen ist. Da die klimatische Schneegrenze in den Allgäuer Alpen nach KLEBELSBERG (1974, S. 12) bei 2600 m liegt, jedoch nur wenige Gipfel gerade eben bis zu dieser Höhe hinaufragen, der größte Teil der untersuchten Sturzhalden Wände aufweist, die diese Höhe nicht erreichen, wäre dies eine plausible Erklärung für das Nichtvorhandensein aktiver Sturzhalden. Da beim überwiegenden Teil der Sturzhalden des begangenen Gebietes die Neuschuttzufuhr der Umlagerung entspricht, ja von dieser sogar noch übertroffen wird, könnten diese Sturzhalden zum Typ der mäßig aktiven Steinschlaghalden (vgl. VORNDRAN, 1969) gezählt werden.

Anhand einer Aufnahme aus dem Jahre 1885, die die Sturzhalden unterhalb der Hochgund-Spitze zeigt, konnte ein Photovergleich durchgeführt werden. Als Ergebnis ist festzuhalten, daß in den letzten 95 Jahren (1885 - 1980) keine flächenhaften Veränderungen in der Schuttbestreuung und pflanzlichen Besiedlung erkennbar sind. Zu ähnlichen Ergebnissen kommt auch SOMMERHOFF (1977) bei seiner Untersuchung im Karwendel. Inwiefern aus der größeren Haldenneigung und der geringeren Vegetationsbedeckung in Nordexposition eine stärkere Steinschlagaktivität abgeleitet werden kann (vgl. Fig. 3), ist nicht sicher zu beantworten, da eine Vielzahl komplexer Prozesse berücksichtigt werden muß und damit zu rechnen ist, daß hier nur eine verstärkte Schuttaktivität vorgetäuscht wird. Inaktive Steinschlaghalden, die vollständig mit Vegetation bestanden sind, findet man hauptsächlich in den Tälern.

7. Zeitlicher Verlauf der Sturzhaldenbildung

Die Bildung der Sturzhalden begann mit dem Rückschmelzen der würmzeitlichen Gletscher. Es ergaben sich dabei besonders im Spätglazial günstige Voraussetzungen für die Schuttproduktion. In den erst gerade eisfrei gewordenen Tälern kam es zur Ausbildung mächtiger Sturzkegel. Ein Beispiel dafür sind die heute bewaldeten Sturzhalden, die das Stillach- und Trettach-Tal flankieren. In den höher gelegenen Teilen der Mädelegabel

Gruppe beginnt die Entwicklung der Sturzhalden mit dem Ende des Daunstadiums, wie es die zahlreichen Sturzkegel beweisen, die sich innerhalb der in ca. 2000 m Höhe liegenden Daun-Endmoränen befinden. Wie verlief nun die Schuttproduktion im Postglazial? FROMME (1955, S. 93f) vertritt eine klimatisch fundierte Chronologie der Haldenentwicklung für das Karwendelgebirge. Er parallelisiert Klimageschichte und Sturzhaldenbildung. So kommt es in kaltzeitlichen Perioden (Ende Daun, Subatlantikum, Fernau) zu einer vermehrten Schuttaktivität aus den Wänden, verbunden mit einem Zurückweichen der Vegetation und Haldenbildung; warmzeitliche Perioden führen dagegen zu einem Nachlassen der Schuttlieferung, Vorrücken der Vegetation und einer Zerschneidung der Sturzhalden. SOMMERHOF (1977, S. 98) beschreibt ebenfalls für das Karwendelgebirge zwei Phasen der Sturzhaldenentwicklung. Die erste Phase zeichnet sich durch intensiven Grobschuttanfall aus, was bedingt ist durch starke Felssturztätigkeit. Abgelöst wird sie von einer zweiten Phase dominierender Feinschuttbildung, bedingt durch zunehmende Steinschlagtätigkeit. Für die Phasen postglazialer Talverschüttungen gelingt auch ihm eine Parallelisierung mit der Klimageschichte (SOMMERHOF, 1977, S. 99f).

DÜRR (1970, S. 59) spricht dagegen von einer kontinuierlich verlaufenden Sturzhaldenbildung während des Postglazials, gekennzeichnet durch eine insgesamt geringe, doch gleichförmige Sturzschuttlieferung. Gegen diese Auffassung einer kontinuierlichen Entwicklung sprechen die von HARTMANN-BRENNER (1973) gelieferten Ergebnisse einer Untersuchung aus dem Schweizer Nationalpark. Anhand von fossilen Böden innerhalb von Sturzhalden, die ^{14}C-datiert wurden, gelang es ihr nachzuweisen, daß es zwischen der Göschener Kaltphase I und II und zwischen den nachwärmezeitlichen Gletschervorstößen und den neuzeitlichen zu einer wärmeren Phase mit intensiver Bodenbildung kam. Diese Phasen der Bodenbildung entsprechen einer Ruhephase der Schuttproduktion, womit sie eindrucksvoll unterstreichen konnte, daß die Entwicklung der Sturzhalden von Klimaschwankungen beeinflußt wurde und nicht kontinuierlich verlief.

Die eigene Arbeit konnte dazu leider keinen Beitrag liefern, da man dabei auf natürliche Aufschlüsse in Sturzhalden angewiesen ist, die nicht vorhanden waren. Es ist mir nur möglich, mit Hilfe des oben erwähnten Bildvergleiches zu einer Aussage für den Zeitraum von 1885 - 1980 zu kommen. Hier ist keine flächenhafte Veränderung in der Schuttbestreuung und der pflanzlichen Besiedlung erkennbar. Aufgrund der Eindrücke und Ergebnisse, die während der Geländestudien gewonnen wurden, darf man wohl annehmen, daß die rezente Entwicklung der Sturzhalden durch mäßige Neuschuttzufuhr und stärkere Schuttumlagerung gekennzeichnet ist, wobei besonders Muren und Lawinen eine Rolle spielen.

Literaturverzeichnis

BOESCH, M. (1969): Girlandenböden zwischen Prättigau und Puschlav. Beiträge zu ihrer Morphologie, Soziologie und Ökologie. Diss. Univ. Zürich

DÜRR, E. (1970): Kalkalpine Sturzhalden und Sturzschuttbildungen in den westlichen Dolomiten. Tübinger Geographische Studien, 37. Tübingen

FRIEDEL, H. (1935): Beobachtungen an Schutthalden der Karawanken. In: Carinthia, 2: Naturwissenschaftliche Beiträge zur Heimatkunde Kärntens, S. 21 - 33

FROMME, G. (1955): Kalkalpine Schuttablagerungen als Element nacheiszeitlicher Landschaftsformung im Karwendelgebirge (Tirol). In: Veröffentlichungen des Museums Ferdinandeum in Innsbruck, 35, S. 5 - 130

GERBER, F. & A. SCHEIDEGGER (1966): Bewegungen in Schuttmantelhängen. In: Geographica Helvatica, 21, S. 20 - 31

HARTMANN-BRENNER, D.C. (1973): Ein Beitrag zum Problem der Schutthaldenentwicklung an Beispielen des Schweizerischen Nationalparks und Spitzbergens. Diss. Univ. Zürich

HÖLLERMANN, P. (1964): Rezente Verwitterung, Abtragung und Formenschatz in den Zentralalpen am Beispiel des oberen Suldentales (Ortlergruppe). Zeitschrift für Geomorphologie, N.F., Supplementband 4, Stuttgart

-- (1967): Zur Verbreitung rezenter, periglazialer Kleinformen in den Pyrenäen und Ostalpen (mit Ergänzungen aus dem Apennin und dem Französischen Zentralplateau). Göttinger Geographische Abhandlungen, 40. Göttingen

KARRASCH, H. (1974a): Hangglättung und Kryoplanation an Beispielen aus den Alpen und kanadischen Rocky Mountains. In: Geomorphologische Prozesse und Prozeßkombinationen in der Gegenwart unter verschiedenen Klimabedingungen. Hrsg.: H. POSER, Abhandlungen der Akademie der Wissenschaften in Göttingen. Math-phys. Kl. F. 3, 29, S. 287 - 300

-- (1974b): Probleme der periglazialen Höhenstufe in den Alpen. In: Heidelberger Geographische Arbeiten, 40, S. 15 - 29. Heidelberg

-- (1977): Die klimatischen und aklimatischen Varianzfaktoren der periglazialen Höhenstufe West- und Mitteleuropas. In: Formen, Formengesellschaften und Untergrenzen in den heutigen periglazialen Höhenstufen der Hochgebirge Europas und Afrikas zwischen Arktis und Äquator. Bericht über ein Symposium. Hrsg.: H. POSER, Abhandlungen der Akademie der Wissenschaften in Göttingen. Math-phys. Kl. F. 3, S. 157 - 177

KLAER, W. (1962a): Die periglaziale Höhenstufe in den Gebirgen Vorderasiens. In: Zeitschrift für Geomorphologie, N.F., 6, S. 17 - 32

-- (1962b): Untersuchungen zur klimagenetischen Geomorphologie in den Hochgebirgen Vorderasiens. Heidelberger Geographische Arbeiten, H. 11. Heidelberg

KLEBELSBERG, R. v. (1947): Die heutige Schneegrenze in den Ostalpen. In: Berichte des naturwissenschaftlich-medizinischen Vereins Innsbruck, 47, S. 9 - 32

KNOBLICH, K. (1967): Mechanische Gesetzmäßigkeiten beim Auftreten von Hangrutschungen. In: Zeitschrift für Geomorphologie, N.F., 11, S. 286 - 299

KRAL, F. (1972): Zur Vegetationsgeschichte der Höhenstufen im Dachsteingebiet. In: Berichte der Deutschen Botanischen Gesellschaft, 85, S. 137 - 151

LEIDLMAIR, A. (1953): Spätglaziale Gletscherstände und Schuttformen im Schlickertal (Stubai). In: Veröffentlichungen des Museums Ferdinandeum in Innsbruck, 32/33, S. 14 - 33

PIWOWAR, A. (1903): Über Maximalböschungen trockener Schuttkegel und Schutthalden. In: Vierteljahresschr. d. Naturforsch. Ges. in Zürich, Jg. 48, S. 335 - 359

RICHTER, M. (1966): Allgäuer Alpen. Sammlung geologischer Führer, 45, Suttgart

SCHWEIZER, G. (1968): Der Formenschatz des Spät- und Postglazials in den Hohen Seealpen. Aktualgeomorphologische Studien im oberen Tineétal. Zeitschrift für Geomorphologie, N.F., Supplementband 6. Stuttgart

SOMMERHOFF, G. (1977): Zur spät- und postglazialen Morphodynamik im oberen Rißbachtal, Karwendel. In: Mitt. d. Geograph. Ges. in München, 62, S. 89 - 102

STINGL, H. (1969): Ein periglazialmorphologisches Nord-Süd-Profil durch die Ostalpen. Göttinger Geogr. Abh. 49, Göttingen

VORNDRAN, E. (1969): Untersuchungen über Schuttentstehung und Ablagerungsformen in der Hochregion der Silvretta (Ostalpen). Schriften des Geographischen Instituts der Univ. Kiel, 29, 3. Kiel

DER FORMENSCHATZ DER LÖSSEROSION IM WESCHNITZBECKEN (KRISTALLINER ODENWALD)

Von Werner LEHMANN (Weingarten)

Mit 2 Karten, 11 Figuren und 2 Abbildungen

Seit den bahnbrechenden Feldstudien von KURON in den fünfziger Jahren erfreute sich die Bodenerosion insbesondere auf Lößgestein allüberall in deutschen Landen der wachsenden Aufmerksamkeit von Geographen und Agrarwissenschaftlern, und bereits 1965 lag das erste Standardwerk samt ausführlicher Bibliographie vor (RICHTER).
Auch der Odenwald blieb nicht unbeachtet; dafür sorgten vor allem MÜLLER (1959), SEMMEL (1961), SPERLING (1962) sowie RICHTER & SPERLING (1967).

Dennoch fehlt es bisher weitgehend an bodenkundlich-ökologischen Untersuchungen und umfassenden Bohrserien bzw. -profilen. Für dieses neu zu errichtende Wissensgebäude möge die vorliegende Arbeit[1] einen kleinen Baustein darstellen.

Heutiger Kenntnisstand

Nach MORTENSEN (zit. in RICHTER, 1976, S. 5) sind die Prozesse der Bodenerosion "quasinatürlich": "Der Mensch schafft die Voraussetzungen, die Prozesse selbst laufen nach den Naturgesetzen ab."

Diese Aussage trägt der weiten Verbreitung der Bodenerosion in allen agrarisch genutzten Gebieten der Erde Rechnung. Die Bodenerosion kann einerseits durch die Lockerungsarbeit des Pfluges sowie durch eine nicht isohypsenparallele Pflugrichtung hervorgerufen werden.
Als ebenso folgenschwer erweist sich jedoch die immer wiederkehrende Schaffung von Brachflächen, sei es einst die Brachzelge oder seien es die ortsfernen Außenfelder, welche erst extensiv genutzt und im 18. Jahrhundert ganz aufgelassen wurden, als sich der Anbau von Kartoffeln und Grünfutter durchsetzte. Auf diesen ehemaligen Außenfeldern betrieb man speziell im Odenwald eine im 19. Jahrhundert blühende Niederwald-Wechselwirtschaft mit Umtriebszeiten von 15 - 20 Jahren, wobei nach jeder Rodung für zwei Jahre Getreide angebaut wurde. Die gerbstoffreiche Rinde fand in der Weinheimer Lederindustrie (Fa. Freudenberg) Verwendung.

---

[1] Grundlage dieses Aufsatzes ist eine 1980 fertiggestellte Wissenschaftliche Hausarbeit für die Zulassung zum Lehramt an höheren Schulen über "Die Schluchten und Talfüllungen im Löß des Weschnitzbeckens". Die Arbeit stand unter der Betreuung von Prof. Dr. Fritz Fezer und wurde mit Mitteln aus der Kurt-Hiehle-Stiftung gefördert.

Freilich wurden auch in Kriegen Bauernhöfe zerstört und Felder aufgelassen; doch darauf sei nur der Vollständigkeit wegen hingewiesen, ebenso wie auf die Abzahlung von Gemeindeschulden mit Holz aus dem Wald.

Nach eigenen Beobachtungen sind für den kristallinen Odenwald drei weitere Ursachen der Bodenerosion von Bedeutung:
1. das Anlegen von Baumrutschen ("Riesen") bei der Waldrodung
2. private Lehmgruben. Löß wurde früher zum Hausverputz verwendet.
3. Schürfgräben der Erzsucher. Diese Gräben sind weit verbreitet und datieren teilweise schon aus der Merowingerzeit.

Die Besiedelungsgeschichte des Odenwaldes wurde von NITZ (1962) dargestellt.

Die Erosionsprozesse im Weschnitzbecken und ihre Voraussetzungen

Das Weschnitzbecken im südlichen kristallinen Odenwald stellt sich dank undurchlässiger Hornblende- und Biotitgranite als kuppige Beckenlandschaft mit hoher Flußdichte dar. Für einen noch unruhigeren Eindruck im Landschaftsbild zeichnet der aus dem Rheingraben stammende und ursprünglich mehrere Meter mächtige Löß verantwortlich, welcher für den Weschnitzbauern Segen und Fluch zugleich ist; denn einerseits beschert der Löß - vereint mit der niedrigen Meereshöhe von maximal etwa 300 m und der damit verbundenen Klimagunst - so günstige Voraussetzungen für die Schaffung von Ackerland, daß der Wald auf inselhafte Areale zurückgedrängt wurde; andererseits bestraft der Löß jede Nachlässigkeit mit tiefen Narben in der Flur. Da er nur relativ langsam große Wassermengen aufzunehmen vermag und sich bei diesbezüglicher Überforderung in eine gefügelose Schlammasse verwandelt, verstärkt er damit noch die Ungunst des kleinen Einzugsgebietes der Weschnitz.

Seit der Landnahme zur Karolingerzeit wurde der Löß auf den Kuppen und an den Oberhängen Schicht um Schicht verschlämmt und allmählich in die Täler geschwemmt, so daß die Kuppen nur noch eine dünne, maximal wenige Dezimeter mächtige Lößbedeckung tragen. Der Rest hat inzwischen als Auelehm die Täler bis zu 8 m hoch aufgefüllt und diesen ein Kastenprofil gegeben. So treffen praktisch alle Faktoren zusammen, welche die Katastrophen-Hochwässer über die ganze Breite der Aue anschwellen lassen, und in der Tat verwandelte sich bis zur Anlage mehrerer Staubecken das Weschnitztal ab und zu in eine Seenplatte.

Die Auswirkungen der Bodenerosion sind in der Weschnitzlandschaft fast allgegenwärtig. Hinsichtlich des Formenschatzes bestehen allerdings deutliche Unterschiede zwischen Wald und Offenland. Die Wälder sind - soweit eine nennenswerte Lößauflage vorhanden ist - von Gräben und Schluchten durchzogen, die besonders bei den kleinen Waldstücken bis hart an den Waldrand reichen. Dieser verläuft dabei vielfach nicht gerad-

linig wie alle anderen Parzellen- und Besitzgrenzen, sondern folgt wellenförmig dem Rand des oberen Schluchtsystems; wo die Schluchtarme dellenförmig ins Offenland ausgreifen, rückt er mit ihnen vor, auf den Riedeln dazwischen weicht er buchtartig zurück.
Diese tiefe Zerschluchtung fehlt im Ackerland.

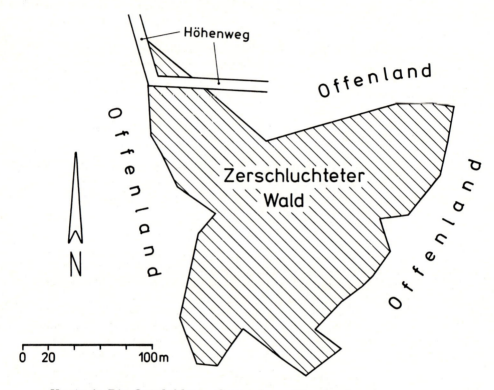

Karte 1: Die Ortelsklom, Gemarkung Hornbach
(umgezeichnet nach der Flurkarte Hornbach von 1838)

Der vorliegende Sachverhalt klingt zunächst paradox und läßt zwei mögliche Erklärungen zu:
Entweder herrscht unter Wald allgemein eine stärkere Erosion, oder die zerschluchteten Waldstücke waren zum Zeitpunkt der Zerschluchtung unbewaldet. Anders ausgedrückt, lautet die Frage:
Sind die Schluchten eine Folge des Waldes oder ist der Wald eine Folge der Zerschluchtung?
Verfolgen wir zunächst die erste Hypothese und gehen der Frage nach, wie das Niederschlagswasser am Waldboden wirkt, und welche Anzeichen rezenter Erosion vorliegen.

Bei den untersuchten Wäldern im Weschnitzbecken handelt es sich in der Regel um lichtarme Rotbuchenwälder mit geringer oder fehlender Krautschicht, aber starker Laubauflage, die an Steilhängen und windexponierten Stellen fehlen kann, in Schluchten und Regenrunsen jedoch bis 20 cm Mächtigkeit erreicht, wobei das Überwiegen von Ektohumus auf stark verzögerte Zersetzung hinweist.
Im Sommer erreicht das Niederschlagswasser selbst bei Starkregen erst nach mehrminütiger Verzögerung den Boden, weil die äußerst dichten Baumkronen die Prallwirkung der Regentropfen fast vollständig abfangen. Stammabfluß bewirkt nur punkthaft Verspülungen.
Was von den Kronen in dicken Tropfen den Boden erreicht, versickert gemächlich in der Laubschicht. Diese hält den Boden also sehr lange feucht; andererseits gelangt bei schwächeren Niederschlägen kaum Wasser in den Boden hinein und die Prallwirkung der Regentropfen auf den Boden entfällt praktisch völlig. Die stärkste Erosionswirkung ist also im Winter an den Steilhängen festzustellen, aber diese sind letztendlich gerade erst während der Zerschluchtung entstanden.
Fazit: Die rezente Erosion unter Wald ist stark eingeschränkt und steht in keinem Verhältnis zu den Erosionsformen; diese müssen unter anderen Bedingungen entstanden sein und werden heute nur in geringem Maße weitergeformt.
Richten wir nun also unser Augenmerk auf Erosionsformen und -prozesse im Offenland.
Auffällig und zum Vergleich von Erosion unter Wald und Acker geeignet sind die Waldrandstufen, die oft über 1 m hoch sind. Sie finden sich dort, wo auf Wald in Gefällsrichtung Ackerland folgt (Beispiel: Waldrand der "Entengrüb" W Nieder-Mumbach), oder wo Wald und Feld nebeneinander liegen. Diese Stufen sind um so höher, je längere Zeit beide Areale unterschiedlich genutzt wurden. Am Ostrand des Waldes westlich der Hasselhöfe beträgt die Sprunghöhe zum Weideland etwa 1 m und zeugt von einer wohl recht langen Bewaldung des im Birkenauer Gemeindebesitz befindlichen großen Waldes. Wie mir der Besitzer der Hasselhöfe mitteilte, war das Grünland früher tatsächlich als Ackerland genutzt - bei durchschnittlich 18° Hangneigung und nur zwei Terrassenstufen.
Mehr aus technischen Gründen wurden die Ackerterrassen angelegt; sie treten vielerorts auf und erreichen SW von Birkenau, am Gegenhang der nördlichen Abdachung des Wachenberges mit dem Sportplatz des VfL Birkenau, Höhen von mehr als 2 Metern.
Des weiteren haben die Schluchten unter Wald ein Pendant im Offenland, das sich eindeutig als homologes Element erweist: im Ackerland auftretende Rinnen und Gräben werden durch den Pflug wieder aufgefüllt, so daß im allgemeinen nur flache Dellen übrig bleiben. Setzt sich eine kastenförmige Schlucht im Wald auf tiefer gelegenem Offenland fort, wird sie in der Regel zur Muldentalung umgeformt, wie das Beispiel der Dachsklom am Südhang des Mumbachtales westlich von Nieder-Mumbach zeigt.
Pflugarbeit oder auch Viehtritt können dafür sorgen, daß beim Übergang

von der Kasten- zur Muldenform eine kurze Gefällsversteilung auftritt.
Das sieht dann so aus, als ob das Kastental seine Form verlieren und ein
bißchen schlaff durchhängen würde.
Schließlich und endlich vermittelt eine weitere Form zwischen den bereits genannten, die zwar wie die Dellen im Offenland zu finden sind,
nämlich auf Wiesengelände, die aber wie die Schluchtausgänge unter Wald
ein kastenförmiges Querprofil aufweisen, vermutlich weil die Wände zu
steil für Beweidung oder Ackerbau sind, und die ursprüngliche Form
sich deshalb unter einer dichten Grasnarbe recht gut erhalten konnte.
Klassisches Beispiel ist die Schnittbergershecke auf Reisener Gemarkung
am Südhang des Mumbachtales. Die kesselförmige Schlucht war mitsamt
ihren Hängen vor dem 2. Weltkrieg noch bewaldet (nach Herrn Jakob Geiß,
Reisen). Schon eine Übergangsform stellt wohl die noch kastenförmige
Hohlform am Ostrand der Entengrüb bei Nieder-Mumbach dar: infolge
zeitweiser Beackerung des Westhanges und Beweidung des Osthanges kann
man jedoch nicht mehr von Schluchtwänden sprechen, weil diese Seitenhänge nicht mehr steil genug sind. Wenn die Nomenklatur von "Tilke" und
"Siek" nicht so problematisch wäre, würde ich sie als solche ansprechen.
Allerdings ist die Hohlform auf einer Karte von 1897 noch als Wald verzeichnet, später nicht mehr.
Somit deutet alles darauf hin, daß die heutige Zerschluchtung nicht im
Wald, sondern im Offenland entstanden ist. Nun gilt es also, Anzeichen
für eine Veränderung des Waldbestandes im Weschnitzbecken zu finden.

Die Waldverteilung

Ein Blick auf Karte 2 zeigt zwei Verbreitungsmuster der Waldverteilung
auf dem NW-Teil des Blatts Weinheim. In der Bildmitte bleibt das Gelände unter 250 m ; hier macht die Waldverteilung einen verstreuten, ja geradezu zersplitterten Eindruck. Dem gegenüber stehen die geschlossen
bewaldeten, bis auf 400 m ansteigenden Bergrücken der Bergstraße im
Westen und des Gebietes von SE von Birkenau. Die schwarz ausgemalten
Wälder sind durch Gräben und Schluchten zerschnitten.
Auf den Topographischen Karten von 1938, 1956 und 1978 sind die Schluchten generalisiert eingezeichnet, aber oft falsch und vor allem unvollständig. Die Fehler der vorherigen Ausgaben wurden jeweils unbesehen übernommen und in der neuesten, "entlasteten" Ausgabe sind eine ganze Reihe von Schluchtsystemen überhaupt nicht mehr verzeichnet, unter anderem
auch die im Rahmen dieser Arbeit wichtigsten, nämlich die im Wald westlich der Hasselhöfe und am VfL-Sportplatz auf dem nördlichen Sporn des
Wachenberges SW von Birkenau. In ähnlicher Weise verschwanden auch
zahlreiche für die Flurgeschichte wichtige Namen.

Karte 2 fußt auf der Topographischen Karte von 1978, ist jedoch durch
das Namengut älterer Ausgaben sowie - was die Schluchten betrifft -
durch eigene Beobachtungen ergänzt. Dabei deuten die Flurnamen "Klōm,"
"Klamm" auf Lößschluchten hin, während "Klingen" meist echte Kerbtäler anzeigen.

Auffällig ist die Häufigkeit der Flurnamen auf -hecke, -büschel, -busch
und -rott. Während die ersten drei auf die Nutzungsform der Niederwald-
wirtschaft hinweisen, deutet -rott wohl auf eine dauernde Rodung. Eine
Kohlplatte W von Mörlenbach zeugt von längst vergangenem Waldgewer-
be und findet sich noch mehrere Male auf dem Weinheimer Kartenblatt.

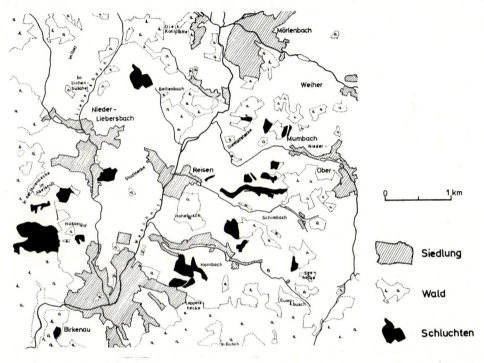

Karte 2: Übersichtskarte der Schluchten zwischen Birkenau und Mörlenbach

Es gibt Anzeichen genug dafür, daß der Wald nicht immer auf seinen jetzigen Flächen stockte, auch wenn sich die Waldgrenzen seit 1897 kaum verändert haben. Die splitterhafte Verteilung zerschluchteter Wälder mit
nur wenigen ha Fläche läßt eher an eine Durchdringung von Feld und Wald
denn an ehemals geschlossene Waldareale mit langzeitlich festen Grenzen
denken. Diese kleinen Wälder sind normalerweise im Besitz von einem
oder mehreren Bauern; sie unterlagen kürzeren Umtriebszeiten, viele
sind heute wenig gepflegt, währen die großen Waldflächen Gemeinde- oder
Herrschafts-(Bann-)Wälder darstellen, welche über längere Zeit konstante Grenzen aufwiesen und zum Teil seit dem 19. Jahrhundert stattliche
Hochwälder waren. Gelegentlich finden sich mitten in den großen Herr-
schaftswäldern Nester von kleinen Waldparzellen im Bauernbesitz, wie
auf der Birkenauer Katasterkarte von 1843 zu sehen ist (LEHMANN,
1980, S. 48).

Die Hohlformen im Löß

Grundsätzlich lassen sich im Untersuchungsgebiet drei Haupttypen von Schluchten unterscheiden:

1. die von Wasserläufen angelegten Schluchten, also echte Täler,
2. sogenannte Hohlen, die durch die Eintiefung von Feldwegen entstanden sind.
3. Schluchtenscharen an Hängen. Diese treten flächendeckend auf und haben sich vermutlich auf Ackerland gebildet.

Täler und Hohlwege sind im weiteren Sinne singuläre Erscheinungen, auch wenn sie dendritisch verzweigt und von Seitenkerben und -schluchten gesäumt sind.
Diese Einteilung soll allerdings nicht darüber hinwegtäuschen, daß es mitunter äußerst schwierig ist, eine Schlucht einem bestimmten Typus zuzuordnen. In der Regel führen durch alle Täler Wege. Für die Unterscheidung kann dabei die Faustregel gelten, daß bei echten Tälern auf mindestens einigen Dekametern Länge mehrere Meter breite Sohle ausgebildet ist, welche sich bereits im Festgestein befindet und nicht mehr im Löß. Ganz im "gewachsenen" Primärlöß gibt es kein einziges Tal. Die Zuordnung echter Täler zu den Hohlformen im Löß wird vielmehr dadurch gerechtfertigt, daß viele Täler Schwemmlößakkumulation aufweisen und sich unschwer als Kastentäler zu erkennen geben.
Wenn sich Hohlwege ins Kristallin eingeschnitten haben, ist die Kerbenform im großen und ganzen erhalten geblieben, wie die Wege zum Birkenauer VfL-Sportplatz und in der Reinigsklom in Hornbach zeigen.
Der Hohlweg in der Hornbacher Ortelsklom ist dagegen auf den letzten 30 m im Wald stark verbreitert. Dort wurde er jedoch von der Gemeinde aufgeschüttet, so daß sich der Kreis letztendlich doch wieder schließt.
Daß die Kerbenform erhalten bleibt, spielt eine wichtige Rolle, da der Abfluß bei Starkregen dabei linear bleibt und nicht flächig wie in den Kastentälern erfolgt.
Somit bleibt stets eine dominierende Tiefenlinie erhalten, auch wenn sich die Unterhänge infolge von Materialanlagerung von den darüberliegenden steilen Schluchtwänden abschrägen.
In diesem Zusammenhang ist die Beschreibung Bonner Lößhohlwege von KRAUSE (1979, S. 14) recht anschaulich. Er unterscheidet vier Kleinstandorte:

1. die überstehende Geländeroberkante
2. die senkrechte Lößwand
3. die Lehmböschung
4. die verfestigte Sohle,

wobei die Lößwand von der überstehenden Kante mit Wurzelwerk als Stütz-

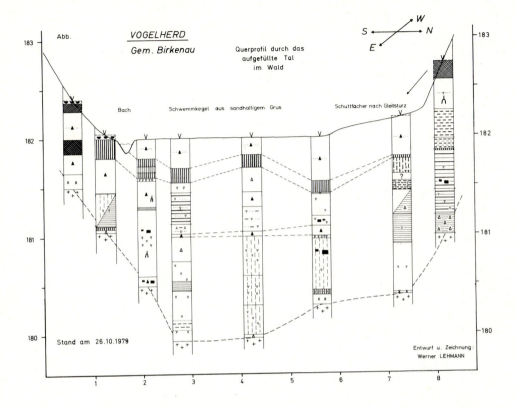

Fig. 1: Der dargestellte Schwemmfächer hat sich über die gesamte Sohlenbreite des Tales gelegt und wird nur durch das Bachbett, welches er von der Talmitte an den Südhang drängte, zerschnitten. Der 1 m tief gelegene Grobgrushorizont in der Talmitte zeigt die gleichmäßige Aufschüttung.
Im Kolluvium sind Polarisierungstendenzen festzustellen. Das gilt sowohl für toniges Sediment, das hauptsächlich an den Talrändern und kaum in der Talmitte anzutreffen ist, als auch für die Verbreitung von Humus- und Holzkohlehorizonten, die nur in zwei Fällen bis unmittelbar auf das anstehende Kristallin hinab reichen.
Der an der Basis des 3. Profils von rechts befindliche Humushorizont sowie die am Nordhang fast durchweg braune Farbe des Substrats deuten auf eine Isolierung dieser Talhälfte hin. Wahrscheinlich verlief hier von Anfang an der Wirtschaftsweg, der vom Fahrweg zu den Hasselhöfen abzweigt und in Abb. 1 rechts den Rücken zwischen den beiden Kerbtälern hinaufführt. Im Bereich des vorliegenden Querprofils ist er nämlich auf ca. 40 m Länge verschüttet.

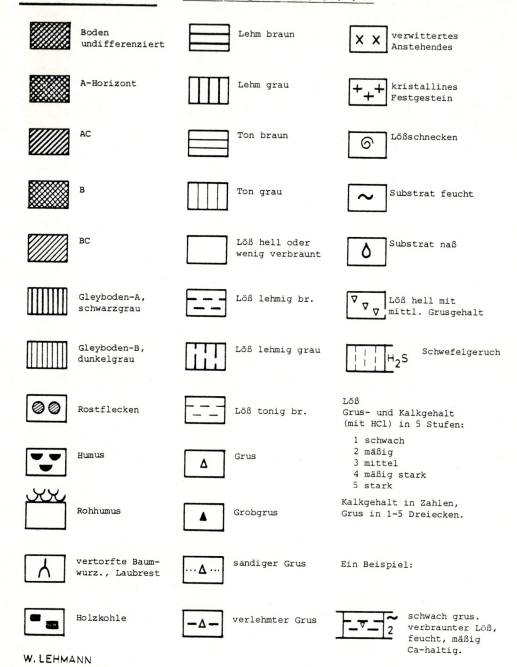

gerüst geschützt ist. Letzteres trifft im krautarmen Buchenwald allerdings weniger zu, sonst könnte der Hohlweg am Sportplatz des VfL Birkenau als Beispiel gelten.

Allen Kastentälern ist hingegen das gemeinsam, was auch für die großen Täler mit Auelehmsedimenten gilt: sie können sich in ihre mächtigen Füllmassen nur geringfügig einschneiden und neigen daher zu gelegentlicher Verlagerung des Gerinnes nach Starkregenfällen, wenn nach einigen Stunden schichtflutenartiger Überschwemmung auf der gesamten Talbreite das Bächlein wieder seine alltägliche Gestalt angenommen hat.

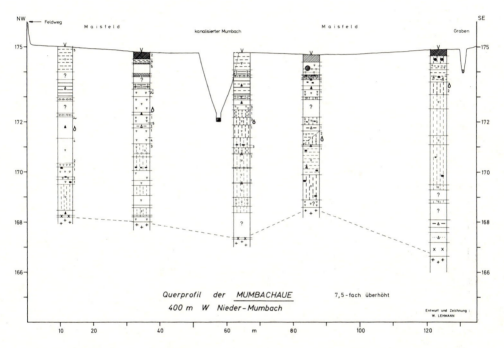

Fig. 2: Das Mumbachtal ist 7 - 8 m hoch mit Auelehm aufgefüllt, der aus den Schluchten und kleineren Tälern stammt.

Der Geomorphologe weiß, daß in unseren geographischen Breiten eigentlich nur die Hochwässer (bzw. Starkregen) für nennenswerte exogene Reliefformung sorgen. Das zeigt sich im Weschnitzgebiet nach jedem Starkregen überdeutlich. Bis zu 12 cm hohe Holz- und Laubhäufchen, mehrere cm mächtige Sedimentation von Schwemmlöß innerhalb eines Tages konnte ich in den Tälern des Vogelherds W der Hasselhöfe beobachten. Ein etwa 40 m langer Schwemmfächer wird in einem eigenen Kapitel gewürdigt (Fig. 10; Abb. 1 im Anhang).

Für den dritten Typ, die Schluchtenscharen, dürfen der N-exponierte Hang des Vogelherdes, der zum Kastental abfällt, sowie der Wald SW des Birkenauer VfL-Sportplatzes als Beispiele gelten (Fig. 3). An dieser Stelle wird der Erstgenannte herangezogen, weil der andere Wald mit den Lößtrichterserien eine Besonderheit bietet, die an anderer Stelle diskutiert wird.

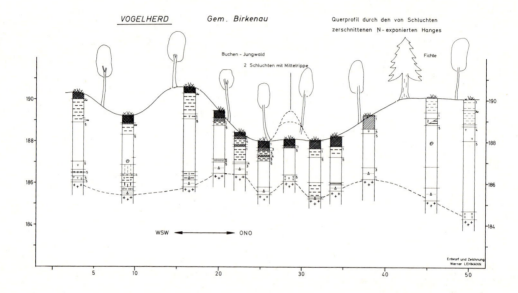

Fig. 3: Erstaunlich stark bewegtes Relief sowohl an der Oberfläche als auch an der Basis zum Kristallin. Die beiden mittleren Lößschluchten folgen genau der Linienführung im Untergrund. Links und rechts davon ist die Zerschluchtung geringer geblieben: hier ist das Substrat toniger und deshalb wahrscheinlich widerstandsfähiger gegen Abtragung.
Der Betrachter blickt hangabwärts, das Einsetzen einer Mittelrippe erst hinter der Bohrserie ist vermutlich auf einen Weg zurückzuführen, der von rechts an der Fichte herabsteigend die breite Mulde bzw. Delle schräg durchquert, jedenfalls ist er ansatzweise vor Ort zu erkennen.

Das Schluchtenfeld des Vogelherds liegt vollständig im Löß. Die Schluchten oder "Regenrunsen" (SPERLING, 1962) setzen am Mittelhang unterhalb eines Waldweges an, jedoch in verschiedener Höhe, so daß in diesem Fall die sonst allgemeine Regel nicht gilt, daß die Zerschluchtung jeweils bis an den Waldrand oder an einen Weg reicht, welcher das betreffende Waldstück nach oben begrenzt. Die längsten Schluchten erreichen dabei etwa um 100 m Länge. Begrenzender Faktor ist eindeutig die Lößverbreitung. Der Löß streicht heute unterhalb des Weges aus, und zwar in verschiedener Entfernung von diesem. Ein Teil der Schluchten reicht bis an

den Weg heran und setzt sich sogar aufwärts noch in flachen Dellen fort.
Im Bohrkern war zwar der Löß mit HCl nicht mehr als kalkhaltig nachzuweisen; zwei Bodenproben unmittelbar unterhalb des Weges sowie ein etwa 1 m hoher Aufschluß im Löß am Fahrweg auf der Höhe bezeugen jedoch eine früher weitere Verbreitung des Lösses.
Vergleicht man nun einmal die Form der Regenrunsen, so finden sich im W muldenartige Formen von weniger als 1 m Tiefe, die im Verband ein wellenförmiges Relief erzeugen. Der gerade Wuchs der jungen Buchen (nicht älter als 40 - 50 Jahre) und der etwa gleichbleibende Bedeckungsgrad der Wurzeln zeigen indes, daß die rezente Abtragung nicht sehr stark sein kann.
Nach Osten zu schneiden sich die Runsen dann so tief ein, daß von der ehemaligen Oberfläche manchmal nur noch Grate übrig sind, welche als Mittelrippen zwischen den Schluchten stehenbleiben. Werden diese weiter abgeschnitten, erniedrigen sie sich stellenweise zu schmalen Sätteln oder werden gar vollständig abgetragen, so daß von ursprünglich zwei Schluchten nur noch eine weite, kesselförmige Delle mit einer in der Mitte leicht nach oben gewölbten Sohle übrig bleibt.
Die bis zu 4 m tiefen Schluchten sind nun im Gegensatz zu den beschriebenen Mulden selbständige Gebilde; sie verfügen über eine Eigendynamik: während bei den Mulden der Hang noch eine Einheit bildet, in der die Abtragung im wesentlichen flächenhaft, denudativ erfolgt, wird nun der Abfluß in einigen Leitsträngen zusammengefaßt (vgl. hierzu LOUIS, 1975, S. 104ff). Das dominierende Formelement ist nunmehr die Schlucht, nicht mehr der Hang; dieser ist gewissermaßen zum Statisten degradiert, er ist "aufgelöst" (SCHULTZE, 1965, S. 12), denn wo die Wasserkraft sich auf einige Sammelstränge konzentrieren kann, ist die Abtragsleistung höher, so daß man wohl einen Selbstverstärkungseffekt annehmen kann. Eine Runse oder Schlucht kann sich erst dann zur Delle zurückbilden, wenn etwa ein Gesteinswechsel oder der wirtschaftende Mensch auf den Plan treten.

Zurück zur Ausgestaltung der Schluchten:
Kennzeichnend für alle Schluchten im Untersuchungsgebiet ist die keulenförmige Erweiterung des Schluchtenansatzes, welche sich auch in zwei, gelegentlich sogar drei Äste aufteilen kann, was aber am Grundprinzip nichts ändert. Dieser "Talschluß" besitzt keine eigentliche Oberkante; vielmehr schwingt er sich ganz sanft in den steilen Schluchtarm vor, welcher meist konkav zur deutlich flacheren Tiefenlinie der Schlucht hinabläuft. Von einer Talsohle kann man nicht sprechen, auch wenn die bis zu 50° steilen Schluchtwände sich zur Tiefenlinie hin abflachen. Sind Seitenkerben ausgebildet, ähneln sie dem "Talschluß". Die meisten münden jedoch nicht in Höhe der Tiefenlinie ein, sondern hängen etwas höher. Manchmal läßt sich bei zwei in gleicher Höhe einmündenden Runsen beobachten, wie von der Gabelungsstelle ab das Gefälle unvermittelst zunimmt und dann auf einige Meter Laufstrecke verflacht; ein Phäno-

men, das auch von SPERLING beschrieben wurde (1962).
In der Regel folgt am Ende dieser flacheren Strecke wieder ein leichter Knick, der wieder zu stärkerem Gefälle überleitet. Prallhangwirkungen konnte ich nicht beobachten. Nicht alle Gefällsunregelmäßigkeiten lassen sich indes mit einmündenden Seitenkerben erklären, denn auch in Schluchten mit ungegliederten Hängen finden sich Stufen. Auch umgestürzte Baumstämme liefern nicht immer des Rätsels Lösung.

Die Formung der Schluchthänge ist nicht ganz einheitlich. An der Oberkante kann ein Hangknick ausgebildet sein; meist sind jedoch die Hangleisten und Mittelrippen zu den Schluchten hin geneigt, so daß schroffe Formen fehlen und der leicht konvexe Oberhang in den gestreckten Mittelhang der Schlucht übergeht. Dieser wiederum reicht bis zur etwas konkav geschwungenen Tiefenlinie hinab, in die sich keine Erosionsrinne eingeschnitten, sondern nur Laub von durchschnittlich 5 - 10 cm Mächtigkeit abgelagert hat. Insofern gibt es auch keine wirkliche Tiefenlinie im engeren Sinn; man muß sich das eher wie einen schmalen Pfad vorstellen, der durch die Schlucht führt. Auch die Schluchtwände sind großenteils von Laub bedeckt; windgeworfene Bäume und Hakenwuchs weisen sie dennoch als Labilitätszonen aus.

Die Lößtrichterreihen am Wachenberg

a) Beschreibung der Formen

Ein wesentliches Merkmal der Regenrunsen am Hang ist ihr unregelmäßiges Gefälle. Selbst bei genauer Beobachtung läßt sich nur in wenigen Fällen eine plausible Erklärung dafür finden, etwa daß Wurzelteller windgeworfener Bäume Querriegel aufbauen. Noch auffälliger ist neben einer solchen Treppung eine Aneinanderreihung von Schwellen bis über 1 m Höhe, die jeweils geschlossene Hohlformen zwischen sich einschließen.

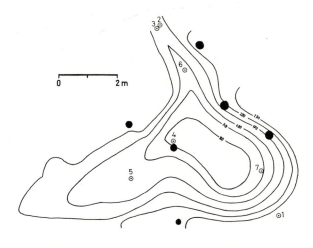

Fig. 4:
Höhenlinien in cm in einem Lößtrichter SW Birkenau

Ein ganzes Feld solcher "Lößtrichter" findet sich auf der W-exponierten Hangseite der Nordabdachung des Wachenbergs bei Weinheim, die über einen flachen, recht breiten Sattel mit einer um wenige Meter höher liegenden (Spornlage) Fläche südlich von Birkenau verbunden ist (Abb. 2 im Anhang). Möglicherweise handelt es sich hierbei um eine alte Weschnitzterrasse 90 m über dem heutigen Bett. Heute liegt auf dieser Fläche der Sportplatz des VfL Birkenau.

Zwei Wege führen von Birkenau dort hinauf, einer davon vom Hof der "Porphyrwerke Weinheim-Schriesheim". Dieser Weg mündet schließlich in einen maximal 8 m tiefen Hohlweg im Löß, der nur im unteren Teil breit genug für einen PKW ist, nämlich dort, wo das Kristallin an die Oberfläche tritt. Weiter aufwärts - ganz im Löß - hat der Weg ein kerbenförmiges Profil und wird erst wenige Höhenmeter unterhalb des Sportplatzes dort kastenförmig, wo er nur etwa einen Meter tief eingeschnitten ist. In diesen Hohlweg stürzt sich spitzwinklig und als Hängetälchen die Runsenschar des Lößtrichterfeldes.

Hier finden sich von in Längsrichtung getreppten Runsen bis zu fast völlig isolierten Trichtern und Wannen alle denkbaren Zwischenformen, und diese ganze bucklige Welt läuft einträchtig in gefällsparallelen Reihen auf die Hauptschlucht, den Hohlweg, zu.

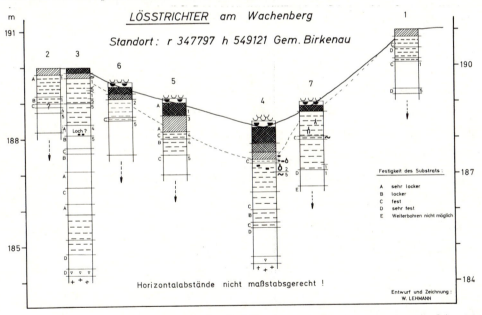

Fig. 5: Der Wechsel in der Festigkeit des Lösses einerseits und die Mächtigkeit der Bodenhorizonte in Abhängigkeit von der Lage im Kleinrelief andererseits sind die Charakteristika dieser Profilserie. Auffallend ist ferner die in Profil 3 nach unten noch einmal zunehmende Verbraunung, die für eine Vertikalverlagerung oberflächennahen Materials spricht.

Wie sind sie entstanden, und was spielt sich heute darin ab ?
Wie Fig. 5 zeigt, ist fast alles Laub auf dem Boden der Hohlform aufgehäuft, im vorliegenden Fall 20 cm hoch. Die Wände sind fast kahl; ihre zerrunste Oberfläche weist auf rezente Abspülung hin; sie werden also zurückverlegt. Die Eiche in der Wanne zeigt keine Auffüllung an; ihre Wurzeln sind weder verschüttet noch freigelegt. Dagegen bezeugen die mächtigen A- und B-Horizonte der Bohrungen innerhalb der Wanne eine Akkumulation. Wie kann jedoch eine allseits geschlossene Hohlform, mit von den Wänden ständig eingespültem Kolluvium in ihre Umgebung eingetieft werden? Es bleibt nur die Möglichkeit einer unterirdischen Abtragung. Diese könnte flächenhaft oder entlang von Leitlinien des Abflusses vor sich gegen.

In der Bodenkunde wird des öfteren auf die Rolle von Tiergängen hingewiesen, welche beispielsweise bei den Schwarzerden eine große Rolle spielen. Im Weschnitzgebiet trifft man in fast allen Schluchtwäldern auf Fuchs- oder Dachsbauten. Diese legen ihre Bauten bevorzugt dort an, wo ihnen die Wurzelteller umgestürzter Bäume schon einen Teil der Wühlarbeit abgenommen haben.

Aber auch die Kleinsäuger leisten ihre Arbeit - zwar weniger spektakulär, aber doch wirksam:

Im südlichen Arm der bearbeiteten Wanne legte ich eine Fläche von 1,25 x 2 m frei. Auf diesen 2,5 m^2 zählte ich nicht weniger als 15 Mauslöcher, das heißt 1 Loch auf ein Quadrat mit 40,8 cm Seitenlänge oder 6 Löcher pro m^2.

Die Länge aller unmittelbar unter der Oberfläche verlaufenden Gänge beläuft sich auf insgesamt 5,40 m. Bei einer Gangbreite von 3 cm ergibt dies eine Fläche von

$$540 \times 3 = 1620 \; cm^2$$

und einen Anteil an der Gesamtfläche von

$$1620 : 25.000 = 6,48 \%.$$

Neunmal führten die Gänge nach unten hinab; das bedeutet fast vier Gänge pro Quadratmeter und damit 4 Leitbahnen unterirdischer Abtragung.

Auf der gegenüberliegenden Seite des Hohlwegs hat sich eine junge Kerbe in eine ältere Rinne eingeschnitten, die aber durch 15 cm Laubauflage fast verschleiert wird. Hier fanden sich auf jeweils 1 m Wandlänge und 45 cm Höhe, beiderseits der rückschreitenden Erosionskante, 8 Tiergänge mit insgesamt 114 cm^2 Fläche. Das ergibt einen Flächenanteil von

$$114 : 9.000 = 1,27 \%.$$

Diese Ergebnisse zeigen meines Erachtens, daß Tiergänge einen sehr bedeutenden Einluß auf die Bodeneigenschaften, insbesondere auf den Wasserhaushalt und damit auch auf den Materialtransport haben, denn wo das Wasser schneller abfließen kann, wird es auch größere Abtragungsarbeit leisten. Im Fall des Lösses bedeutet dies eine wesentlich gesteigerte Wasseraufnahmekapazität, wobei die Gefahr der Übersättigung bei Starkregen sowie ganz allgemein der Oberflächenabfluß bedeutend vermindert wird. Da gleichzeitig der Oberflächenabfluß in geschlossenen Wannen nicht mehr linear in Rinnen mit der Hangabdachung erfolgt, sondern mehr denudativ und zentripetal, in die Hohlformen hinein, haben sich die Formbildungsprozesse entscheidend gewandelt: das Material wird nicht mehr rasch über weite Strecken transportiert, wobei die Leitlinien sich kräftig eintiefen und das Relief verstellen, sondern es lagert sich gewissermaßen noch an Ort und Stelle ab und muß erst durch den Boden gefiltert werden, ehe es in die unterirdischen Abflußbahnen gelangen kann.

Insgesamt dürfte diese an der Oberfläche d e n u d a t i v e Form der Abtragung etwas langsamer vor sich gehen als die linienhafte Erosion und somit auch nicht ganz deren Eintiefungsbeträge erreichen (was sich im Gelände bestätigt, denn die untersuchte Wanne ist mit 2,70 m bei weitem die tiefste, während vergleichbare Schluchten von 4 m Tiefe keine Seltenheit sind). Trotzdem oder gerade deswegen ist die unterirdische Abtragung von einem solchen Ausmaß, daß sie weitere Erforschung verdient.

b) Diskussion der Ergebnisse

Die Tatsache, daß Gefällsunterbrechungen bis zu geschlossenen Hohlformen aller Art im Löß des Weschnitzbeckens weit verbreitet, die letzteren am Birkenauer VfL-Sportplatz sogar die Regel sind, spricht dafür, daß man es hier nicht mit Ausnahmefällen oder Zufall zu tun hat, sondern mit einer allgemeinen Formungstendenz und einem wahrscheinlich regelhaften Wandel. Will man nun der Frage nachgehen, wie dieser Formenwandel zustandegekommen sein könnte, so erscheint es naheliegend, zunächst einmal von den allgemeinen Abtragunsprozessen auszugehen, das heißt von linearer oder denudativer Abtragung. Da die besprochenen Trichter und Wannen in lineare Tiefenlinien eingesenkt sind, die der Hangabdeckung folgen und in Hängeformen auch in den Hohlweg münden, ist zu vermuten, daß für die Initialform ein Oberflächenabfluß verantwortlich war, der für die Einschneidung paralleler Rinnen von mindestens einigen Dezimetern und höchstens wenig mehr als einem Meter Tiefe sorgte (Fig. 6).

Die mäßige Hangneigung des Trichterfeldes und seine Erschließung von mehreren Seiten (wobei auch die Sportplatzfläche nicht zu vergessen ist!) läßt eine frühere Nutzung als Ackerland sicher erscheinen. Die Sportplatzfläche ist allerdings auf der Katasterkarte von 1843 und auf der Topographischen Karte von 1897 noch als Wald ausgewiesen.
Wie erfolgte nun die Weiterformung?
Die ursprünglichen Dellen, Rinnen oder Gräben hatten sicher die gleichen Gefällsunregelmäßigkeiten aufzuweisen wie die heutigen Vertreter. Hingegen dürfte der Besatz wühlender Kleinsäuger etwas geringer gewesen

sein, da bei geringerer Eintiefung die Gesamtfläche kleiner bleibt. Wenn man also neben Tiergängen nach weiteren Ursachen der Trichterbildung sucht, sind vielleicht auch kleinsträumige Unterschiede in der Lößlagerung in Erwägung zu ziehen. Diese könnten primär, also gleich bei der Ablagerung oder sekundär, durch Umlagerungsprozesse aufgetreten sein.

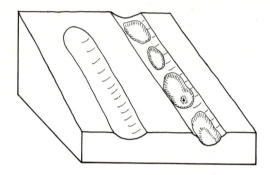

Fig. 6:
Schema der Entstehung
von Lößtrichterreihen

Vom Löß sind Formen subterraner Abtragung bekannt, die als "Lößbrunnen"-Erosion (schon bei RICHTHOFEN, 1886) oder "piping" oder "Röhrenbildung" (RATHJENS, 1973, S. 169) bezeichnet werden:

> "Es handelt sich dabei um die Erscheinung, daß in einem weitgehend unlöslichen und wasserundurchlässigen Gestein unterirdische Abtragungskanäle entstehen, durch die Oberflächenmaterial weggeführt wird, und die an der Erdoberfläche karstähnliche Hohlformen entstehen lassen."

Von solchen karstähnlichen Hohlformen berichten neuerdings auch chinesische Geomorphologen (WANG & ZANG, 1980) aus dem Lößplateau. Sie zeigen riesige Trichter mit steilen Wänden, die an der Geländeoberfläche fast abbruchartig ansetzen und unten ebenso übergangslos zum flachen Grund abknicken.
Der Formenunterschied zu den im Weschnitzbecken vorgefundenen Wannen dürfte im wesentlichen auf die stärkere Aridität zurückzuführen sein.

RATHJENS erklärt die Röhrenbildung mit dem Tongehalt. Toniges Substrat unterliegt in einem wechselfeuchten Warmklima alljährlicher Austrocknung, wobei Schrumpfungsrisse auftreten, in denen Material nach unten abgeführt wird.

Gibt es Schrumpfrisse im Löß?

Zunächst wären sie wohl da möglich, wo der Boden einen hohen Tongehalt aufweist, also in erster Linie im B_t-Horizont. Damit ließe sich folgende These erstellen: Unter natürlichen Bedingungen gibt es im Löß bei unseren Klimaverhältnissen keine solche Abtragung. Wenn aber der Oberboden durch Pfluggeräte aufbereitet und durch Bodenerosion bis zum B_t-Horizont

abgetragen ist, kann es durchaus zu Schrumpfungsrissen kommen, so daß subterrane Abtragung einsetzt.
Insgesamt gesehen scheinen mir doch die Tiergänge die einzig wichtigen vertikalen Leitlinien des Abflusses zu sein, zumindest was den Löß des Kristallinen Odenwaldes angeht; und das ist vermutlich auch auf ganz Mitteleuropa ausweitbar.
Ab einigen Dezimetern Tiefe jedoch ändert sich das Bild anscheinend grundlegend. Bis hinab zur Basis des Lösses wechselt lockere und feste Lagerung im Abstand von mehreren Dezimetern. Das gilt für alle im Bereich der Lößtrichter niedergebrachten Bohrungen.

Wie ist diese Schichtung zu erklären?
Handelt es sich bei fester Lagerung um Verdichtungshorizonte oder wurde in den lockeren Lagen Material weggeführt?
Die Tatsache, daß sich bei letzterem der Bohrstock leicht mit der Hand hinabdrücken läßt, spricht für eine unterirdische Materialabfuhr, wobei die Wechsellagerung auf flächenhafte Verlagerung in bestimmten Horizonten hindeuten könnte.
Der Löß ist im Bereich des abgebohrten Trichters etwa 5 m mächtig. So tief gehen keine Kleinsäuger und wahrscheinlich auch keine Füchse und Dachse hinunter. Sollte es dennoch vertikale Röhren bis in diese Tiefe geben, so wäre es völlig unklar, wie diese zustande gekommen sein könnten. Außerdem müßten diese linearen Abflußbahnen auch irgendwo als Quellen ans Tageslicht treten, wobei deren Schüttung wiederum Erosionsspuren hinterlassen würden.
Daß ich keine vertikalen Röhren gefunden habe, ist weiter nicht verwunderlich; es wäre reiner Zufall gewesen, auch wenn sie existierten, aber eine episodisch schüttende Quelle wäre mir sicher aufgefallen.
Auch in frischem Schwemmlöß, der in Form wasserdurchtränkter Schlammassen abgelagert wird und anschließend austrocknet, treten manchmal oberflächliche Schrumpfungsrisse auf, die nach meinen Beobachtungen aber nur wenige Millimeter tief sind.
Im "gewachsenen" Primärlöß mit seinem festen Gefüge und seiner Porosität bleibt die Quellbarkeit stark eingeschränkt; überschüssiges Wasser wird nicht mehr aufgesogen, sondern fließt unter oberflächlicher Abtragungsarbeit ab, wobei die darunterliegende Gesteinsstruktur unversehrt bleibt und nur im obersten, schmalen Bereich die Poren verstopft werden.
Der jegliches Gefüge entbehrende Schwemmlöß kann hingegen beliebige Mengen von Wasser aufnehmen und als Emulsion in beliebiger Verdünnung vorliegen. Hier fehlt das begrenzende und schützende Gerüst, so daß beim Austrocknen der ganze Brei in sich zusammenfällt.

Schrumpfungsrisse wären auch für ein mehrere Dezimeter mächtiges Kolluvium in geschlossenen Hohlformen denkbar, aber zumindest unter den heutigen Bedingungen - geschlossene mächtige Laubdecke unter Wald - ist der Schutz vor Austrocknung wohl so wirksam, daß ich sie am Grund der Hohlformen südlich des Birkenauer VfL-Sportplatzes für unwahrscheinlich halte.

Wie die Bohrergebnisse zeigen, tritt der B_t-Horizont des tiefsten Punktes der Wanne auch erst in 90 cm Tiefe auf. Durch Zufall entdeckte ich, daß sich 20 Minuten nach der ersten Bohrung Wasser angesammelt hatte, das von 90 bis 180 cm Tiefe im Bohrloch zu randlicher Verschlämmung geführt hatte. Demnach wirkt der tonige Horizont als Wasserstauer; er hatte allerdings eine braune Farbe (etwas fahl) und zeigte keine Anzeichen von Vergleyung.

Schluchtensysteme

Bei den im Arbeitsgebiet vorgefundenen Schluchtsystemen lassen sich zwei Formen der Anordnung unterscheiden, die - sofern sie nicht aus Wegen entstanden sind - der Richtung des stärksten Gefälles folgen (Fig. 7).

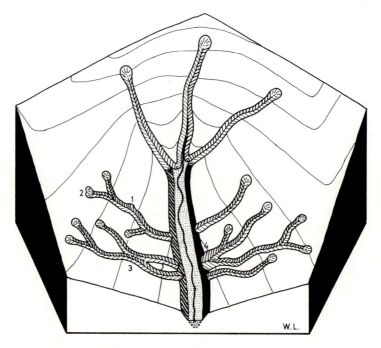

Fig. 7: Schluchtsystem im Modell

Im Vordergrund Schluchtenschar mit hängenden Mündungen in den steilen Wänden des Kastentales (dunkel schraffiert bzw. schwarz ausgemalt).
1 - Frühstadium einer Ursprungsdelle ("Knospe")
2 - in Zweiteilung befindliche Ursprungsdelle
3 - Verschneidung eines Grates zwischen zwei Schluchten
4 - Sammelmündung
Das vom Bach aufgeschüttete Kolluvium ist gepunktet dargestellt. Im Hintergrund halbkreisförmiger Talschluß mit eingeschnittenen Kerben.

Verfolgt man den Verlauf einer Hauptschlucht aufwärts, so gelangt man häufig an eine sehr kurze Laufstrecke (die im Idealfall sogar zum Punkt zusammenschmelzen kann), bei der mehrere Schluchten finger- oder büschelförmig einmünden, deren Gefälle im Verhältnis zur Sammelader unten deutlich versteilt ist.
Diese radiale Anordnung ergibt sich dadurch, daß die umliegenden Hänge etwa die Form eines weiten Amphitheaters einnehmen und das Gefälle von Hauptschlucht(en) und Seitenschluchten wenig unterschiedlich ist.
Die zweite Art der Anordnung begegnet uns in dem Bereich unterhalb der eben geschilderten, also in Fließrichtung abwärts. Hier sind die Seitenschluchten, Kerben oder Regenrunsen in ungefähr parallelen Reihen angeordnet und zerschneiden den Hang mehr oder minder regelmäßig kammförmig.
Die Hauptschlucht ist mittlerweile stark eingetieft und hat viel an Gefälle verloren. Der Bach, falls vorhanden, hat damit den wesentlichen Teil seiner Schleppkraft eingebüßt und muß den mitgeführten Materialmassen seinen Tribut zollen. Er schüttet auf. An den Seitenhängen dominiert jetzt die Erosion stärker als je zuvor talaufwärts, denn durch die Eintiefung des Tales ist dieses gefällsschwach geworden; andererseits wurden seine Hänge versteilt, so daß von der "normalen" Hangabdachung ein eigener steilerer Talhang abgetrennt werden muß, der mehrere Meter Höhe erreicht und sich auch unterhalb der aufgefüllten Talsohle noch fortsetzen kann.
Da überdies die Regenrunsen oder Seitenkerben "hängen", wird man unwillkürlich an ein eiszeitliches Trogtal erinnert, bei dem analog die Trogkante die flachere Trogschulter vom steilen und tiefen Troghang trennt.

An diesen Steilhängen ist die Erosion am stärksten; man sieht dies am Hakenwuchs der Bäume; meterlang freigelegte, oberflächenparallele Wurzeln zeugen von Gekriech und Abspülung, und die nackte, ziselierte Oberfläche erinnert manchmal ein wenig an die Karren im Karst; allein die Rinnen sind kürzer, einige cm nur, und weicher in ihren Formen, sicher auch nicht so dauerhaft.

Auch Rutschungen treten auf; besonders dann, wenn der Löß mit Grus und Lehm vermischt und vielleicht noch ein bißchen geschichtet ist; dann sitzen der Talfüllung flache Schuttkegel auf, die den krassen Wechsel vom steilen Talhang zur topfebenen Sohle etwas mildern.

V e r g l e i c h   d e r   Z e r s c h n e i d u n g   v o n   L ö ß   u n d   G r a n i t

Das Thema gliedert sich in zwei Fragen:

1. Können sich Schluchten generell auch im Kristallin und seinen Verwitterungsprodukten unabhängig vom Vorhandensein bzw. von der Initialfunktion einer Lößauflage ausbilden?

2. Wie wird eine Lößschlucht weitergeformt, wenn sie sich bis zur Basis des Lösses eingeschnitten hat und dort auf das darunterliegende Kristallin trifft?

Die erste Frage müßte streng genommen erst nach der zweiten behandelt werden, da sie nur auf deduktivem Wege zu beantworten ist; denn es läßt sich heute nicht mehr nachweisen, ob sich die Runsen oder Schluchten nicht doch in einer ursprünglich vorhandenen und heute längst abgetragenen Lößauflage gebildet und anschließend ins Kristallin weiter eingeschnitten haben. ZIENERT (freundliche mündl. Mitteilung) fand in der "Hurenhecke" (Gemarkung Nieder-Liebersbach) eine solche Schlucht ohne rezenten Löß vor. Dasselbe gilt für ein Wäldchen nördlich der Straße von Ritschweier nach Oberflockenbach, etwa auf halbem Weg (r 34 79 35 h 54 86 73) gelegen, in dem ich mit Salzsäure keinen kalkhaltigen Löß nachweisen konnte. Vielmehr ist die gesamte Schluchtanlage in meterdicken grusigen Lehm eingebettet; es fehlen schroffe Kanten, die Schluchtwände sind etwas sanfter geneigt als bei den meisten Schluchten im Löß. Interessant ist der Vergleich von Runsen und Schluchten im Löß und Granodiorit am bereits erwähnten Aufschluß an der Straße im Wald westlich der Hasselhöfe. Nirgendwo sonst ist das unruhige Relief mit seiner ständig wechselnden Oberflächenlagerung besser zu verfolgen; hier lagern Löß und Granit in bunter Mischung nebeneinander, so daß sich ein direkter Vergleich förmlich aufdrängt. Wo die Hohlformen noch völlig vom Löß ausgekleidet werden, sind sie tiefer eingeschnitten als diejenigen im Grus. Lagert hingegen sandig verwitterter Grus neben einem kompakten, massigen Gesteinsblock, so schneidet sich die Runse auf jeden Fall in den Grus ein, selbst wenn der Block von Löß überdeckt ist.

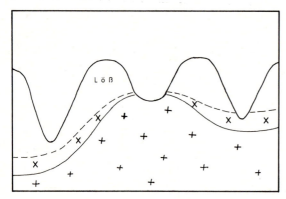

Fig. 8:
Vergleich der Einschneidung in Löß und Kristallin

In dem Maße aber, wie das pleistozäne Relief die heutige Oberflächenformung bestimmt, muß notwendigerweise der Aspekt der quasinatürlichen Formung zurücktreten, und daher sind wir an dieser Stelle bereits an einem Grenzbereich angelangt.

Aus demselben Grunde müssen alle diejenigen Schluchten aus der Betrachtung ausscheiden, in denen regelmäßig an der Oberfläche oder im Kolluvium verborgen Wasser fließt.
Zu den Tälern, die nicht vom Grundwasser, sondern in erster Linie vom Niederschlagswasser und damit episodisch geformt werden, zählen

in erster Linie die aus Wegen entstandenen Schluchten. Beispiele sind die
Ortels- und Reinigsklom in Hornbach, der Hohlweg SW des Birkenauer
VfL-Sportplatzes sowie eine vergleichsweise sehr kurze Schlucht in der
"Entengrüb" bei Nieder-Liebersbach. In der Reinigsklom hat sich unterhalb der alten Höhle der Weg mehrere Dezimeter tief in den Biotitgranit
eingeschnitten. Ob die Weiterformung seitdem anders erfolgt, läßt
sich schwerlich sagen; die Kerbenform ist jedenfalls erhalten geblieben.
In der Ortelsklom sind die Verhältnisse recht kompliziert gestaltet. Im
oberen Teil der Hauptschlucht ist das Kristallin ebenfalls angeschnitten;
der Weg liegt heute aber auf größeren Strecken genau an der Grenze zwischen Löß und Kristallin, so daß der Westhang ganz aus ersterem, der
Osthang des Hohlwegs aus dem anderen gebildet wird. Nach Westen
setzt sich der Löß in der Tiefe fort; d.h. der vom Kristallin gebildete
Hang taucht unter den Lößhang weiter ab (Fig. 9).

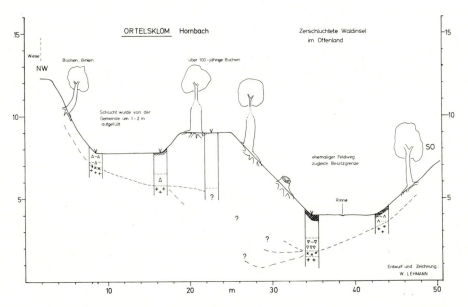

Fig. 9: Die Hornbacher "Ortelsklōm" (Strich für lange Aussprache!) ist
ein markantes Beispiel dafür, wie der Löß eine äußerst breite
und tiefe Mulde wahrscheinlich völlig aufgefüllt hat und diese
erst im Zuge der Kulturnahme wieder herauspräpariert wird.
Anzeichen für ein echtes Tal liegen keine vor.

Der Lößhang ist etwas steiler als der Granithang und im ganzen konkav
gegenüber dem oben konvexen und unten gestreckten Gegenhang. Diese
Beobachtung gilt zwar auch für andere Schluchten; jedoch ist die Petro-
varianz nicht immer so stark ausgeprägt, daß man schon mit bloßem Auge

zwischen Löß- und Kristallinhang zu unterscheiden vermag.
Eine schon genauere Aussage läßt sich für den Hohlweg SW des Birkenauer VfL-Sportplatzes treffen. Dort erweitert sich die als Kerbe geformte Schlucht an der Stelle, wo der darunter anstehende Biotitgranit angeschnitten wird, unvermittelt zur Sohlentalung, wobei die Lößwände bei gleichbleibender Neigung zurückweichen. Hier wurde die Einschneidung deutlich gestoppt, auch wenn sich eine maximal 10 cm tiefe Rinne in die Sohle eingeschnitten hat.
Noch drastischer stellt sich der Anblick einer dellenförmigen Hohlform in der Entengrüb bei Nieder-Liebersbach dar, die sich 30 m vor dem Wandrand über eine etwa 35 cm hohe Stufe zu einem breiten Kessel erweitert. Die Stufe wird von massivem Fels (wiederum Biotitgranit) gebildet. Ursache für diese abrupte Unterbrechung der Erosionstätigkeit ist wahrscheinlich das vergleichsweise kleine Einzugsgebiet der Delle, das sich schon aus deren geringer Eintiefung ergibt. In diesem Fall dürfte der Oberflächenabfluß noch zu wenig linear und zu sehr denudativ vor sich gehen, so daß die für ein Abschleifen der Stufe notwendige Wassermenge nicht zusammenkommt. Allerdings könnte es sich bei dem Kessel auch um einen ehemaligen Steinbruch handeln, so daß bei einer Interpretation Vorsicht geboten ist.
Zusammenfassend läßt sich also feststellen, daß die im Löß gebildeten linearen Hohlformen sich in das darunterliegende Kristallin g r u n d -
s ä t z l i c h fortsetzen können; die Intensität der Einschneidung hängt dann von verschiedenen Faktoren (Gestein: Biotitgranit widersteht der Abtragung eher als der Granodiorit, und Energie des fließenden Wassers) ab und zeigt deshalb eine größere Variationsbreite.

B e i s p i e l e h e u t i g e r F o r m u n g s p r o z e s s e

a) Der Schwemmfächer im Waldstück "Vogelherd"

Im Sommer 1979 wurde im hinteren Einzugsgebiet des Tales im "Vogelherd", Gem. Birkenau ein Fahrweg zu einer breiten Straße aufgeschottert. Wegen der Steilheit des Hanges war es dabei notwendig, die Straße in den Hang hinein zu treiben, so daß auf mehrere 100 m Länge ein Aufschluß von durchschnittlich drei Metern Höhe entstand.
Da die Straße mehrfach Schluchten von bis zu 1,5 m Tiefe quert, schob man den Abraum im Bereich des kesselförmigen Talschlusses einfach auf die Talseite der Straße und ebnete das Ganze oberflächlich ein, gewissermaßen als Schutzzone vor Straßenschäden. Die Halde selbst, aus Lockermaterial: Löß, Lehm und Grus, wurde so belassen.
Gemeinsamer Vorfluter all dieser Schluchten ist ein tiefes und steilwandiges Kerbtal mit stellenweise um 60° geneigten Hängen, welches nach mehreren 100 m Laufstrecke in das aufgefüllte bachdurchflossene Kastental mündet, das die Fortsetzung der von den Hasselhöfen in den Wald führenden Straße bildet (vgl. Abb. 1 im Anhang).
Am 26. Oktober kam ich nach mehreren Wochen zum ersten Mal wieder in diesen Wald und stellte fest, daß sich von der Einmündung des Kerbtals

ab ein über 40 m langer Schwemmfächer in das aufgefüllte Tal ergossen hatte. Er war deshalb schon von weitem zu erkennen, weil er wie ein weißer Teppich über dem vom nassen Laub dunkelbraun gefärbten Talboden lag. In der Kerbe war dabei der anstehende Granodiorit auf 40 - 50 cm Breite völlig blankgefegt. Bei seiner trichterförmigen Mündung in das Kastental versteilt sich auf einige Meter Laufstrecke das Gefälle, welches zum Niveau des etwas tiefer liegenden Kolluvialbodens im Kastental vermittelt. In diesem Bereich, wo das Tal noch eng ist, weist der Schwemmfächer seine größte Mächtigkeit von über 40 cm auf (s. Fig. 10). Womöglich ist der Schwemmfächer aber nicht auf einmal, sondern schrittweise im Zuge mehrerer Niederschläge entstanden.

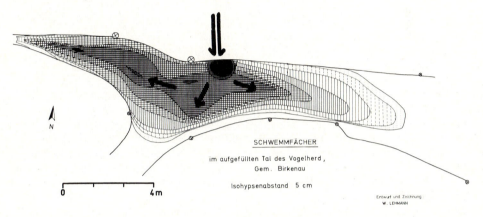

Fig. 10: Wo der Talquerschnitt sich erweitert, nimmt sofort die Höhe des Schwemmfächers ab. Von diesem hebt sich ebenfalls deutlich die Gleitsturzmasse am N-Hang ab. Bei den Markierungspunkten handelt es sich um Bäume. (dunkel = hoch, max. 40 cm)

In der Wetterwarte Mannheim hatte man bis zum 31.10. keinen erosiven Starkregen mehr zu verzeichnen. Allerdings darf man nie außer acht lassen, daß Niederschlagssummen örtlich extrem schwanken können. So brachte der am 20.9. in Mannheim verzeichnete Jahrhundertregen in der Wetterwarte Darmstadt lediglich 10,3 mm Niederschläge bei einer Intensität von 6,4. Dafür meldete Darmstadt am 12.10. einen Starkregen mit einem Intensitätswert von 10,8 (das ist auch schon sehr hoch) und 7,8 mm Niederschlag, der in Mannheim nicht verzeichnet ist. Ich selbst arbeitete zu dieser Zeit in Bettenbach und glaube, mich eines Temperatursturzes vom 11. (sehr heiß) auf den 12.10. zu entsinnen, der ein bewölkter Tag war; wohingegen die Mannheimer Messung vom 20.9. auch für das Weschnitzbecken - wie ich selbst beobachtet habe - Gültigkeit hat; die Felder des Mumbachtales stellten einen einzigen Schlammbrei dar.

Damit ist aber noch nicht ganz geklärt, wie der Schwemmfächer über das gefallene Laub zu liegen kam, denn auch am 12.10. war das Laub dank eines überaus warmen und sonnigen Altweibersommers noch nicht gefallen.

Es muß also noch mindestens ein schwächerer Regen wenige Tage vor oder am 26.10. niedergegangen sein, bei dessen Abfluß auf den vermutlich schon mächtigen Schwemmfächer noch eine weitere dünne Sedimentschicht abgelagert wurde. Auf jeden Fall zeigt der laubfreie Schwemmfächer, daß vorhandenes Laub durch flächenhaft fließendes Wasser wegtransportiert wurde, daß aber andererseits die Energie zur Einschneidung fehlte, was wohl auf die große Sedimentfracht zurückzuführen ist.

Wie Korngrößenzusammensetzung, Farbe und Kalkgehalt eindeutig beweisen, stammt das gesamte Material des Schwemmfächers mit Ausnahme eines einzigen Schuttkegels, der vom Hang des Kastentales abgerutscht ist, aus dem Bereich des kesselförmigen Talschlusses.

Als ich mich Anfang April 1979 zum ersten Mal in diesem Tal aufhielt, waren gerade die Vorbereitungen zum Straßenneubau angelaufen. Die Talsohle traf ich damals noch schwach muldenförmig an und von schwarzbraun gefärbtem Laub bedeckt. Bis September hatte sich nur ein dünner Schleier hellen Lößlehmes über das Tal gelegt, obwohl zu diesem Zeitpunkt die Straße bereits fertiggestellt war.

Daß der Schwemmfächer einer Weiterbildung unterliegt, konnte ich Anfang März 1980 feststellen. Im Bereich der Trichtermündung war eine gewundene, bis 20 cm tiefe Einschneidung erfolgt, und ein neuer Schub hatte sich in einem dünnen Schleier über das alte Material gelegt, das inzwischen verbraunt und vom Laub bedeckt worden war, und hob sich wiederum durch seine helle, frische Farbe ab. Allerdings erreichte der neue, winterliche Fächer bei weitem nicht die Ausdehnung des älteren und auch seine Mächtigkeit betrug nur wenige cm. An der Oberfläche wurde der Grus durch Auswaschung der Schluff- und Sandfraktion sekundär angereichert.

Während der Niederschlagsperiode Ende Juni/Anfang Juli 1980 boten sich innerhalb von 2 Tagen jeweils verschiedene Bilder. Der Schwemmfächer war wiederum erhöht worden, aber es fehlte jeglicher Schluff. Dieser war vollständig weggespült und die Zerschneidung der Lockermassen fortgesetzt worden.

Wertet man alle Beobachtungen aus, dann läßt sich die Prognose stellen, daß der Schwemmfächer solange anwachsen wird, wie das Wasser große Mengen an Lockermaterialien aus dem Einzugsgebiet herantransportieren kann. Die Zerschneidung des Schwemmfächers ist in diesem Fall schon wieder ein Zeichen dafür, daß der größte ausräumbare Teil der Lockermassen bereits verfrachtet wurde und jetzt weiter bachabwärts transportiert wird. Damit läuft der Zyklus aus, bis er irgendwann einmal durch eine erneute Veränderung im ökologischen Gefüge wieder ausgelöst wird und von neuem beginnt. Gerade deshalb hat dieser Formungsprozeß Einmaligkeitscharakter: vorher und nachher herrscht wieder im wesentlichen Formenruhe unter Wald, und gerade diese ist kennzeichnend für die heutige Zeit, solange der Mensch nicht eingreift.

Dennoch läßt sich nicht übersehen, daß die Stämme besonders von jungen Buchen oft auffälligen Hakenwuchs zeigen und in Einzelfällen um mehr als

90° gekrümmt sind. Dabei hat es mich überrascht, daß die basalen Stammkrümmungen an Schluchtwänden gelegentlich nicht stärker waren als einige Meter weiter auf der unzerschnittenen Waldfläche, obwohl sich letztere wesentlich sanfter neigt.

b) Denudation auf Ackerland

Im Ackerland herrschen grundsätzlich andere Bedingungen. Lena HEMPEL (1971, S. 319) schreibt, "daß die unter humiden mitteleuropäischem Klima normale linienhafte Abtragung in weiten Teilen des ackerbaulich genutzten Kulturlandes regelrecht "erstickt" wird und eine den heutigen Klimaverhältnissen wesensfremde, unechte "flächenhafte" Abtragung vor sich geht." RICHTER & SPERLING (1967, S. 117ff) weisen ebenfalls darauf hin, daß Denudation die Wasserleitbahnen verfüllt. Dies sei durch wenige Beispiele aus dem Weschnitzbecken belegt:
In Reisen teilte mir Herr Forelle mit, daß auf seinem mäßig geneigten Acker seit 1945 zwei Grenzsteine am Hangfuß zugespült worden seien, die er an derselben Stelle übereinander eingesetzt habe. Dies entspreche einer Akkumulation von 50 bis 60 cm in 35 Jahren, also gut eineinhalb cm pro Jahr!
Am Südhang des Mumbachtales konnte ich Anfang Juli 1980 - nach einer bis dahin dreiwöchigen Regenperiode mit großen Überschwemmungen in der Weschnitzaue - fast auf jedem Acker Anschwemmungen von 5 - 10 cm beobachten. Ein Glück, daß der Mais schon hoch genug stand, sonst wären die Jungpflanzen wohl erstickt. Mit der Verfüllung der Wasserleitbahnen geht ein Abfluß in mehreren dm breiten, aber flachen, gelegentlich wechselnden Bahnen einher.
Dieses Bild bot sich mir zur ebengenannten Zeit auf dem Ackerland des Landwirts Helfrich in Niedermumbach, das unterhalb der beiden beschriebenen Schluchten des Flurstücks "Entengrüb" am Nordhang liegt.
Aus diesem ergoß sich ein ca. 40 - 50 cm breiter Bach, dessen Lauf vom hochgewachsenen Mais verborgen wurde, auf den Feldweg und stürzte dann über einen Rain in die Mumbachaue, wobei die Böschungskante breite Kerben davontrug.
Über Abtragungsleistungen auf Ackerland liegen eine ganze Reihe von Meßergebnissen (KURON, 1950; RICHTER, 1965; SCHWING, 1978) vor, auf die ich hier verweisen will.
Besonders deutlich ist die Denudation an der Südostabdachung des "Saukopfes" zu beobachten, unmittelbar bevor der Weg von Birkenau herauf das steile Kerbtal quert (r 34 77 38 h 54 92 56). Hier könnte man annehmen, daß überall - in der 2 m tiefen Schlucht, an deren Wänden und auf der Geländeoberfläche - die Abtragung etwa gleich stark sei, daß also der Hang als Ganzes das noch dominierende Element ist, und nicht - wie im "Vogelherd" - die Schluchten.

Im allgemeinen konzentrieren sich jedoch die Prozesse der Abspülung und Bodenverlagerung auf die Steilstellen, insbesondere auf die übersteilten

Schluchthänge. Diese Aktivität ist aber keinesfalls mit derjenigen zu vergleichen, die für die Entstehung von Schluchten verantwortlich war, und deshalb erscheint mir der Ausdruck "weitgehende Formenruhe" für die derzeitig herrschenden Verhältnisse vertretbar.

c) Die Wirkung des Viehtritts auf Weideland

Weideland nimmt in gewisser Weise eine Mittelstellung zwischen Wald- und Wiesenland und Ackerland ein.
Viehtritt führt insbesondere auf durchnäßtem Boden zur Abflachung stärker geneigter Hänge, und Weiden befinden sich ja sowieso oft auf Gelände, das für Ackerbau und Mähwiesen zu naß ist. Bei sumpfigem Untergrund schrägen sich die Hänge besonders deutlich ab, so daß der Übergang von der Talniederung zu den gefestigten Hangpartien als deutliche Linie oder sogar Stufe in Erscheinung tritt.

Wo der Bach aus dem Waldstück "Vogelherd" ins Offenland tritt und in Richtung Hasselhöfe fließt, wird das Kastental zum Muldental, indem - wie im vorigen Kapitel beschrieben - die Talmitte durchhängt und der Bach sich in eine 40 cm hohe Stufe einschneidet. Dieses Muldentalprofil ist auf die Weidenutzung zurückzuführen; man könnte oft den Abrutschbetrag förmlich an den einzelnen Hufabdrücken nachmessen. Daß die Stufe so deutlich erhalten ist und den Gegensatz der Formung unter Wald und unter Weideland aufrechterhält, liegt nicht allein an der Einzäunung und dem dort angeschwemmten Reisig, sondern mehr daran, daß 30 m bachaufwärts, wo sich die beiden Waldtäler vereinigen, das Wasser des von Norden kommenden Baches gefaßt ist und dieser meist im Kolluvium verborgen fließt. Beim anderen Bach reicht der Grundwasserspiegel bis unmittelbar unter die Oberfläche, so daß es dort stets naß ist, oft Pfützen hat und schon bei mäßigem Niederschlag Abfluß einsetzt. Das gilt jedoch nur für die Laufstrecke oberhalb der genannten Einmündung, denn mittlerweile hat auch der andere Bach, der unregelmäßig Wasser führt und nach Starkregen sehr stark schüttet, seinem Vorfluter soviel Schluff (der ebenfalls durch den Straßenbau anfiel) herangeliefert, daß dieser darin "ersäuft" und die beschriebene Stufe deshalb meist trockenliegt.

Datierung und Zuordnung des heutigen Formenschatzes

Rückblickend auf die jeweils isolierte Darstellung von Siedlungsgeschichte und möglichen Ursachen der Schluchtenbildung ist es notwendig, beide Themenkomplexe zu verknüpfen und dabei auch zu qualitativen Aussagen zu gelangen, das heißt, zu bewerten.
Welche die Zerschluchtung fördernden Prozesse haben zu welcher Zeit was und wieviel angerichtet? Sind die Schluchten eher in Zeiten des Niedergangs entstanden oder mehr in Zeiten des Ausbaus und der Rodungstätigkeit?
Dazu noch eine grundsätzliche Erwägung:
Wie HARD (1970) zeigen konnte, rückt der Waldrand auf unbewirtschafteten

(Außen-) Feldern nur langsam vor. Der Grund liegt darin, daß diese Brachflächen rasch von einem dichten Teppich von Gräsern, Kräutern und Sträuchern überzogen werden, welcher das Auskeimen von Baumsamen weitgehend unterbindet. Nur dort, wo die Vegetationsdecke aufgerissen ist, haben die Baumsamen eine Chance, sich gegen die übermächtige Konkurrenz zu behaupten.

Die Außenfelder sind nur dann stark erosionsgefährdet, wenn sie regelmäßig gepflügt werden und keine geschlossene Vegetationsdecke aufweisen.

Somit sind die Zeiten, in denen der Ackerbau seine stärkste Verbreitung hatte, also die des Ausbaus, als die Perioden besonders starker und weit verbreiteter Bodenerosion anzusehen und die C-14-Datierung einer Holzkohlenprobe scheint diese in der Literatur einmütig vertretene Ansicht zu bestätigen (vgl. Fig. 11).

Hinweise auf frühere Nutzung als Ackerland

Im Zusammenhang mit den Waldrandstufen habe ich bereits auf den ehemals beackerten, heute als Weideland genutzten, 18° steilen Hang hingewiesen, der sich östlich an das Waldstück "Vogelherd" anschließt. Bei der gleichen Hangneigung halte ich es mit an Sicherheit grenzender Wahrscheinlichkeit für erwiesen, daß der "Vogelherd" in Zeiten der Ausweitung des Ackerlandes als solches genutzt war; und damit wäre auch die Zerschluchtung erklärt, denn bei einer solch starken Hangneigung kann auf Löß einfach kein Dauerackerbau mehr betrieben werden (nach RICHTER liegt die Grenze bei 10°), ohne daß Flurzerstörungen schlimmster Art auftreten.

Die ortsferne Lage spricht indes ebenso für die Nutzung als Außenfeld wie im Falle des Lößtrichterfeldes am Wachenberg; nur ist das Gelände dort noch flacher und die Hangneigung bleibt unter 10°, so daß sogar Dauerackerbau möglich gewesen sein könnte.

Die Datierung eines Holzkohlehorizontes im Auelehmsediment

Die C-14-Datierung einer Holzkohlenprobe aus dem östlichen Tal der "Entengrüb", Gemarkung Nieder-Mumbach (Fig. 11).

Der Holzkohlehorizont lag in 210 - 240 cm Tiefe; sein Alter beträgt wahrscheinlich 360 ± 50 Jahre vor 1950.

Im 15. Jahrhundert und bis zum Dreißigjährigen Krieg war die Konjunktur allgemein gut, das Ackerland wurde ausgeweitet.

Der mächtige, aber doch realtiv eng begrenzte (weniger als 1/2 Ar) Holzkohlehorizont würde dann eine Rodung vermutlich nach Art der Hackwaldwirtschaft bezeugen. Die wechselnde Mächtigkeit des Horizontes wird dadurch noch unterstrichen, daß ich auch drei Blindproben (im Profil nicht verzeichnet) ohne Holzkohle hatte. Dies spricht wohl für eine rasche Überdeckung mit Schwemmlöß, weil die Holzkohle anscheinend gleich so liegenblieb und konserviert wurde, wie sie ins Tal eingefüllt worden war. Talabwärts finden sich nämlich nur winzige Holzkohlenreste in mehreren Tiefenlagen, die keine Parallelisierung erlauben.

Wahrscheinlich hat der gleich nach der Rodung einsetzende Ackerbau rasch für eine Auffüllung des Tales mit Kolluvialmassen gesorgt.

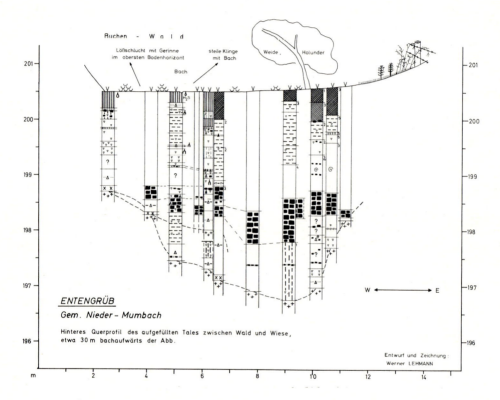

Fig. 11: In 5 der 13 Profile sind Holzkohlenhorizonte und Festgestein angegeben. Es ist nicht zu ersehen, ob zwei unmittelbar übereinanderliegende Horizonte - der obere zwischen 170 und 195 cm, der untere zwischen 210 und 250 (stellenweise bis 275) cm - überall vorhanden waren. Der untere stammt nach der C-14-Analyse aus der Zeit um 1600 und beweist außer der Verfüllung des Tales auch eine solche des hangabwärts folgenden Ackerlandes (Delle) um mindestens denselben Betrag.

Die Höhle in der "Reinigsklom"

Auf Hornbacher Gemarkung liegt bachaufwärts kurz vor dem Ortsende am Nordhang hinter der Gärtnerei Netzer ein zerschluchtetes Waldstück, in dem eine alte Höhle in den Löß gegraben ist. Der Eingang befindet sich am Osthang der Hauptschlucht etwa 3 m unterhalb der Hangoberkante. Im Laufe der Zeit wurde er durch den Abbruch vertikaler Lößpakete um vielleicht einen Meter zurückverlegt. Seit einigen Jahrzehnten war die Höhle versperrt, wurde aber mit Sicherheit seit den Revolutionsjahren 1840/41, nach Aussagen der Hornbacher bereits im Dreißigjährigen Krieg als Zufluchtsstätte benutzt, zu deren Zweck sie auch angelegt worden sei.

Mit Hilfe meiner Kommilitonen Agnes Hotz und Klaus Goppold wurde der bis auf einen halbmeterhohen Spalt verschüttete Eingang freigelegt. Ein rechteckiger, etwa 4 m^2 großer und 1,50 m hoher Innenraum war durch einige Balken in der rußgeschwärzten Decke stollenartig geschützt; der ebene Boden erwies sich jedoch leider nicht als historisches Archiv, etwa mit Werkzeugresten, Knochen oder Holzkohle (vom letzterem einige Flitter), sondern in 15 - 30 cm Tiefe war der Löß mit frischfarbenen unverwitterten Granitkörnern durchsetzt. Die Höhle war also buchstäblich auf Granit gebaut.

In der vom Eingang aus gesehen linken vorderen Ecke befand sich eine halbmeterbreite Nische mit ansteigendem Boden, welche sich rückwärts zu einem schmalen Gang vom Durchmesser einer Fuchsbauröhre verjüngte und in Windungen schräg nach oben führte. Der starke Luftstrom darin wies seine Funktion als Luftschacht eindeutig aus. Von außen war diese Luftröhre nicht von anderen Fuchslöchern zu unterscheiden. Nach Beschreibungen der Hornbacher war ferner der gesamte Hang früher von dichtem Efeugestrüpp überzogen, so daß das Versteck vorzüglich getarnt war.

Wenn die Höhle tatsächlich schon im Dreißigjährigen Krieg erbaut war, würde das bedeuten, daß die Schlucht zu dieser Zeit bereits bestand und nicht viel weniger als die heutige Tiefe von etwa 7 m aufwies, denn erstens wäre die Höhle sonst unnötig tief im Hang gelegen und zweitens würde ein Höhleneingang, der für einen in der Schlucht stehenden Beobachter in Augenhöhe liegt, schneller entdeckt werden als einer in 4 m Hanghöhe.

Zusammenfassung

In der vom Löß überdeckten Beckenlandschaft der Weschnitz im vorderen Kristallinen Odenwald hat die wirtschaftliche Tätigkeit des Menschen vielfältige Erosionsformen hinterlassen und zu Auelehmablagerungen grosser Mächtigkeit geführt. Die starke Verbreitung von Schluchten unter Wald zeugt von ehemals ausgedehnter ackerbaulicher Nutzung. Die Schluchten sind heute im wesentlichen fossil, werden aber bei Eingriffen in das ökologische Gleichgewicht sofort weitergeformt.

Als Entstehungszeit der Zerschluchtung müssen vor allem die Ausbauperioden der mittelalterlichen Rodezeit und der Jahrzehnte vor dem Dreissigjährigen Krieg angesehen werden; für letztere ist eine Holzkohleprobe unter Auelehmsedimenten datiert.

Beschrieben werden auch geschlossene Hohlformen im Löß, welche auf einen unterirdischen Abtragungsprozeß hinweisen; der Mechanismus ist jedoch noch ungeklärt.

Literaturverzeichnis:

HARD, G. (1970): Exzessive Bodenerosion, Bodenerosion um und nach 1800. In: Erdkunde 24, S. 290 - 308

HEMPEL, L. (1971): Die Tendenzen anthropogen bedingter Reliefformung in den Ackerländereien Europas. In: Zeitschr. für Geomorphologie, N.F., 15, S. 312 - 329

KRAUSE, A. (1979): Lößhohlwege - schutzwürdige Biotope im Bonner Stadtgebiet. In: Natur und Landschaft 1, S. 14 - 16

KURON, H. (1950): Löß und Bodenerosion. In: Zeitschr. f. Pflanzenernährung, Düngung und Bodenkunde 50, S. 74ff.

KURON, H., JUNG, L. & H. SCHREIBER (1956): Messungen von oberflächlichem Abfluß und Bodenabtrag auf verschiedenen Böden Deutschlands. Schriftenreihe des Kuratoriums für Kulturbauwesen H. 5

KURON, H. & G. WALTER (1958): Einfluß der Bodenerosion auf den Wasserhaushalt von Lößböden. Ber. der Oberhessischen Ges. für Natur- und Heimatkunde 28

LEHMANN, W. (1980): Die Schluchten und Talfüllungen im Löß des Weschnitzbeckens. Wiss. Hausarb. f.d. Zul. z. Lehramt (masch. schr.) Heidelberg

LOUIS, H. (1975): Abtragungshohlformen mit konvergierend-linearem Abflußsystem. Zur Theorie des fluvialen Abtragungsreliefs. Münchner Geogr. Abh. Bd. 17

MAECKEL, R. (1969): Untersuchungen zur jungquartären Flußgeschichte der Lahn in der Giessener Talweitung. Giessener Geogr. Schriften 19

MÜLLER, S. (1959): Waldrandstufen und dolinenartige Schlämmtrichter als Sonderformen der Bodenerosion im Kleinen Odenwald. In: Jahresber. u. Mitt. Oberrhein. Geolog. Ver. N.F. Bd. 41, S. 29 - 34

NITZ, H.J. (1962): Die ländlichen Siedlungsformen des Odenwaldes. Heidelberger Geogr. Arb. H. 7

RATHJENS, C. (1973): Subterrane Abtragung (Piping). In: Zeitschr. f. Geomorphologie N.F., Suppl.-Bd. 17, S. 168 - 176

RICHTER, G. (1965): Bodenerosion. Schäden und gefährdete Gebiete in der Bundesrepublik Deutschland. Gutachten vorgelegt vom Institut für Landeskunde. Forsch. z. dt. Landeskunde 152

-- (Hrsg.) (1976): Bodenerosion in Mitteleuropa. Darmstadt

RICHTER, G. & W. SPERLING (1967): Anthropogen bedingte Dellen und Schluchten in der Lößlandschaft. Untersuchungen im nördlichen Odenwald. Mainzer Naturwiss. Archiv 5/6, S. 136 - 176

RICHTHOFEN, F.v. (1886): Führer für Forschungsreisende. Neudruck Hannover (Jänecke) 1901

SCHULTZE, J.H. (1965): Bodenerosion im 18. und 19. Jahrhundert. Forsch. u. Sitz-Ber. Akad. f. Raumfoschung und Landesplanung XXX: "Raumordnung im 19. Jahrhundert", Teil 1, S. 1 - 16

SCHWING, J.-F. (1978): Erosion et restauration des sols. In: Mosella, Tome VIII N. 3, S. 226 - 236

SEMMEL, A. (1961): Beobachtungen zur Genese von Dellen und Kerbtälchen im Löß. In: Rhein-Main. Forsch. H. 50, S. 135 - 140. Frankfurt/M.

SPERLING, W. (1962): Über einige Kleinformen im vorderen Odenwald. In: Der Odenwald, 9. Jg., H. 3, S. 67 - 78

STEINER, W. (1978): Relief, Abspülung und Verwitterung in Bezug auf land- und forstwirtschaftliche Nutzung. Staatsexamensarbeit (Masch.-Schr.) Heidelberg

WANG, Y.Y. & Z.H. ZANG (1980): Loess in China. Xian

WIESNER, K. (1981): Programme zur Aufnahme und Wiedergabe von Landschaftsdaten sowie zwei quantitative Modelle: Bodenerosion und Kaltluftentstehung. Diss. Fak. Geowiss. Heidelberg

ZANG, Z.H. (1980): Loess in China. Geo-Journal 4 (no. 6), S. 525 - 540. Wiesbaden

POTENTIAL UND INWERTSETZUNG DER KEEWATIN-FESTLANDREGION: KONTROVERSEN DER ERSCHLIESSUNG EINES ARKTISCHEN WIRTSCHAFTSRAUMES

Von Dietrich SCHMIDT-VOGT (Merzhausen)

Mit 1 Karte und 6 Figuren

Die Arktis befindet sich im Umbruch. Bis vor kurzem noch unberührt an der Peripherie der nordhemisphärischen Industrienationen gelegen, gerät sie mit Beginn der 50er Jahre zunehmend in den Sog eines weltweiten Entwicklungsganges, durch den die industrialisierten Staaten die Säume ihres Einflußbereiches integrieren. Strategische Planung, soziale Verantwortung und ökonomisches Interesse haben den Norden immer mehr ins erschließungspolitische Schwerefeld des Südens treiben lassen. Gegenwärtig wird die Situation vom Rohstoffbedarf der Industrie bestimmt, die im Norden eine letzte "frontier" gefunden zu haben glaubt. Dabei ist in der nordamerikanischen Arktis ein Konflikt aufgebrochen, den die Mackenzie Valley Pipeline Inquiry im Titel ihres Arbeitsberichtes als Gegenüberstellung "Northern Frontier - Northern Homeland" (BERGER, 1977) formuliert hat. Die kontroversen Ansichten, ob die Arktis in erster Linie als Ergänzungsraum des Südens oder als Lebensraum der Inuit zu sehen sei, haben sich entwickelt aus dem Konflikt zwischen industrieller Nutzung des Rohstoffpotentials und traditioneller Nutzung des biologischen Potentials.

Im Ressourcenkonflikt bündeln sich grundsätzliche Probleme der Gewichtung nationaler gegen regionale Interessen, der Auseinandersetzung ethnischer Minderheiten mit politischen Mehrheiten. Raum und Raumnutzung sind Brennpunkt einer Kontroverse, bei der die Inuit den arktischen Raum und dessen natürliche Ausstattung als Garant ihres kulturellen Fortbestandes sehen, und ausreichende politische Ermächtigung fordern, um die ökologische Unversehrtheit ihres Lebensraumes bewahren zu können. Sie erklären sich damit zur Alternative eines auf private Initiative gegründeten und staatlich organisierten "Northern Development", das primär auf Erschließung der arktischen Rohstoffe durch gewaltige Investitionsprojekte ausgerichtet ist.

Diese Konfliktsituation soll an einem Fallbeispiel aus der kanadischen Arktis studiert werden. Gewählt wurde die Hudson Bay Westküste und ihr Hinterland - in einem Regierungsbericht von 1963 als Keewatin Festlandregion bezeichnet (BRACK & MCINTOSH, 1963). Die Untersuchung schließt die fünf Siedlungen Baker Lake, Chesterfield Inlet, Ranik Inlet, Whale Cove, Eskimo Point und deren Umland ein (siehe Karte 1). Für die Auswahl dieser Gebiete war einerseits ausschlaggebend, daß mit Gründung der Nickelmine von Rankin Inlet das erste privatwirtschaftliche Unternehmen zur Erschließung einer arktischen Lagerstätte in Kanada eingerichtet wurde (WILLIAMSON, 1974, S. 8) und dieser Raum somit auf die läng-

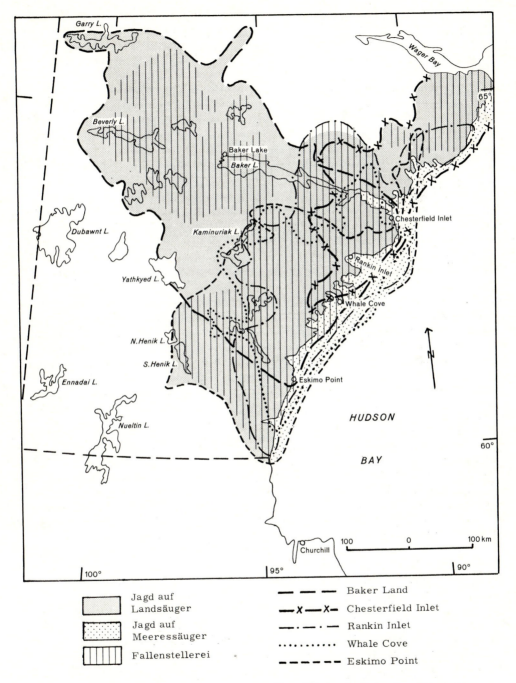

Karte 1: Raumverteilung der traditionellen Wirtschaft in der Keewatin-Festlandregion (Entwurf nach FREEMAN 1976 und BOYD 1977)

ste Geschichte eines industriellen "Northern Development" zurückblicken kann. Andererseits gehört Keewatin, was klimatische Verhältnisse und Ausstattung mit Bodenschätzen angeht, zu den am meisten benachteiligten Räumen in der kanadischen Arktis. "... Keewatin represents the extreme picture in the Canadian Arctic. It is, in many ways, the most desolate region of the Arctic" (BRACK & MCINTOSH, 1963, S. III). Diese Region eignet sich daher besonders, exemplarisch Probleme der Nutzung eines ökologisch benachteiligten Raumes und langfristige Perspektiven einer auf Rohstoffabbau beschränkten industriellen Erschließung darzustellen.

Keewatin: Raum und biologisches Potential

Festland Keewatin liegt im Bereich des präkambrischen Schildes und ist ein sich nach Osten zur Hudson Bay hin allmählich absenkendes Tiefland. Glaziale Formen beherrschen das Landschaftsbild. Das Entwässerungsnetz ist noch unvollkommen entwickelt, das Land im Sommer weitgehend versumpft.

Die Region steht unter dem beherrschenden Einfluß der Hudson Bay. Entlang den Küsten dieses tief in den Kontinent greifenden Flachmeeres werden arktische Klimaverhältnisse weit nach Süden wirksam. Dementsprechend buchtet die Tundrenzone weit nach Süden aus; die polare Waldgrenze wird an der Westküste der Bay bis auf 60° Nord herabgedrückt. Vegetationsformation und biologische Produktion im Küstenhinterland werden wesentlich durch die niedrigen Lufttemperaturen bestimmt, die unmittelbar mit den Eisverhältnissen der Hudson Bay zusammenhängen. Im Winter tritt der temperaturbestimmende Einfluß der Bay zurück. Eisverschlossen und schneebedeckt unterscheidet sie sich in ihrem Einfluß auf das Klima kaum vom umgebenden Land. Erst im Sommer kommt die beeinträchtigende Wirkung des Meereises zum Tragen. Die maximale Eisbedeckung dauert bis April, letzte Eisreste halten sich bis in den August, nur im September ist die Hudson Bay vollständig eisfrei. Einmal wird dadurch der Frühling verzögert, zum anderen liegen während der Periode bis zur Neubildung von Eis im Oktober die Wassertemperaturen nur knapp über dem Gefrierpunkt. Die über das kalte Wasser streichende wärmere Luft wird abgekühlt. Nebelbildung und dichte Bewölkung vermindern die Insolation. Eine stabile Inversionslage schirmt die oberflächennahe Luft vom mildernden Einfluß wärmerer Luftschichten in der Höhe ab. Die Gegenwart des Eises bis weit in den Sommer hält so die Lufttemperaturen im gesamten Umgriff der Bay niedrig (THOMPSON, 1968; LARNDER, 1968).
In Chesterfield Inlet lag 1975 die mittlere Juli-Tagestemperatur bei 8,7°C; Minima unter 0°C können in jedem Monat auftreten und erreichen ihre extremsten Werte im Winter mit -51°C (TESTER, 1979, S. 33).

Niedrige Temperaturen bewirken unmittelbar und mittelbar eine stark reduzierte Primärproduktion. Einmal vollzieht sich das Pflanzenwachstum bei niedriger Temperatur und verkürzter Vegetationszeit langsamer, zum anderen wird die Stoffumwandlung im Boden und damit die Bodenbildung verlangsamt. Hinzu tritt der Permafrost, der die Bodentemperaturen niedrig hält und eine tiefere Durchwurzelung des Bodens verhindert. Die niedrige Primärproduktion wirkt in die Sekundärproduktion weiter. Geringes Angebot an pflanzlicher Nahrung setzt der Dichte des Tierbestandes Grenzen und beschränkt die Artenzahl.

Klimaungunst, geringe Primärproduktion und Artenarmut haben Folgen, die sich auf die Jagd-Ökonomie der Inuit auswirken. Niedrige Wachstumsraten - vor allem an Süßwasserfischen zu beobachten - sind dafür verantwortlich, daß durch Übernutzung dezimierte Tierbestände nur langsam wieder aufgebaut werden. Saisonale Wanderungen, vor allem der Karibouherden, bestimmen den Jahresgang der Jagd, sind schwer vorauszubestimmen und tragen damit zur Unsicherheit des Jagdertrages bei. Ein besonderes Problem der arktischen Ökologie sind periodische Populationsschwankungen, die auch in den Ertragsangaben sichtbar werden (siehe Fig. 3 und 4). Von großer Bedeutung für die arktische Fallenstellerei ist der Lemming-Polarfuchs-Zyklus, bei dem Zusammenbrüche der Lemming-Populationen, die aus einem Mißverhältnis von geringem Nahrungsangebot und hoher Fruchtbarkeit resultieren, zu Schwankungen des Polarfuchsbestandes im 3 - 4 Jahrestakt führen (BAIRD, 1964) Diese kritischen Faktoren bestimmen das biologische Potential und dessen Inwertsetzung durch die traditionellen Wirtschaftsaktivitäten der Inuit-Jagd, Fallenstellerei und Fischfang. Um das Potential für die traditionelle Wirtschaft erfassen zu können, soll nun die Bestandslage der wichtigsten im Keewatin bejagten Tierarten, Karibou, Robbe (vor allem die Ringelrobbe) und Polarfuchs näher betrachtet werden.

Die Situation der Karibou ist im Keewatin besonders kritisch. Die beiden großen Herden, Beverly- und Kaminuriakherde, die im Küstenhinterland zwischen den Waldgebieten in N-Saskatchewan und N-Manitoba und den nördlichen Tundren pendeln, haben seit jeher den wesentlichsten Beitrag zum Lebensunterhalt der Ureinwohner geleistet. Der Jagderfolg ist dabei immer aufgrund von Veränderungen im Wanderungsverhalten und aufgrund von Populationsschwankungen, ausgelöst durch hohe Fehlgeburtenrate und Kälbersterblichkeit, unsicher geblieben. Zu dieser "natürlichen"Variabilität des Bestandes ist ein allgemeiner Bestandsrückgang hinzugetreten, für den eine zu starke Bejagung verantwortlich gemacht wird. Der Herdenzuwachs bei den Karibou ist ganz allgemein gering. Bei einer Kälbersterblichkeit von 60 % liegt der durchschnittliche Herdenzuwachs bei 10 %. 1978 wurde der Jagdertrag auf ebenfalls 10 % des Gesamtbestandes geschätzt (TESTER, 1979, S. 74 - 75). Zuwachs und Entnahme heben sich damit gegenseitig auf. Unter diesen Umständen ist der Weiterbestand der Karibouherden im Keewatin gefährdet.

Wesentlich günstiger liegt der Fall bei den Robben. 1974 wurde der Robbenbestand der Hudson Bay auf 455.000 Stück geschätzt. Der vertretbare Jagdertrag wird auf 8 % des Gesamtbestandes veranschlagt; in der Hudson Bay könnten somit jährlich 36.000 Robben gejagt werden. Tatsächlich hat 1963 der Höchstbetrag bei 14.900 und damit weit unter dem vertretbaren Maximum gelegen (SMITH, 1975, S. 180). Für die Westküste liegen keine genauen Zahlen vor. MCCONNELL hat 1971 eine Minimalpopulation von 32.000 Robben für den Küstenverlauf von Chesterfield Inlet bis Whale Cove geschätzt. BRACK & MCINTOSH (1963, S. 44) veranschlagten den vertretbaren Höchstertrag im Bereich der Westküste auf 3.780 Stück. Während einer Spitzensaison (1963/64) wurden in den vier Küstensiedlungen 2.616 Tiere erbeutet, der durchschnittliche Jahresertrag liegt bei nur 929 Tieren (BOYD, 1978). Selbst wenn man die stets hohen Jagdverluste hinzurechnet, liegt der Ertrag immer noch innerhalb der Toleranzgrenzen. Die Robbenbestände können als gesichert gelten.

Für Polarfuchs- und Fischbestände liegen keine Zahlen vor. Beim Polarfuchs sind reine Bestandszahlen angesichts der periodischen Populationsschwankungen, die die Fallenstellerei grundsätzlich zu einem risikobeladenen Geschäft machen, von untergeordneter Bedeutung.

Die Inuit im Keewatin: Bevölkerungs- und Siedlungsentwicklung

Die Inuit des Keewatin lassen sich aufgrund ihrer Raumbezogenheit in die beiden großen Gruppen der küstenorientierten und der inlandorientierten Jäger einteilen (WILLIAMSON, 1974, S. 5). Die kulturgeographische Eigenart des Keewatin bestand eben in der Existenz dieser einen Inuitgruppe, die nicht wie bei den Inuit sonst üblich, ihre Existenz auf das Meer gründete, sondern die vor allem von der Karibujagd im Landesinneren lebte. Die Inuit beider Gruppen waren nicht an Siedlungen gebunden, betrieben die Jagd nomadisch und waren in der Lage, sich bei verringertem Wildbestand in kleinen Gruppen schnell über ein größeres Areal zu verstreuen (DAMAS, 1968).

Vom Beginn des 17. Jahrhunderts an gerieten die Inuit von Keewatin immer mehr in den Einflußbereich europäischer Interessen. Begegnungen von Europäern und Inuit während der Suche nach einem Einlaß zur Nordwestpassage entlang der Hudson Bay Westküste und während der Errichtung von Fort Prince of Wales beim heutigen Churchill blieben noch ohne Auswirkungen.
Zu ersten spürbaren Berührungen mit der europäischen Kultur kam es in der Zeit von 1860 - 1910, als der Nordwesten der Bay zum Schauplatz intensiven Walfanges wurde. Durch Tauschhandel und Anstellung bei den Fangcrews banden sich die Inuit zunehmend enger an die Walfänger. Europäische Güter traten ins Leben der Inuit und der Handel zog erste weitreichende Veränderungen nach sich. Die Bevölkerung begann sich in gros-

sen Winterlagern an der Küste zu konzentrieren; Wanderbewegungen wurden weniger von den Erfordernissen der Jagd, als durch den Schiffsverkehr vor der Küste bestimmt. Stammesgrenzen begannen sich zu verwischen (ROSS, 1973, 1975).

Die darauf folgende Periode wurde geprägt durch die Einbeziehung des Keewatin in das Pelzhandelsimperium der Hudson Bay Company. Handelsposten, darunter Chesterfield Inlet, Baker Lake und Eskimo Point, wurden von 1911 bis 1927 gegründet und hatten eine Hinwendung zur Fallenstellerei auf Kosten der Subsistenzjagd zur Folge. Der Fallensteller wurde vom Händler mit Material und Nahrungsmitteln versorgt und geriet bei unsicherem Jagdglück durch Verschuldung zunehmend in Abhängigkeit. Auch räumlich war er in seinem Jagdradius an den Posten gebunden. Bei den Handelsposten wurden bald Missions- und Polizeistationen eingerichtet. Der Inuk, materiell bereits an den Süden gebunden, geriet nun auch unter dessen kulturellen und verwaltungstechnischen Einfluß (DAMAS, 1968).

Der grundlegende Umbruch fand in den 50er und 60er Jahren statt. Die Voraussetzungen wurden durch die Hinwendung des Staates und der Privatwirtschaft zum bisher vernachlässigten Norden geschaffen. Anstöße zur bewußten Wahrnehmung des nördlichen Hinterlandes waren der Kalte Krieg und der gesundheitliche Verfall der Inuitbevölkerung, der durch schwere Tuberkuloseepidemien im Süden bekannt geworden war. Reaktionen des Südens waren der Ausbau der DEW-Line im Jahre 1955 und ein Siedlungsprogramm des 1953 gegründeten Department of Northern Affaires, durch das Versorgungs- und Dienstleistungsstrukturen nach südlichem Vorbild angelegt wurden (WILLIAMSON, 1973). Dazu kam 1957 die Einrichtung eines Nickelbergwerks bei Rankin Inlet. Lohnarbeit für Inuit wurde hier zum ersten Mal für längere Dauer angeboten. Die traditionelle Lebensweise der Inuit erhielt ihren letzten Todesstoß in den Jahren 1957 - 58, als im Landesinneren schwere Hungersnöte ausbrachen, die durch das Zusammentreffen eines Populationstiefs im Polarfuchszyklus und des fast vollständigen Ausbleibens der Karibouherden ausgelöst worden waren. Überlebende Familien wurden 1958 nach Rankin Inlet geflogen oder flohen aus eigener Kraft nach Eskimo Point. Itivia bei Rankin Inlet (später aufgegeben) und Whale Cove waren als Auffangsiedlungen für Inland-Inuit, die nun in den Techniken der Meeresjagd unterrichtet werden sollten, gegründet worden (WILLIAMSON, 1971).

So hatte sich zu Beginn der 60er Jahre das heutige Siedlungsmuster herausgebildet. Der Anreiz der Lohnarbeit und der vom Süden importierten Lebensqualität zusammen mit einem Vertrauensverlust in die Tragfähigkeit des Landes hatten die Inuit veranlaßt, das Leben im Landesinneren aufzugeben und sich in nur wenigen Siedlungszentren an der Küste und am Baker Lake niederzulassen. Bevölkerungskonzentration in nur wenige Siedlungen verringerte weiterhin die Möglichkeit, vom Land zu leben und erhöhte die Abhängigkeit von Arbeitsangebot und sozialer Unterstützung, eine Abhängigkeit, die durch Bevölkerungswachstum von Jahr zu Jahr verstärkt wird. Schon 1963 sprachen BRACK & MCINTOSH (S. 135) von einer " ... minor population explosion taking place ...". Im Rahmen ihrer Untersuchung hatten die Autoren versucht, für den gesamten Distrikt eine "theoretische Bevölkerung" zu errechnen, d.h. die Bevölkerungszahl zu bestimmen, die vom biologischen Potential getragen werden kann. Damals kamen sie zu dem Ergebnis, daß Keewatin im Verhältnis zu seinem natürlichen Potential eine Überschußbevölkerung von 380 Personen aufweist (BRACK & MCINTOSH, 1963, S. 111 - 116). So kritisch man solchen Rechenexperimenten auch gegenüberstehen sollte - mit der Bevölkerungsentwicklung der letzten 20 Jahre ist die "renewable resources barrier" mit Sicherheit überschritten und eine ausschließlich auf Nutzung des biologischen Potentials ausgerichtete Lebensweise unmöglich geworden. Von 1961 bis 1978 hat sich die Gesamtbevölkerung der fünf Siedlungen von 1.410 auf 3.235 erhöht - also mehr als verdoppelt (TESTER, 1979, S. 39).

Eine Bevölkerung, die zu groß ist, um sich unmittelbar vom Land zu ernähren, bietet sich an als Arbeitskräftepotential für eine industrielle Entwicklung. 1977 stellten die fünf Siedlungen ein Arbeitskräfteangebot von 1715 Personen, beschäftigt wurden 1136 Personen. Die Beschäftigung lag in Baker Lake mit 42 % am unteren, in Rankin Inlet mit 88 % am oberen Rand der Skala; dazwischen lag sie im Schnitt bei 70 % (TESTER, 1979, S. 265). Für ein ausreichendes Einkommen aus Löhnen und Gehältern existiert im Keewatin also noch keine Grundlage.

Zwischen Jagd und Rohstoffabbau: Inwertsetzung von Ressourcen im arktischen Raum

Mit der Zusammenziehung einer ursprünglich weit über das Land verteilt lebenden Bevölkerung in einige wenige Siedlungen war die Voraussetzung für eine Einbeziehung der Inuit in die kanadische Wirtschaftsstruktur und ihr soziales Netz gegeben. War durch das siedlungsgebundene Leben und das Bevölkerungswachstum eine Rückkehr zur Selbstversorgungswirtschaft unmöglich geworden, so waren Jagd und Fischerei doch weiterhin ein wesentlicher Tragpfeiler des Lebensunterhalts. Zur eigentlichen Existenzbasis sollten nach südlichem Vorbild Arbeitslohn und Gehalt werden. Da aber aus Gründen, die später näher beleuchtet werden, eine arbeitsplatzschaffende Erschließung der kanadischen Arktis auf Rohstoffe angewiesen ist und das Keewatin sich im Vergleich zu anderen Teilen der Arktis als Rohstoffwüste erwiesen hat, und da ferner, bedingt durch den Imperativ der Jahreszeiten und den episodischen Charakter der Erschließungsprojekte, die Beschäftigung der Inuit nie von langer Dauer war, konnten Löhne und Gehälter nur einen Teil des Familienhaushaltes ausmachen. Ohne den Beitrag aus Jagd und Fallenstellerei und ohne soziale Unterstützung durch den Staat wären die arktischen Siedlungen nicht lebensfähig gewesen.

Mit Beginn der 60er Jahre tritt also neu das Phänomen ortsgebundener Wirtschaftsstrukturen auf, in welchen die Erträge aus Jagd, Fallenstellerei und Fischerei, Löhne und Gehälter und die soziale Unterstützung ihren Beitrag in verschiedenen und zeitlich wechselnden Anteilen leisten. Diese Durchmischung im ökonomischen Gefüge ist ein Indiz für den Schwebezustand der Siedlungen im Übergang von umlandverbundenem zu verwaltungsgemäßem Leben, zunehmend isoliert vom arktischen Lebensraum, aber weiterhin geographisch distanziert zum industriellen Aktivraum im Süden.

Die einzelnen Wirtschaftsbereiche sollen nun näher betrachtet werden. Jagd, Fallenstellerei und Fischerei werden allgemein unter der Bezeichnung traditioneller Wirtschaftsbereich zusammengefaßt. Die Karte 1 gibt ein grobes räumliches Verteilungsmuster der traditionellen Wirtschaft und zeigt die Jagd-Einzugsbereiche der einzelnen Siedlungen. Es wird deutlich, daß abgegrenzte Jagdterritorien nicht existieren und daß es zu großräumigen Überlappungen kommt.

Fig. 1 und 2 stellen den Jahresgang der traditionellen Aktivitäten dar, wobei Baker Lake die Situation einer Inlandsiedlung repräsentiert, während Whale Cove kennzeichnend für die Küstensiedlungen ist, die ihren Jagdertrag durch Meeressäuger ergänzen können. In den Fig. 3 und 4 werden die Ertragskurven für die wichtigsten Beutetiere in den Jahren 1963 - 75 dokumentiert. Aufgrund des statistischen Ausgangsmaterials mußten die Daten für Whale Cove und Rankin Inlet zusammengefaßt werden. Deutlich wird die starke Fluktuation der Erträge, in der sich die Populationsschwankungen von Polarfuchs und Karibou spiegeln. Sichtbar wird auch die größere Bedeutung der Karibou für die Inlandsiedlung Baker Lake. Seit 1968 steigen die Beutezahlen der Kariboujagd an. Auf die negativen Folgen für die Zukunft des Bestandes ist hingewiesen worden.

Eine besondere Erklärung muß für den Ertragsrückgang bei der Robbenjagd gegeben werden, der während der Saison 67/68 seinen Tiefpunkt erreicht und in Widerspruch zu den reichen Beständen steht (vgl. Fig. 4). Hier wirkte sich die weltweite Boykottaktion aus, die eigentlich gegen das Abschlachten von Sattelrobben-Jungen im St. Lorenz Golf gerichtet war. Das Ziel der Aktion wurde aber nicht eindeutig genug definiert, und der Boykott betraf alle Erzeugnisse aus der Robbenjagd. Als 1967 die ersten Proteste laut wurden, sanken die Preise für Ringelrobbenfelle von 12.25 auf 2.50 Dollar. 1977 kam es aufgrund neuer Proteste zu einem zweiten Einbruch. Seit 1978 scheinen sich die Preise wieder zu stabilisieren, aber dieser weitgehend unbemerkt gebliebene Seiteneffekt illustriert die Krisenanfälligkeit einer marktabhängigen, kommerziellen Jagd (WENZEL, 1978).

Ähnliches gilt für die ehemals so bedeutende Fallenstellerei. Die Einkommen aus diesem Zweig sind vergleichsweise gering. Ein Grund da-

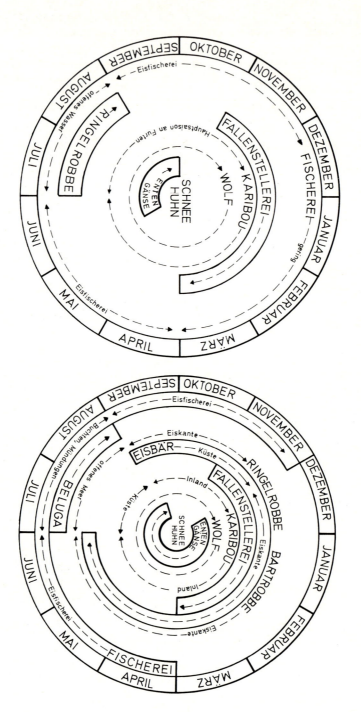

Fig. 1: Jahresgang der traditionellen Wirtschaft: Baker Lake (nach WEILAND 1976 und BOYD 1977)

Fig. 2: Jahresgang der traditionellen Wirtschaft: Whale Cove (nach WEILAND 1976 und BOYD 1977)

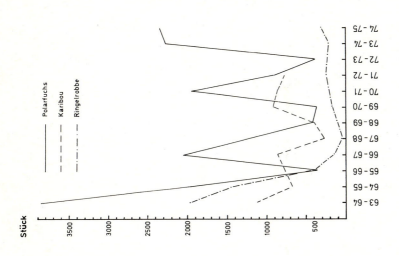

Fig. 4: Erträge aus Jagd und Fallenstellerei: Rankin Inlet und Whale Cove (nach BOYD, 1977, S. 108-109)

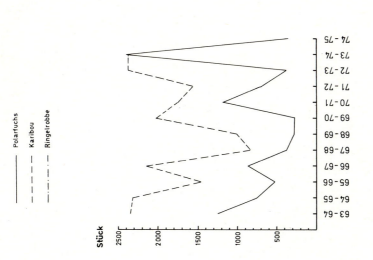

Fig. 3: Erträge aus Jagd und Fallenstellerei: Baker Lake (nach BOYD, 1977, S. 80 - 81)

247

für ist im generellen Preisverfall für Pelze nach dem Zweiten Weltkrieg zu suchen. Hinzu kommt, daß die Fallenstellerei keine stabile Einkommensgrundlage bietet, da einmal Populationsschwankungen beim Polarfuchs, zum anderen Preisschwankungen, verursacht durch Verschiebungen in den Absatzmärkten, Risiken darstellen.

Für die Fischerei haben BRACK & MCINTOSH ein großes ökonomisches Potential vermutet. Um dieses Potential auszuschöpfen, wurde 1966 in Rankin Inlet ein kommerzielles Fischereiunternehmen mit einer Konservenfabrik gegründet, das sich aber als Fehlschlag erwies und 1977 geschlossen werden mußte (TESTER, 1979, S. 216). MCCONNELL (1971, S. 26) sieht die Ursachen für den Mißerfolg in der Standortwahl. Die Entscheidung für Rankin Inlet war aufgrund der höheren Bevölkerungsdichte und der besseren Transport- und Versorgungseinrichtungen gefallen. Als andere Möglichkeit hätte sich angeboten, die Fabrik nach Whale Cove, in die unmittelbare Nähe der Ressourcen zu verlegen. So aber reduzierten die Kosten, die durch den Transport der Fische, Robben und Wale von Whale Cove nach Rankin Inlet verursacht wurden, die Gewinnspanne praktisch auf Null und machten die Fabrik zum Zuschußbetrieb.

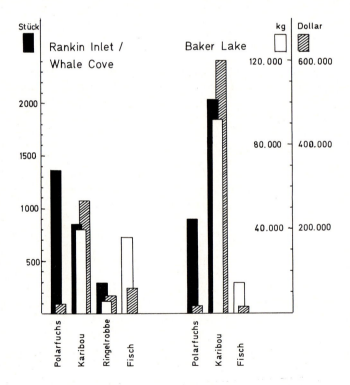

Fig. 5: Durchschnittlicher Jahresertrag aus der traditionellen Wirtschaft 69/70 - 74/75 (nach BOYD, 1977)

In Fig. 5 werden die beiden Naturräume Küste und Inland bezüglich des Beitrages der einzelnen Beutetierarten zum Jagd- und Fangertrag verglichen. Der wesentlichste Beitrag zur traditionellen Wirtschaft wird von der Kariboujagd bestritten. Baker Lake ist nahezu ausschließlich auf Karibou angewiesen, während an der Küste Robbenfang und Fischerei noch einen Ausgleich schaffen. Quantitative Bewertungen im traditionellen Bereich sind problematisch, da nur ein Teil der Erträge aus Jagd und Fischerei über den Markt abgesetzt und damit zu einem finanziell faßbaren Realeinkommen werden. Die Selbstversorgung erscheint dagegen nicht so selbstverständlich in den Statistiken. Um sie zu berücksichtigen, bewertet man die Erträge aus Jagd und Fischerei, die zur Selbstversorgung dienen, mit der Geldsumme, die man für die entsprechende Menge an Nahrungsmitteln im Geschäft am Ort bezahlen müßte. Die Lebenshaltungskosten, die durch Jagd und Fischerei gespart werden, gehen als Einkommenswert in die Gesamthaushaltsrechnungen arktischer Familien und Siedlungen ein (USHER, 1976). Erst durch diese Umrechnung wird es möglich, z.B. die große Bedeutung der Kariboujagd zu ermessen und ihren Beitrag zu den Einkommen aus der kommerziellen Fallenstellerei in Vergleich zu setzen. Weiterhin ist dadurch überhaupt erst die Möglichkeit gegeben, die Einkommen aus dem traditionellen Bereich mit denen aus dem sogenannten modernen Bereich, also mit Löhnen, Gehältern und sozialen Leistungen, in Beziehung zu setzen.

Als Grundlage einer modernen Wirtschaft in der Arktis wird der Abbau industriell verwertbarer Rohstoffe angesehen. Das Keewatin ist mit Rohstoffen nicht reich gesegnet. Die Geschichte der industriellen Inwertsetzung ist nahezu identisch mit der Geschichte der Nickelmine von Rankin Inlet. Die Lagerstätte von Rankin Inlet war zwar schon seit 1928 bekannt, aber erst der Koreakrieg trieb die Preise auf ein Niveau, das den Abbau rentabel erscheinen ließ. Die Mine wurde 1957 in Betrieb genommen, mußte aber 1962 wieder geschlossen werden, da die Vorkommen verbraucht waren. In dieser Zeit war um die Mine eine Siedlung gewachsen, die nun plötzlich ihrer Lebensgrundlage beraubt war. Das durch Lohnausfall gerissene Loch mußte mit sozialer Beihilfe geschlossen werden. Durch die Schaffung gewerblicher Unternehmen hoffte man eine solidere ökonomische Basis zu begründen. Ein erfolgreicher Schritt war die Organsiation des Kunsthandwerks auf kommerzieller Basis. Als Fehlschlag erwies sich die erwähnte Konservenfabrik (FOSTER, 1972). Eine vorläufige Lösung scheint in der Verlegung der Keewatin-Distriktverwaltung von Churchill nach Rankin Inlet gefunden worden zu sein (HAMELIN, 1978, S. 219). Es muß aber festgestellt werden, daß eine Siedlung, die in der Folge industrieller Rohstoffnutzung entstanden ist, sich nach Erschöpfung der Rohstoffbasis als im arktischen Umland nicht lebensfähig erwiesen hat und nun in einer vom tertiären Sektor bereiteten ökologischen Nische weiterleben soll. Der Ausweg, der nach dem Versagen der Primärindustrie und den unterschiedlich erfolgreichen Versuchen in der Sekundärproduktion nun im tertiären Sektor gefunden wurde, kann nicht als Ant-

wort auf die Frage gelten, wie die langfristige ökonomische Basis einer urbanen Siedlungsstruktur in der Arktis beschaffen sein soll.
Im Keewatin stehen noch zwei Projekte zur industriellen Rohstoffnutzung an, deren Potential und Durchführbarkeit zur Zeit nicht abgeschätzt werden können. Einmal handelt es sich um den möglichen Abbau von Uranvorkommen im Gebiet des Baker Lake, zum anderen um das Polar Gas Pipeline Project, durch das Erdgas aus dem arktischen Archipel nach Süden transportiert werden soll - ein Projekt, das aller Wahrscheinlichkeit zu Gunsten des Tankertransports aufgegeben werden wird. Direkte Einkommen aus Löhnen und Gehältern fließen im Keewatin also noch vorwiegend aus der Anstellung im tertiären Sektor und episodisch anfallender Beschäftigung bei Bauarbeiten, Entladetätigkeiten, etc.

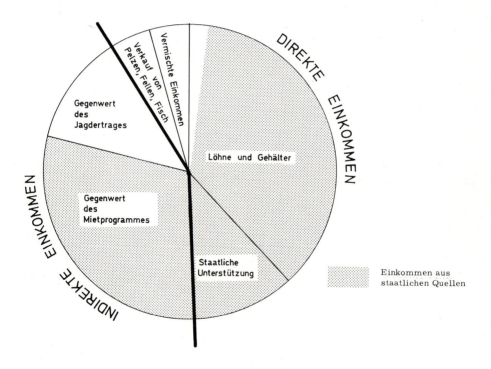

Fig. 6: Das Einkommensgefüge des Keewatin-Distrikts
(PALMER, 1973, zit. nach TESTER, 1979, S. 185)

Eine Gesamtdarstellung des Einkommensgefüges für den Keewatin-Distrikt wurde in Fig. 6 versucht. Dabei springt zuerst die außerordentliche Bedeutung des Staates ins Auge. Staatliche Tätigkeit tritt dabei nicht in erster Linie durch Sozialzahlungen in Erscheinung, wie ein in Kanada weit verbreitetes Vorurteil es haben will. Seinen wesentlichsten Beitrag

leistet der Staat durch die Bereitstellung von Arbeitsplätzen - der Anteil der Privatwirtschaft ist hier verschwindend gering - und durch Schaffung und Erhaltung einer urbanen Infrastruktur, für deren Kosten die Inuit nur zu einem sehr geringen Teil aufkommen müssen. Wie beim Subsistenzertrag wurden die den Inuit durch das staatliche Mietprogramm ersparten Beträge als indirekte Einkommen sichtbar gemacht.
Anstellung bei der Regierung, Sozialprogramme und traditioneller Wirtschaftsbereich treten als bedeutendste Komponenten im Wirtschaftsgefüge des Keewatin hervor. Industrielle und gewerbliche Produktion nimmt einen deutlich untergeordneten Platz ein. Dagegen scheint der Anteil des Jagdertrages in dem Kreisdiagramm verzerrt dargestellt. Der Autor räumt ein, daß die Bedeutung der Jagd durch Berechnungsmängel unterrepräsentiert erscheint (TESTER, 1979, S. 184). Nach einer Untersuchung in Baker Lake stehen die Einkommen aus Jagd, Fischerei und Fallenstellerei zu den Einkommen aus Löhnen und Gehältern in einem Verhältnis von 55 : 45 (INTERDISCIPLINARY SYSTEMS, 1978, zit. nach TESTER, 1979, S. 188).

"Northern Development": Keewatin und Kanada

Keewatin, als Teilraum der kanadischen Arktis, ist von einem Entwicklungsprozeß erfaßt worden, der die Region bereits grundlegend verändert hat. Die Impulse der Veränderung sind von außen in den arktischen Raum getragen worden und der kanadische Norden ist zunehmend unter den Einfluß von Wirtschaft und Verwaltung im Süden geraten. Die in den 50er Jahren begonnene Erschließung des arktischen und subarktischen Hinterlandes wird in Kanada als "Northern Development" bezeichnet. Wesentliche Merkmale dieser Erschließung sind der Schwerpunkt im Bereich des Rohstoffabbaus und eine für ein nichtsozialistisches Land ungewöhnlich weitreichende Einflußnahme des Staates.

Die Gründe für die überragende Bedeutung der Rohstofferschließung sind in der Wirtschaftsstruktur Kanadas zu suchen. INNIS (1970) hat in seiner "staple theory of economic growth" auf die zentrale Bedeutung der Rohstoffe für die kanadische Wirtschaft hingewiesen. Rohstoffgewinnung war seit jeher das bestimmende Element der kanadischen Wirtschaftsentwicklung gewesen. Die Entwicklung war dabei bestimmt durch die Erschließung immer neuer "resource-frontiers". Die Dorschfischerei an der Atlantikküste, der Pelzhandel, die agrarische Erschließung der Prärien, die Holzwirtschaft im borealen Nadelwald, der Bergbau auf dem präkambrischen Schild sind Stationen dieses Prozesses, die Zukunft der arktischen "frontier" wird nach offiziellem Verständnis von der Ausbeutung der fossilen Energieträger und der Erzlagerstätten geprägt sein. Dem Rohstoffsektor ist eine verarbeitende Industrie beigeordnet, die sich auf die Bereitstellung von Technologien und Infrastrukturen für die Rohstoffausbeutung beschränkt. Wirtschaftswachstum an der "frontier" entsteht durch Einrichtung von Strukturen, die die Rohstoffausbeutung ermöglichen. Wachstum in der Gesamtwirtschaft wird durch die Entwicklung dieser Strukturen für die Rohstoffausbeutung angeregt. Wachstum ist nur auf der Grundlage von Rohstoffproduktion möglich, die Existenz einer "resource-frontier" erste Voraussetzung für die Gesundheit der kanadischen Wirtschaft. Daraus folgt, daß "Northern Development" ein integrierter Bestandteil der kanadischen Wirtschaftsstruktur ist und historisch nur die Wiederholung eines Prozesses darstellt, der aus den Zwängen einer Rohstoffwirtschaft immer wieder notwendig wurde (MCCONNELL, 1979).

Die außerordentliche staatliche Präsenz erklärt sich zum Teil aus den Schwierigkeiten wirtschaftlicher Erschließungsarbeit in der Arktis, deren Risiken und Kosten von der Privatwirtschaft nicht allein getragen werden können. Wichtiger ist aber die Tatsache, daß die Territorien Bundesdomäne sind, und daß die Bundesregierung Verfügungsgewalt über die Ressourcen der Territorien hat. Die Regierung tritt daher nicht nur administrativ sondern auch unmittelbar als Unternehmer auf den Plan. In beiden Funktionen trägt sie den wesentlichen Anteil der Investitionen, die für "Northern Development" aufgebracht werden müssen. Diese fließen sowohl in den Abbau der Rohstoffe als auch in die Versorgungsstrukturen sowie in die sozialen Einrichtungen und Programme, für deren Unterhalt die lokale ökonomische Basis nicht ausreicht. In dieser weitgehenden Abhängigkeit von der Zentralregierung ruht ein Unsicherheitsmoment, das auf ein spezifisch kanadisches Problem zurückzuführen ist. Investitionen in den Territorien können durch Auseinandersetzungen zwischen Bund und Provinzen über den Gesamthaushalt beeinflußt werden. Hierbei kommt die andauernde Differenz zwischen Bundesinteressen und regionalen Interessen zu Lasten der Territorien zum Tragen. Überproportionale Investitionen des Bundes in den Territorien, die durch Steuern dem Gesamthaushalt entzogen werden, führen zu Forderungen der Provinzen nach Ausgleichszahlungen. Die Investitionsfähigkeit des Bundes im Norden kann daher auf lange Sicht durch Forderungen der Provinzen eingeschränkt werden.
Die staatliche Versorgung des Nordens ist aber grundsätzlich gefährdet durch die enge Verknüpfung von sozialer Erschließung und einseitig am Rohstoffabbau orientierter wirtschaftlicher Erschließung. Die sozialen Einrichtungen sind ein Teil der Investitionen in das "Northern Development" und können, falls sie aus den Gewinnen der Rohstofförderung finanziert werden sollen, nach Erschöpfung der Ressourcen in diesem Umfang nicht mehr geleistet werden (MCCONNELL, 1979).

Schluß

"The economy of the Canadian Arctic is in a state of flux. It is apparent to the most casual observer that the economy is parasitic. Expenditures far outweigh returns. The reasons for this state of affairs are many and complex. They range from the political-strategic reasons for occupying the area, to the religious and humanitarian ideals which demanded and continue to demand a change in the way of life of the Eskimo. There are as well economic reasons for the state of affairs but they are of a special sort. They derive from the fact that the present economic activities do not represent functional interrelationships within the area or between the area and the rest of Canada. Rather they represent on the one hand a vanishing intrinsic and self-contained economy, and on the other, preparations for an economy of the future" (MCCONNELL, 1971, S. 23).

Wesentliche Aspekte der bisherigen Ausführungen werden in der zitierten Passage mit knappen Worten zusammengefaßt. Herausgehoben wird noch einmal der dualistische Charakter der arktischen Wirtschaft - die Überlagerung der traditionellen Subsistenzwirtschaft durch moderne Wirtschaftsformen im Gefolge des industriellen Rohstoffabbaus.

Die beiden Wirtschaftsbereiche wurden nun am Beispiel der Keewatin Festlandregion näher untersucht. Die große Bedeutung der traditionellen Wirtschaft wurde herausgestellt und die Jagd auf Karibou als deren tragende Stütze erkannt. Dagegen steht aber die Gefährdung der Herden durch anhaltenden Bestandsrückgang. Vor allem Baker Lake mit seinem fast ausschließlichen Rückhalt in der Kariboujagd ist bedroht. Robbenjagd und Fischerei treten in ihrer Bedeutung hinter die Kariboujagd zurück, gründen aber auf einem gesicherten Potential. Bei diesen halbkommerziellen Aktivitäten und bei der Fallenstellerei als vollkommerzieller Unternehmung treten aber ökonomische Risiken hinzu, bedingt durch Preisentwicklung in äußeren Märkten. Auch die reine Subsistenzjagd ist von modernen Entwicklungen nicht unberührt geblieben. Aufgrund des kostspieligen Einsatzes technischer Hilfsmittel (z.B. Motorschlitten, um in genügender Entfernung von den Siedlungen jagen zu können) steigt die Notwendigkeit finanzieller Einkünfte aus der kommerziellen Jagd oder aus anderen Wirtschaftsbereichen. Der traditionelle Wirtschaftsbereich, der sich im Keewatin wesentlich auf die Karibouebestände stützt, wird charakterisiert durch die Inwertsetzung eines kritischen Potentials bei steigenden Kosten.

Dasselbe gilt im Grunde für den modernen Bereich. Das Rohstoffpotential des Keewatin ist zu gering, als daß die Kosten einer importierten Siedlungs- und Versorgungsstruktur durch Gewinne aus dem Abbau der industriell verwertbaren Ressourcen gedeckt werden könnten. Hier muß der Staat durch Bereitstellung von finanziellen Mitteln und Arbeitsplätzen Abhilfe schaffen. Der Ort Rankin Inlet kann in dieser Weise als Menetekel für die gesamte kanadische Arktis gelten, denn ein Erschließungsprogramm, das auf die Bedürfnisse einer Rohstoffwirtschaft abgestimmt ist, muß sich früher oder später mit dem Problem der Ressourcenerschöpfung auseinandersetzen. Dem kanadischen Staat wird es jedenfalls nicht möglich sein, in seinem arktischen Hinterland durch Stützprogramme und Einrichtung von Verwaltungsstellen südlichen Lebensstandard aufrechtzuerhalten, so wie es im Fall von Rankin Inlet noch gehandhabt wurde.

Die langfristige Lösung für das Problem eines Bevölkerungsüberschusses, der gegenwärtig weder vom biologischen Potential, noch von der Inwertsetzung des industriellen Potentials getragen werden kann, steht noch aus. Ein Schritt in die richtige Richtung ist durch die Genossenschaftsbewegung der kanadischen Inuit unternommen worden. Die Bewegung ist ein Versuch, die seßhafte Lebensweise mit den Vorteilen zentraler Versorgung und Dienstleistung auf der traditionellen Wirtschaftsgrundlage weiterzuführen. Die Genossenschaften übernehmen den Absatz von kunstgewerblichen Produkten und Fellen, kaufen den Jagdüberschuß auf, koordinieren die gewerbliche Tätigkeit am Ort und übernehmen die Versorgung mit Gebrauchsgütern und Dienstleistungen.

Als " ... Brücke zwischen der noch mehr traditionellen Eskimokultur und den Denkweisen und Organisationsformen des technischen Zeitalters ..." (TREUDE, 1972, S. 138) könnten sie den Weg aus dem in der kanadischen Arktis noch herrschenden Wirtschaftsdualismus weisen.

Literaturverzeichnis

ARMSTRONG, T. (1978): Ethical problems of northern development. In: Polar Record, Vol. 19, No. 118, S. 3 - 9

BAIRD, P. (1964): The polar world. London

BERGER, T.R. (1977): Northern frontier - northern homeland: The report of the Mackenzie Valley Pipeline Inquiry. Vol. I, Ottawa

BIRD, J.B. (1955): Terrain conditions in the Central Canadian Arctic. In: Geographical Bulletin, No. 7, S. 1 - 15

BOYD, D.H. et al. (1978): Possible Effects of the Arctic Islands Pipeline on living resource use: Preliminary report 1977, Ottawa

BRACK, D.M. & D. MCINTOSH (1963): Keewatin mainland area economic survey and regional appraisal. Ottawa

BRODY, H. (1977): Industrial impact in the Canadian north. In: Polar Record, Vol. 18, No. 115, S. 333 - 339

BRUEMMER, F. (1971): Whalers of the north. In: The Beaver. 302: 3, S. 44 - 45

CHERHASOV, A. (1981): Development of the Canadian north. In: The Musk-Ox, No. 29, S. 55 - 69

DAMAS, D. (1968): The Eskimo. In: Science, History and Hudson Bay. Vol. I. Hrsg.: C.S. BEALS, Ottawa, S. 141 - 172

DICKINSON, D.M. (1978): Northern resources: A study in constraints, conflicts and alternatives. In: Northern Transitions. Vol. I. Hrsg. PETERSON & WRIGHT, Ottawa, S. 253 - 316

DUNBAR, M. J. (1973): Stability and fragility in arctic ecosystems. In: Arctic, Vol. 26, No. 3, S. 179 - 185

DYSON, J. (1979): The hot Arctic. Boston, Toronto

FOSTER, D. (1972): Rankin Inlet: A lesson in survival. In: The Musk-Ox, No. 10, S. 32 - 44

FREEMAN, M. (Hrsg.) (1976): Inuit land use and occupancy project. Vol. III. Land use atlas. Ottawa

HABRICH, W. (1977): Das Leben in der Arktis: Ein Beitrag zum Mensch-Umwelt-Problem in der Kanadischen Arktis am Beispiel der Eskimo. In: Geographische Rundschau, Vol. 29, No. 12, S. 408 - 414

HAMELIN, L.-E. (1978): Canadian nordicity: Its Your north, too. Montreal

INNIS, H. A. (1970): The fur trade in Canada. Toronto

LARNDER, M. M. (1968): The ice. In: Science, History and Hudson Bay. Vol. I. Hrsg.: C. S. BEALS, Ottawa, S. 318 - 341

MCCONNELL, J. G. (1967): The economics of seal hunting in three Keewatin settlements. In: The Musk-Ox, No. 5, S. 49 - 50

-- (1971): Seal hunting in Keewatin. In: The Musk-Ox, No. 8, S. 23 - 26

-- (1978): The dialectic nature of Eskimo cultures. In: Consequences of economic change in Circumpolar regions. Hrsg. L. MÜLLER-WILLE, Edmonton, S. 201 - 213

-- (1979): Uniquely Canadian problems in the development of the Canadian north. In: Marburger Geogr. Schriften 79, S. 1 - 12

PETERSON, E. B. (1976): Biological productivity of Arctic lands and waters: A review of Canadian literature. In: Inuit land use and occupancy project. Vol. II. Hrsg.: M. FREEMAN, Ottawa. S. 85 - 100

PRESTON, D. F. (1969): Economic analysis of the human resources of the Keewatin region, N.W.T., Ottawa

ROBINSON, J. L. (1968): Geography of Hudson Bay. In: Science, History and Hudson Bay. Vol. I. Hrsg. C. S. BEALS, Ottawa. S. 201 - 235

ROSS, W. G. (1973): Whaling in Hudson Bay. In: The Beaver, Part 1, 303: 4, S. 4 - 11; Part 2, 304: 1, S. 40 - 47; Part 3, 304: 2, S. 52 - 59

ROSS, W.G. (1975): Whaling and the Eskimos: Hudson Bay 1860 - 1915. Publications in Ethnology, No. 10, Ottawa: National Museums of Canada

SMITH, T.G. (1975): Ringed seals in James Bay and Hudson Bay: Population estimates and catch statistics. In: Arctic, Vol. 28, No. 3, S. 170 - 182

TESTER, F.J. (1979): Socio-economic and environmental impacts of the Polar Gas Pipeline - Keewatin District. Vol. II, Hull: Environmental-Social Program Northern Pipelines

THOMPSON, H. (1968): The climate of Hudson Bay. In: Science, History and Hudson Bay. Vol. I. Hrsg.: C.S. BEALS, Ottawa, S. 263 - 286

TREUDE, E. (1972): Genossenschaften in der Kanadischen Arktis. In: Polarforschung, No. 43, S. 138 - 150

USHER, P.J. (1976): Evaluating country food in the northern native economy. In: Arctic, Vol. 29, No. 2, S. 103 - 120

VALENTINE, V.F. & F.G. VALLEE (Hrsg.) (1978): Eskimo of the Canadian arctic. The Carlton Library, Toronto

VALLEE, F.G. (1967): Kabloona and Eskimo in the Central Keewatin. Ottawa

WELLAND, T. (1976): Inuit land use in Keewatin District and Southampton Island. In: Inuit land use and occupancy project. Vol. I. Hrsg.: M. FREEMAN, Ottawa, S. 83 - 114

WENZEL, G. (1978): The harp-seal controversy and the Inuit economy. In: Arctic, Vol. 31, No. 1, S. 2 - 6

WILLIAMSON, R.G. (1971): The Keewatin settlements. In: The Musk-Ox, No. 8, S. 14 - 23

-- (1973): Social change and settlement development in Keewatin. In: Developing the Subarctic. Hrsg.: J. ROGGE, S. 175 - 194

-- (1974): Eskimo underground: Socio-cultural change in the Canadian Central Arctic. Uppsala

WILLIAMSON, R.G. & T.W. FOSTER (o.J.): Eskimo Relocation in Canada. Saskatoon

HEIDELBERGER GEOGRAPHISCHE ARBEITEN

Heft 1 Felix Monheim: Beiträge zur Klimatologie und Hydrologie des Titicacabeckens. 1956. 152 Seiten, 38 Tabellen, 13 Figuren, 3 Karten im Text und 1 Karte im Anhang. DM 12,—

Heft 2 Adolf Zienert: Die Großformen des Odenwaldes. 1957. 156 Seiten, 1 Abbildung, 6 Figuren, 4 Karten, davon 2 mit Deckblatt. Vergriffen

Heft 3 Franz Tichy: Die Land- und Waldwirtschaftsformationen des kleinen Odenwaldes. 1958. 154 Seiten, 21 Tabellen, 18 Figuren, 6 Abbildungen, 4 Karten. DM 14,—

Heft 4 Don E. Totten: Erdöl in Saudi-Arabien. 1959. 174 Seiten, 1 Tabelle, 11 Abbildungen, 16 Figuren. DM 15,—

Heft 5 Felix Monheim: Die Agrargeographie des Neckarschwemmkegels. 1961. 118 Seiten, 50 Tabellen, 11 Abbildungen, 7 Figuren, 3 Karten. DM 22,80

Heft 6 Alfred Hettner – 6. 8. 1859. Gedenkschrift zum 100. Geburtstag. Mit Beiträgen von E. Plewe und F. Metz, drei selbstbiograph. Skizzen A. Hettners und einer vollständigen Bibliographie. 1960. 88 Seiten, mit einem Bild Hettners. DM 5,80

Heft 7 Hans-Jürgen Nitz: Die ländlichen Siedlungsformen des Odenwaldes. 1962. 146 Seiten, 35 Figuren, 1 Abbildung, 2 Karten. vergriffen

Heft 8 Franz Tichy: Die Wälder der Basilicata und die Entwaldung im 19. Jahrhundert. 1962. 175 Seiten, 15 Tabellen, 19 Figuren, 16 Abbildungen, 3 Karten. DM 29,80

Heft 9 Hans Graul: Geomorphologische Studien zum Jungquartär des nördlichen Alpenvorlandes. Teil I: Das Schweizer Mittelland. 1962. 104 Seiten, 6 Figuren, 6 Falttafeln. DM 24,80

Heft 10 Wendelin Klaer: Eine Landnutzungskarte von Libanon. 1962. 56 Seiten, 7 Figuren, 23 Abbildungen, 1 farbige Karte. DM 20,20

Heft 11 Wendelin Klaer: Untersuchungen zur klimagenetischen Geomorphologie in den Hochgebirgen Vorderasiens. 1963. 135 Seiten, 11 Figuren, 51 Abbildungen, 4 Karten. DM 30,70

Heft 12 Erdmann Gormsen: Barquisimeto, eine Handelsstadt in Venezuela. 1963. 143 Seiten, 11 Karten, 26 Tabellen, 16 Abbildungen. DM 32,—

Heft 13 Ingo Kühne: Der südöstliche Odenwald und das angrenzende Bauland. 1964. 364 Seiten, 20 Tabellen, 22 Karten. vergriffen

Heft 14 Hermann Overbeck: Kulturlandschaftsforschung und Landeskunde. 1965. 357 Seiten, 1 Bild, 5 Karten, 6 Figuren. vergriffen

Heft 15 Heidelberger Studien zur Kulturgeographie. Festgabe für Gottfried Pfeifer. 1966. 373 Seiten, 11 Karten, 13 Tabellen, 39 Figuren, 48 Abbildungen. vergriffen

Heft 16 Udo Högy: Das rechtsrheinische Rhein-Neckar-Gebiet in seiner zentralörtlichen Bereichsgliederung auf der Grundlage der Stadt-Land-Beziehungen. 1966. 199 Seiten, 6 Karten. vergriffen

Heft 17 Hanna Bremer: Zur Morphologie von Zentralaustralien. 1967. 224 Seiten, 6 Karten, 21 Figuren, 48 Abbildungen. DM 28,—

Sämtliche Hefte sind über das Geographische Institut der Universität Heidelberg zu beziehen.

HEIDELBERGER GEOGRAPHISCHE ARBEITEN

Heft 18 **Gisbert Glaser**: Der Sonderkulturanbau zu beiden Seiten des nördlichen Oberrheins zwischen Karlsruhe und Worms. Eine agrargeographische Untersuchung unter besonderer Berücksichtigung des Standortproblems. 1967. 302 Seiten, 116 Tabellen und 12 Karten.
DM 20,80

Heft 19 **Kurt Metzger**: Physikalisch-chemische Untersuchungen an fossilen und relikten Böden im Nordgebiet des alten Rheingletschers. 1968. 99 Seiten, 8 Figuren, 9 Tabellen, 7 Diagramme, 6 Abbildungen.
DM 9,80

Heft 20 Beiträge zu den Exkursionen anläßlich der DEUQUA-Tagung August 1968 in Biberach an der Riß. Zusammengestellt von Hans Graul. 1968. 124 Seiten, 11 Karten, 16 Figuren, 8 Diagramme und 1 Abbildung.
DM 12,—

Heft 21 **Gerd Kohlhepp**: Industriegeographie des nördlichen Santa Catarina (Südbrasilien). Ein Beitrag zur Geographie eines deutsch-brasilianischen Siedlungsgebietes. 1968. 402 Seiten, 31 Karten, 2 Figuren, 15 Tabellen und 11 Abbildungen.
vergriffen

Heft 22 **Heinz Musall**: Die Entwicklung der Kulturlandschaft der Rheinniederung zwischen Karlsruhe und Speyer vom Ende des 16. bis zum Ende des 19. Jahrhunderts. 1969. 274 Seiten, 55 Karten, 9 Tabellen und 3 Abbildungen
DM 24,—

Heft 23 **Gerd R. Zimmermann**: Die bäuerliche Kulturlandschaft in Südgalicien. Beitrag zur Geographie eines Übergangsgebietes auf der Iberischen Halbinsel. 1969. 224 Seiten, 20 Karten, 19 Tabellen, 8 Abbildungen.
DM 21,—

Heft 24 **Fritz Fezer**: Tiefenverwitterung circumalpiner Pleistozänschotter. 1969. 144 Seiten, 90 Figuren, 4 Abbildungen und 1 Tabelle. DM 16,—

Heft 25 **Naji Abbas Ahmad**: Die ländlichen Lebensformen und die Agrarentwicklung in Tripolitanien. 1969. 304 Seiten, 10 Karten und 5 Abbildungen.
DM 20,—

Heft 26 **Ute Braun**: Der Felsberg im Odenwald. Eine geomorphologische Monographie. 1969. 176 Seiten, 3 Karten, 14 Figuren, 4 Tabellen und 9 Abbildungen.
DM 15,—

Heft 27 **Ernst Löffler**: Untersuchungen zum eiszeitlichen und rezenten klimagenetischen Formenschatz in den Gebirgen Nordostanatoliens. 1970. 162 Seiten, 10 Figuren und 57 Abbildungen.
DM 19,80

Heft 28 **Hans-Jürgen Nitz**: Formen der Landwirtschaft und ihre räumliche Ordnung in der oberen Gangesebene. IX, 193 S. 41 Abbildungen, 21 Tabellen, 8 Farbtafeln. Wiesbaden: Franz Steiner Verlag 1974. DM 58,—

Heft 29 **Wilfried Heller**: Der Fremdenverkehr im Salzkammergut – eine Studie aus geographischer Sicht. 1970. 224 S., 15 Karten, 34 Tabellen.
DM 32,—

Heft 30 **Horst Eichler**: Das präwürmzeitliche Pleistozän zwischen Riss und oberer Rottum. Ein Beitrag zur Stratigraphie des nordöstlichen Rheingletschergebietes. 1970. 144 Seiten, 5 Karten, 2 Profile, 10 Figuren, 4 Tabellen und 4 Abbildungen.
DM 14,—

Heft 31 **Dietrich M. Zimmer**: Die Industrialisierung der Bluegrass Region von Kentucky. 1970. 196 Seiten, 16 Karten, 5 Figuren, 45 Tabellen und 11 Abbildungen.
DM 21,50

Sämtliche Hefte sind über das Geographische Institut der Universität Heidelberg zu beziehen.

HEIDELBERGER GEOGRAPHISCHE ARBEITEN

Heft 32 Arnold Scheuerbrandt: Südwestdeutsche Stadttypen und Städtegruppen bis zum frühen 19. Jahrhundert. Ein Beitrag zur Kulturlandschaftsgeschichte und zur kulturräumlichen Gliederung des nördlichen Baden-Württemberg und seiner Nachbargebiete. 1972. 500 S., 22 Karten, 49 Figuren, 6 Tabellen vergriffen

Heft 33 Jürgen Blenck: Die Insel Reichenau. Eine agrargeographische Untersuchung. 1971. 248 Seiten, 32 Diagramme, 22 Karten, 13 Abbildungen und 90 Tabellen. DM 52,—

Heft 34 Beiträge zur Geographie Brasiliens. Von G. Glaser, G. Kohlhepp, R. Mousinho de Meis, M. Novaes Pinto und O. Valverde. 1971. 97 Seiten, 7 Karten, 12 Figuren, 8 Tabellen und 7 Abbildungen. vergriffen

Heft 35 Brigitte Grohmann-Kerouach: Der Siedlungsraum der Ait Ouriaghel im östlichen Rif. 1971. 226 Seiten, 32 Karten, 16 Figuren und 17 Abbildungen. DM 20,40

Heft 36 Symposium zur Agrargeographie anläßlich des 80. Geburtstages von Leo Waibel am 22. 2. 1968. 1971. 130 Seiten. DM 11,50

Heft 37 Peter Sinn: Zur Stratigraphie und Paläogeographie des Präwürm im mittleren und südlichen Illergletscher-Vorland. 1972. XVI, 159 S., 5 Karten, 21 Figuren, 13 Abbildungen, 12 Längsprofile, 11 Tabellen.
  DM 22,—

Heft 38 Sammlung quartärmorphologischer Studien I. Mit Beiträgen von K. Metzger, U. Herrmann, U. Kuhne, P. Imschweiler, H.-G. Prowald, M. Jauß †, P. Sinn, H.-J. Spitzner, D. Hiersemann, A. Zienert, R. Weinhardt, M. Geiger, H. Graul und H. Völk. 1973. 286 S., 13 Karten, 39 Figuren, 3 Skizzen, 31 Tabellen, 16 Abbildungen. DM 31,—

Heft 39 Udo Kuhne: Zur Stratifizierung und Gliederung quartärer Akkumulationen aus dem Bièvre-Valloire, einschließlich der Schotterkörper zwischen St.-Rambert-d'Albon und der Enge von Vienne. 94 Seiten, 11 Karten, 2 Profile, 6 Abbildungen, 15 Figuren und 5 Tabellen (mit englischem summary und französischem résumé). 1974. DM 24,—

Heft 40 Hans Graul-Festschrift. Mit Beiträgen von W. Fricke, H. Karrasch, H. Kohl, U. Kuhne, M. Löscher u. M. Léger, L. Piffl, L. Scheuenpflug, P. Sinn, J. Werner, A. Zienert, H. Eichler, F. Fezer, M. Geiger, G. Meier-Hilbert, H. Bremer, K. Brunnacker, H. Dongus, A. Kessler, W. Klaer, K. Metzger, H. Völk, F. Weidenbach, U. Ewald, H. Musall u. A. Scheuerbrandt, G. Pfeifer, J. Blenck, G. Glaser, G. Kohlhepp, H.-J. Nitz, G. Zimmermann, W. Heller, W. Mikus. 1974. 504 Seiten, 45 Karten, 59 Figuren und 30 Abbildungen. DM 44,—

Heft 41 Gerd Kohlhepp: Agrarkolonisation in Nord-Paraná. Wirtschafts- und sozialgeographische Entwicklungsprozesse einer randtropischen Pionierzone Brasiliens unter dem Einfluß des Kaffeeanbaus. Wiesbaden: Franz Steiner Verlag 1974. DM 94,—

Heft 42 Werner Fricke, Anneliese Illner und Marianne Fricke: Schrifttum zur Regionalplanung und Raumstruktur des Oberrheingebietes. 1974. 93 Seiten DM 10,—

Heft 43 Horst Georg Reinhold: Citruswirtschaft in Israel. 1975. 307 S., 7 Karten, 7 Figuren, 8 Abbildungen, 25 Tabellen. DM 30,—

Sämtliche Hefte sind über das Geographische Institut der Universität Heidelberg zu beziehen.

HEIDELBERGER GEOGRAPHISCHE ARBEITEN

Heft 44 Jürgen Strassel: Semiotische Aspekte der geographischen Erklärung. Gedanken zur Fixierung eines metatheoretischen Problems in der Geographie. 1975. 244 S. DM 30,—

Heft 45 M. Löscher: Die präwürmzeitlichen Schotterablagerungen in der nördlichen Iller-Lech-Platte. 1976. XI, 157 S., 4 Karten, 11 Längs- und Querprofile, 26 Figuren, 3 Tabellen, 8 Abbildungen. DM 30,—

Heft 46 Heidelberg und der Rhein-Neckar-Raum. Sammlung sozial- und stadtgeographischer Studien. Mit Beiträgen von B. Berken, W. Fricke, W. Gaebe, E. Gormsen, R. Heinzmann, A. Krüger, C. Mahn, H. Musall, T. Neubauer, C. Rösel, A. Scheuerbrandt, B. Uhl und H.-O. Waldt. 1981. 335 S. DM 36,—

Heft 47 Fritz Fezer und R. Seitz (Herausg.): Klimatologische Untersuchungen im Rhein-Neckar-Raum. Mit Beiträgen von H. Eichler, F. Fezer, B. Friese, M. Geiger, R. Hille, K. Jasinski, R. Leska, B. Oehmann, D. Sattler, A. Schorb, R. Seitz, G. Vogt und R. Zimmermann. 1978. 243 S., 111 Abbildungen, 11 Tabellen. DM 31,—

Heft 48 G. Höfle: Das Londoner Stadthaus, seine Entwicklung in Grundriß, Aufriß und Funktion. 1977. 232 S., 5 Karten, 50 Figuren, 6 Tabellen und 26 Abbildungen. DM 34,—

Heft 49 Sammlung quartärmorphologischer Studien II. Mit Beiträgen von W. Essig, H. Graul, W. König, M. Löscher, K. Rögner, L. Scheuenpflug, A. Zienert u. a. 1979. 226 S. DM 35,—

Heft 50 Hans Graul: Geomorphologischer Exkursionsführer für den Odenwald. 1977. 212 S., 40 Figuren und 14 Tabellen. DM 19,80

Heft 51 F. Ammann: Analyse der Nachfrageseite der motorisierten Naherholung im Rhein-Neckar-Raum. 1978. 163 S., 22 Karten, 6 Abbildungen, 5 Figuren und 46 Tabellen. DM 31,—

Heft 52 Werner Fricke: Cattle Husbandry in Nigeria. A study of its ecological conditions and social-geographical differentiations. 1979. 328 S., 33 Maps, 20 Figures, 52 Tables, and 47 Plates. DM 42,—

Heft 53 Adolf Zienert: Klima-, Boden- und Vegetationszonen der Erde. Eine Einführung. 1979. 34 Abb., 9 Tab. DM 21,—

Heft 54 Reinhard Henkel: Central Places in Western Kenya. A comparative regional study using quantitative methods. 1979. 274 S., 53 Maps, 40 Figures, and 63 Tables. DM 38,—

Heft 55 Hans-Jürgen Speichert: Gras-Ellenbach, Hammelbach, Litzelbach, Scharbach, Wahlen. Die Entwicklung ausgewählter Fremdenverkehrsorte im Odenwald. 1979. 184 S., 8 Karten, 97 Tabellen. DM 31,—

Heft 56 Wolfgang-Albert Flügel: Untersuchungen zum Problem des Interflow. Messungen der Bodenfeuchte, der Hangwasserbewegung, der Grundwassererneuerung und des Abflußverhaltens der Elsenz im Versuchsgebiet Hollmuth/Kleiner Odenwald. 1979. 170 S., 3 Karten, 27 Figuren, 12 Abbildungen, 60 Tabellen. DM 29,—

Heft 57 Werner Mikus: Industrielle Verbundsysteme. Studien zur räumlichen Organisation der Industrie am Beispiel von Mehrwerksunternehmen in Südwestdeutschland, der Schweiz und Oberitalien. Unter Mitarbeit von G. Kost, G. Lamche und H. Musall. 1979. 173 S., 42 Figuren, 45 Tabellen. DM 32,—

Sämtliche Hefte sind über das Geographische Institut der Universität Heidelberg zu beziehen.

HEIDELBERGER GEOGRAPHISCHE ARBEITEN

Heft 58 Hellmut R. Völk: Quartäre Reliefentwicklung in Südostspanien. Eine stratigraphische, sedimentologische und bodenkundliche Studie zur klimamorphologischen Entwicklung des mediterranen Quartärs im Becken von Vera. 1979. 143 S., 1 Karte, 11 Figuren, 11 Tabellen und 28 Abb. DM 28,—

Heft 59 Christa Mahn: Periodische Märkte und zentrale Orte – Raumstrukturen und Verflechtungsbereiche in Nord-Ghana. 1980. 197 S., 20 Karten, 22 Figuren und 50 Tabellen. DM 28,—

Heft 60 Wolfgang Herden: Quantitative und qualitative Analyse des Stadt-Umland-Feldes von Ludwigshafen im Spiegel der Bevölkerungs- und Wohngebäudeentwicklung seit 1950. (In Vorbereitung)

Heft 61 Traute Neubauer: Der Suburbanisierungsprozeß an der Nördlichen Badischen Bergstraße. 1979. 252 S., 29 Karten, 23 Figuren, 89 Tabellen. DM 35,—

Heft 62 Gudrun Schultz: Die nördliche Ortenau. Bevölkerung, Wirtschaft und Siedlung unter dem Einfluß der Industrialisierung in Baden. 1982. 350 S., 96 Tabellen, 12 Figuren und 43 Karten. DM 35,—

Heft 63 Roland Vetter: Alt-Eberbach 1800–1975. Entwicklung der Bausubstanz und der Bevölkerung im Übergang von der vorindustriellen Gewerbestadt zum heutigen Kerngebiet Eberbachs. 1981. 496 S., 73 Karten, 38 Figuren und 101 Tabellen. DM 48,—

Heft 64 Jochen Schröder: Veränderungen in der Agrar- und Sozialstruktur im mittleren Nordengland seit dem Landwirtschaftsgesetz von 1947. Ein Beitrag zur regionalen Agrargeographie Großbritanniens, dargestellt anhand eines W-E-Profils von der Irischen See zur Nordsee. (In Vorbereitung)

Heft 65 Fränzle et al.: Legendenentwurf für die geomorphologische Karte 1:100.000 (GMK 100). 1979. 18 S. DM 3,—

Heft 66 Interflow · Oberflächenabfluß · Grundwasser. Hydrologische und hydrochemische Messungen und Arbeiten auf dem Versuchsfeld Hollmuth/Elsenz im Kleinen Odenwald (in Vorbereitung)

Heft 67 German Müller et al.: Verteilungsmuster von Schwermetallen in einem ländlichen Raum am Beispiel der Elsenz (Nordbaden) (In Vorbereitung)

Heft 68 Robert König: Die Wohnflächenbestände der Gemeinden der Vorderpfalz. Bestandsaufnahme, Typisierung und zeitliche Begrenzung der Flächenverfügbarkeit raumfordernder Wohnfunktionsprozesse. 1980. 226 S., 46 Karten, 16 Figuren, 17 Tabellen und 7 Tafeln. DM 32,—

Heft 69 Dietrich Barsch und Lorenz King (Hrsg.): Ergebnisse der Heidelberg-Ellesmere Island-Expedition. Mit Beiträgen von D. Barsch, H. Eichler, W.-A. Flügel, G. Hell, L. King, R. Mäusbacher und H. R. Völk. 573 S., 203 Abbildungen, 92 Tabellen und 2 Karten als Beilage. DM 70,—

Heft 70 Erläuterungen zur Siedlungskarte Ostafrika (Blatt Lake Victoria). Mit Beiträgen von W. Fricke, R. Henkel und Chr. Mahn. (In Vorbereitung)

Heft 71 Stand der grenzüberschreitenden Raumordnung am Oberrhein. Kolloquium zwischen Politikern, Wissenschaftlern und Praktikern über Sach- und Organisationsprobleme bei der Einrichtung einer grenzüberschreitenden Raumordnung im Oberrheingebiet und Fallstudie: Straßburg und Kehl. 1981. 116 Seiten, 13 Abbildungen. DM 15,—

Sämtliche Hefte sind über das Geographische Institut der Universität Heidelberg zu beziehen.

HEIDELBERGER GEOGRAPHISCHE ARBEITEN

Heft 72 Adolf Zienert: Die witterungsklimatische Gliederung der Kontinente und Ozeane. 1981. 20 Seiten, 3 Abbildungen; mit farbiger Karte 1:50 Mill. DM 12,—

Heft 73 American-German International Seminar. Geography and Regional Policy: Resource Management by Complex Political Systems. Editors: John Adams and Werner Fricke (In Vorbereitung)

Heft 74 Ulrich Wagner: Tauberbischofsheim und Bad Mergentheim. Eine Analyse der Raumbeziehungen zweier Städte in der frühen Neuzeit (In Vorbereitung)

Heft 75 Kurt Hiehle-Festschrift. Mit Beiträgen von U. Gerdes, K. Goppold, E. Gormsen, U. Henrich, W. Lehmann, K. Lüll, R. Möhn, C. Niemeitz, D. Schmidt-Vogt, M. Schumacher und H.-J. Weiland. 1982. 256 Seiten, 37 Karten, 51 Figuren, 32 Tabellen und 4 Abbildungen. DM 25,—

Sämtliche Hefte sind über das Geographische Institut der Universität Heidelberg zu beziehen.